Die Büffel kommen wieder
und die Erde wird neu

Frederik Hetmann

Die Büffel kommen wieder und die Erde wird neu

Märchen, Mythen, Lieder und Legenden der nordamerikanischen Indianer

Diederichs

Die Deutsche Bibliothek – CIP-Einheitsaufnahme
Die Büffel kommen wieder und die Erde wird neu: Märchen, Mythen, Lieder und Legenden der nordamerikanischen Indianer / Frederik Hetmann. – München: Diederichs, 1995
ISBN 3-424-01210-6
NE: Hetmann, Frederik [Hrsg.]
Vw: Kirsch, Hans-Christian [Wirkl. Name] → Hetmann, Frederik

Lektorat: Matthias Wolf
Umschlaggestaltung: Ute Dissmann, München
Produktion: Tillmann Roeder, München
Satz: Uhl+Massopust, Aalen
Druck und Bindung: Ebner Ulm
Papier: Fast holzfreies, säure- und chlorfreies Werkdruckpapier, Schleipen, Bad Dürkheim
Printed in Germany

ISBN 3-424-01210-6

Inhalt

Die Schöpfung

Sonne, Mond und Sterne

Der kulturbringende Held

Männer, Frauen und die Liebe

Die Welt der Tiere

Die Büffel kommen wieder,
sagte zu mir unsere Mutter.
Habt ihr es schon gehört,
freut euch, unsere Mutter hat es gesagt.
Die Menschen werden die Sprache
der Tiere und Pflanzen wieder verstehen.
Unser Vater hat es gesagt.
Die Toten kommen wieder,
unser Vater hat es gesagt.
Die Erde wird wieder neu,
unsere Mutter hat es gesagt.
O Freude!

Lied der Geistertänzer, SIOUX

Die Schöpfung

Der Vater ist das Nichts,
die Frau Welle,
ihr Kind die Materie.
Materie treibt es mit seiner Mutter.
Und ihr Kind ist Leben, eine Tochter.
Die Tochter ist die Große Mutter,
die mit ihrem Vater
Bruder Materie als Geliebten
Bewußtsein zur Welt bringt.

Gary Snyder

Die Mutter aller Dinge

Okanagon

Der Alte oder der Oberste schuf die Erde aus einer Frau und setzte fest, sie solle die Mutter aller Menschen sein. Also war die Erde einmal ein Wesen, und lebendig ist sie noch immer, aber es ist verwandelt worden, und wir sehen sie nicht mehr in der Weise, wie wir eine Person sehen. Dennoch hat sie Arme, Beine, einen Kopf, ein Herz, Fleisch, Knochen und Blut.

Die Erde ist das Fleisch, die Bäume und die Pflanzen sind ihr Haar, die Felsen ihre Knochen, und der Wind ist ihr Atem.

Sie liegt ausgestreckt da, und wir Menschen leben auf ihrem Leib. Sie zittert und zieht sich zusammen, sowie es kalt ist, sie dehnt sich aus, wenn sie bei Hitze schwitzt. Wenn sie sich bewegt, gibt es Erdbeben. Später verwandelte der Alte sie, er nahm etwas von ihrem Fleisch und formte daraus Bälle, wie es die Leute mit Erde und Ton tun. Das waren die Wesen der alten Welt.

Das Zeitalter der Großen Leere

LUISENO

Im Anfang war alles nur leerer Raum. Ké-vish-a-tak-vish war das einzige Wesen. Dieses Zeitalter nennt man »Om-ai-ya-mai«, was bedeutet »Leere«, »niemand da«. Dann kam die Zeit, die man Ha-ruh-rug heißt, »das Aufstoßen«, die Zeit, in der die Dinge ihre Gestalt gewannen. Darauf folgte die Zeit »Chu-tu-tai«, in der alle Dinge wieder zusammenbrachen, und darauf »Yu-vai-to-vai«, die Zeit der Dunkelheit ohne Licht und Sonne. In der Epoche »Tul-mul Pu-shim« aber wirkten tief unten im Herzen der Erde die Dinge wieder zusammen.

Dann brach die Zeit »Why-yai Pee-vai« an, da war es grau und glitzernd wie bei Rauhreif bei strengem Frost und die Zeit, die darauf folgt, nennt man »Na-Kai Ho-wai-yai«, die Periode des Stillstands.

Da machte Ké-vish-a-tak-vish einen Mann, Tuk-mit, den Himmel, und eine Frau, To-mai-yo-vit, die Erde. Es gab noch kein Licht, aber in der Dunkelheit wurden die beiden einander bewußt.

»Wer bist du?« fragte der Mann.

»Ich bin To-mai-yo-vit. Ich kann mich strecken, ich kann mich ausdehnen, ich kann mich schütteln, ich kann Echo geben, ich kann mich vermindern, ich bin ein Erdbeben, ich kreise, ich rolle, ich verschwinde. Und wer bist du?«

»Ich bin Ké-vish-a-tak-vish. Ich bin Nacht. Ich bin umgewendet. Ich bedecke, ich erhebe mich, ich verschlinge, ich überschwemme, ich ergreife. Ich schicke die Seelen der Menschen fort, ich schneide, ich durchtrenne.«

»Dann bist du mein Bruder.«

»Dann bist du meine Schwester.«

Und von ihrem Bruder, dem Himmel, empfing die Erde und wurde die Mutter aller Dinge.

Der Flammende Fels

OMAHA

Am Anfang aller Dinge war nur das Bewußtsein Wakondas. Alle Wesen, einschließlich der Menschen, existierten nur als Geister. Sie zogen umher im Raum zwischen der Eule und den Sternen. Sie suchten nach einem Ort, an dem sie zu körperlicher Existenz gelangen konnten. Sie stiegen auf die Sonne hinab, aber die Sonne war nicht geeignet als Wohnung. Sie betraten den Mond, aber auf ihm ließ es sich erst recht nicht gut wohnen. Dann stiegen sie auf die Erde. Sie sahen, daß sie mit Wasser bedeckt war. Sie trieben durch die Luft nach Süden und Norden, Osten und Westen. Überall war Wasser, nirgendwo fand sich trockenes Land. Da wurden sie traurig. Plötzlich erhob sich aus dem Wasser ein großer Felsen. Aus ihm hervor barsten Flammen, und das Wasser wurde als Wolken in die Luft geschleudert.

Trockenes Land erschien, die Gräser und die Bäume wuchsen. Die Schar der Geister stieg herab und wurde Fleisch und Blut. Sie nährten sich von Grassamen und den Früchten der Bäume, und das Land atmete Freude und Dankbarkeit gegenüber Wakonda, dem Schöpfer der Dinge.

Das Auftauchen

Jicarilla-Apachen

Schwangerschaftsmythen sind typisch für die Pueblo, die Navajo und die Apachen im Südwesten der USA. Man stellt sich die Erde als ersten Mutterleib vor, die unterirdischen Gebirge repräsentieren die Schwangerschaft, die Leiter mit den zwölf Stufen den Geburtskanal.

Am Anfang war dort, wo jetzt die Welt steht, nichts. Es gab keinen Boden, keine Erde, nichts als Dunkelheit, Wasser und Zyklone. Es lebten auch noch keine Menschen. Nur die Geistermächte existierten an einem einsamen Ort. Es gab keine Fische, keine Lebewesen.

Die Geisterwesen aber waren da von allem Anfang an. Sie besaßen die Substanz, aus der alles geschaffen wurde. Sie machten erst den Kosmos, dann die Erde, dann die Unterwelt und dann den Himmel. Sie erschufen die Erde in Gestalt einer lebendigen Frau und nannten sie Mutter. Sie erschufen den Himmel in der Gestalt eines Mannes und nannten ihn Vater. Er blickt abwärts, die Frau aufwärts. Er ist unser Vater, sie unsere Mutter.

Im Anfang lebten alle Arten von Geisterwesen in der Unterwelt, nämlich an jenem Ort, an dem die Hervorbringung begann. Im Gebirge saß ein Geisterwesen. In den verschiedenen Arten von Früchten saßen Geisterwesen. Jedes Ding besaß sein eigenes Geisterwesen.

Damals lebten die Jicarilla-Apachen unter der Erde, an jenem Ort, an dem die Hervorbringung ihren Anfang nahm. Wo sie sich aufhielten, gab es kein Licht. Nichts als Dunkelheit. Alles war sehr geistgesättigt und heilig, eben wie es ein Geisterwesen ist. Dann schafften das Weiße Geisterwesen, das Schwarze Geisterwesen, der Heilige

Junge und der Rote Junge Sand herbei. Es war Sand in vier Farben. Und sie brauchten auch Blütenstaub von Bäumen aller Arten. Sie ebneten eine Stelle, damit sie den Sand ausstreuen konnten. Sie glätteten den Platz mit Adlerfedern.

Sie hatten auch vier Farben von Erde: Schwarz, Blau, Gelb und Glitzernd.

Erst legten sie den Sand glatt hin. Dann machten sie vier kleine Erdhügel. In jeden steckten sie einige Samen und Früchte. Die Hügel standen in einer Reihe, die von Osten nach Westen verlief. Die erste Erhebung war aus schwarzer Erde, die nächste aus blauer, dann kam eine aus gelber und schließlich eine aus glitzernder Erde.

Ehe die Erhebungen zum Gebirge zu wachsen begannen, nahmen die Heiligen Wesen eine Tonschüssel und füllten sie mit Wasser. Das taten sie, weil es des Wassers bedarf, wenn das Gebirge wachsen soll. Wie könnte es ohne Wasser so groß werden. Als dies geschah, gab es noch kein einziges hohes Gebirge. Aber sie schütteten die Tonschüssel aus und taten all die anderen Dinge hinzu ... und das Gebirge begann zu wachsen.

Jedesmal wenn das Gebirge sich ausdehnte, gab es ein Geräusch ... alle vier Erdhaufen wuchsen, dehnten sich aus und wurden zu einem Gebirge.

Alle, die zugegen waren, halfen. Sie arbeiteten alle mit, damit das Gebirge wuchs. Es wurde hoch. Die Menschen wollten es besteigen. Das Gebirge trug jetzt viel Frucht. Es gab Cottonwood- und Espenbäume, und Bäche flossen. Es gab viel von alledem. Yucca und andere Pflanzen, die Früchte trugen, wuchsen dort, alle Arten von Beeren und Kirschen.

Nun kamen die Leute zusammen und sangen, und das Gebirge wuchs weiter. Es wurde noch höher. Es wuchs um ein Vierfaches, und dann wuchs es nicht mehr. Die Vier

Heiligen Wesen stiegen hinauf ins Gebirge. Sie sahen, daß die Spitze des Gebirges immer noch ein Stück vom Himmel entfernt war, und durch ein Loch konnten sie in die andere Welt blicken. Darauf hielten sie eine Ratsversammlung ab, um zu entscheiden, was sie als nächstes tun sollten. Sie schickten die Fliege und die Spinne hinauf. Die Spinne spann ihr Netz, und daran kletterten beide aufwärts. Deswegen geschieht es im Februar oder März, wenn die ersten warmen Tage kommen und sich die ersten Fliegen blicken lassen, daß diese sich in den Sonnenstrahlen tummeln und meinen, dies sei ein Spinnennetz. Man kann sehen, wie ein Sonnenstrahl durch das Fenster dringt und die Fliegen auf diesem Sonnenstrahl ins Haus kommen.

So stiegen die beiden dort hinauf, wo die Sonne steht. Sie nahmen vier Sonnenstrahlen, einen jeden in einer anderen Farbe, und flochten daraus ein Seil. Das ließen sie auf das Gebirge hinab. Die Seilstränge waren schwarz, blau, gelb und glitzernd, und die Heiligen Wesen verfertigten daraus eine Leiter. Und dann machten sie aus demselben Material zwölf Sprossen und fügten sie in die Leiter ein. Der Uraltvorfahr war der erste, der herabstieg. Dann folgte die Uraltvorfahrin, und dies war die erste Frau, die es gab. Beide hielten Stöcke in der Hand. Sie waren angezogen wie die Weiße Muschelfrau und wie das Wasserkind in der Pubertätszeremonie der Mädchen. Die anderen Wesen folgten. Die Männer gingen gen Osten, die Frauen gen Westen, die Kinder nach Norden und Süden.

Nach den Menschen kamen die Tiere.

Die Menschen stiegen aus einem Loch im Gebirge. Zu dieser Zeit war dies das einzige Gebirge auf der Erde, außer dem Feuersteingebirge im Osten. Alle anderen Gebirge entstanden später. Einige meinen, das Ursprungsgebirge liege nördlich von Durango in Colorado. Andere erzählen, es liege nahe Alamosa. Man hieß es das Große Gebirge.

Der Himmel ist unser Vater, die Erde unsre Mutter. Sie sind Mann und Frau, sie wachen über uns und beschützen uns. Die Erde gibt uns Nahrung, alle Früchte und Pflanzen kommen aus der Erde. Der Himmel gibt uns Regen, und wenn wir Wasser brauchen, beten wir zu ihm. Die Erde ist unsere Mutter. Aus ihr stammen wir. Als wir in diese Welt kamen, ging das genauso vor sich wie bei den Menschen im Anfang. Der Ort unseres Erscheinens ist der Leib der Erde.

Der Ausstieg aus der Unterwelt

Hopi

Die ersten Menschen lebten in der Unterwelt und waren dort glücklich. Aber dann kam mit der Gier nach Macht und Besitz Streit unter ihnen auf und mit dem Streit Mord und Totschlag. Die untere Welt stank so sehr, daß die Menschen nicht mehr darin leben mochten. Da versammelten sich die Häuptlinge und sprachen zueinander: Laßt uns erkunden, ob es nicht außer dieser Welt noch eine andere Welt gibt, eine, in der der Tod nicht wohnt; sie könnte unter uns sein oder über uns, im Norden oder Süden, im Osten oder Westen. Und sie zogen lange umher, in alle Himmelsrichtungen, fanden aber keinen Ausgang aus der Unterwelt.

Endlich sprachen sie untereinander: »Nein, wir allein sind nicht klug genug, um den Ausweg aus dieser Welt zu entdecken.«

Sie machten Zauberutensilien und sangen Zauberlieder und lockten einen Adler herbei und baten ihn, aufzusteigen und oben im Himmel zu suchen, ob es einen Ausstieg gäbe aus dieser Welt, in der der Tod war. Der Adler war ein sehr kräftiger Vogel, mit starken Schwingen, aber es dauerte einen ganzen Tag, ehe er wieder zurückkam. Er sagte, er sei sehr hoch hinaufgeflogen bis dorthin, wo es keine Lebewesen mehr gäbe. Er sei der Erschöpfung und einer Ohnmacht nahegewesen, und nirgends habe er ein Plätzchen gefunden, um sich auszuruhen. Endlich habe er aufgeschaut. Da sei ihm in der Decke des Himmels ein Spalt aufgefallen, durch den könne man vielleicht in eine andere Welt gelangen. Aber er habe umkehren müssen, denn sonst wäre er dort oben umgekommen, und keiner hätte die Nachricht zu ihnen bringen können, daß dort tatsächlich ein Ausstieg sei.

Nun, damit war nichts entschieden, aber sie faßten doch wieder Hoffnung, daß sie in eine bessere Welt entkommen könnten, in der es noch keinen Tod gäbe. Sie dachten lange darüber nach, wie es denn möglich wäre, den Spalt im Himmel zu erreichen und durch ihn in diese obere Welt hinaufzusteigen.

Sie versuchten, lange Leitern zu bauen, aber keine Leiter war lang genug, um daran auch nur so hoch zu klettern, wie der Adler gelangt war.

Sie überlegten dies und das. Die Weisesten unter ihnen gaben diesen Rat und jenen, aber keiner brachte sie dem Loch im Himmel näher. Da meldete sich einer, der bei den Beratungen der Häuptlinge eigentlich gar nicht hätte dabeisein dürfen, ein armer Junge in zerfetzten Kleidern.

Den Blicken, die sie ihm zuwarfen, war anzusehen, daß sie ihn verachteten. Er ließ sie das nicht entgelten. Er sagte: »Vielleicht ist mein Rat nicht mehr wert als die Lumpen, die ich auf dem Leib trage. Also schimpft nicht gleich und lacht mich nicht aus, wenn das, was ich vorschlage, nicht zum gewünschten Ziel führt. Aber glaubt mir, ich möchte euch helfen.«

»Also nun, was schlägst du vor?« fragten sie ihn.

»Es gibt ein Geschöpf«, sagte der Junge, »das ist ähnlich

unbedeutend und verachtet wie ich. Es lebt in den Pinienwäldern und nährt sich von Nüssen. Deswegen kennt es sich auch mit diesen Bäumen gut aus. Es ist das Erdhörnchen. Wie wäre es, wenn ihr das Erdhörnchen rufen und es bitten würdet, einen dieser ganz hohen Bäume zu pflanzen, deren Wipfel über den Wolken stehen. Wir könnten dann vielleicht an den Ästen dieses Baumes hinaufklettern und würden so in die oberirdische Welt gelangen.«

Die meisten unter den Häuptlingen glaubten zwar nicht, daß der Rat eines so armen Jungen und die Hilfe eines so kleinen Tieres viel wert seien. Aber da schon alles versucht worden war, kam es ihnen nicht darauf an, auch noch diesen Versuch zu unternehmen.

Das Erdhörnchen wurde herbeigerufen. Es pflanzte eine Pinie. Es sprach einen Zauber über diesen Baum, und der wuchs auch mächtig hoch, aber sein Wipfel reichte nicht bis an den Spalt im Himmelsgewölbe.

Das Erdhörnchen stieg am Baum hinauf und versuchte, ihn oben noch ein Stück in die Länge zu ziehen. Das gelang ihm zwar, aber der Baum war immer noch zu kurz. Doch das Erdhörnchen gehört zu den Wesen, die nicht so schnell aufgeben. Es unternahm einen nächsten Versuch mit einer Fichte. Es steckte Fichtensaat in die Erde, sprach einen Zauber darüber, und ein Fichtenbaum wuchs auf, stärker und schöner als jeder Fichtenbaum, den man je zuvor gesehen hatte. Der Fichtenbaum war noch höher als die Pinie, aber noch nicht hoch genug. Immer noch fehlte ein ganzes Stück bis zum Spalt im Himmelsgewölbe. Und wieder lief das Erdhörnchen am Baumstamm nach oben und streckte den Baum, aber o weh, es reichte einfach nicht bis zu dem Spalt.

Die Häuptlinge waren verzweifelt. Einige schimpften, andere fluchten, und alle waren sich darin einig, daß von einem unwissenden Jungen und einem so unbedeutenden

Tier freilich nichts Gutes kommen könne. Aber der Junge in den zerlumpten Kleidern sagte: »Warum gebt ihr so rasch auf? Es ist doch ein großes Ziel, in eine Welt zu kommen, in der es den Tod noch nicht gibt. Seht einmal, das Erdhörnchen beschämt euch. Es ist wieder fortgelaufen, um eine andere Pflanzensaat zu suchen.«

Diesmal kam das kleine Tier mit einem Bambussprößling zurück, und es hatte außerdem eine kleine Nußschale voller Wasser bei sich. Es goß das Wasser aus, so daß der Boden etwas feucht wurde an dieser Stelle, und dann steckte es den Bambussprößling hinein, einen Arm tief. Es bedeckte ihn wieder mit Erde, streute heiliges Mehl darüber, murmelte Zaubersprüche und Gebete und sprach darauf zu den Menschen: »Seid gewiß, diesmal wird es glücken!«

Und tatsächlich, der Bambus wuchs und wuchs und wuchs, aber kurz unter dem Spalt im Himmelsgewölbe hörte dann auch der Bambus auf zu wachsen. Viermal kletterte das Erdhörnchen zur Spitze hinauf, um ihn zu strecken, und beim fünften Mal streckte es ihn so weit, daß der Bambus durch den Spalt in die obere Welt reichte. Nun stiegen die ersten Menschen im Inneren des Bambusrohres hinauf. Das Erdhörnchen lief vor und biß eine Wendeltreppe in den Bambus, über die die Menschen schließlich in die obere Welt gelangten.

Zuvor hatten sie alle Himmelsrichtungen mit Maismehl und Blütenstaub vom Hybiskus bestreut, damit ihnen der Tod nicht folgen könne.

In der oberen Welt gefiel es ihnen sehr gut. Es gab Sonnenschein und Vögel, Gräser, Bäume, Früchte und Blumen. Eben alles, was es zu einer glücklichen Welt braucht. Nur wurde es abends dunkel. Da fürchteten sie sich, denn sie besaßen noch kein Feuer, um sich daran zu erwärmen und die Nacht zu erhellen.

Eines Morgens fehlte ein Kind. Sie suchten es überall. Es war nirgends zu finden. Da wurden sie nachdenklich. Sie suchten den nächsten Tag über, und in der Nacht kamen sie wieder zusammen und warteten, bis es wieder hell wurde, und dann setzten sie die Suche fort...

Die Nacht brach herein, und drei junge Männer aus den Stämmen der ersten Menschen suchten auch in der Nacht.

In der Ferne war ein winziges Licht zu sehen. Als es hell wurde, hatten sie weder das winzige Licht erreicht, noch hatten sie das verlorengegangene Kind gefunden. Dann aber stießen sie auf Fußspuren. Sie waren so groß, daß es die Abdrücke eines Riesen sein mußten. Also kehrten sie um und machten den Häuptlingen Meldung.

Die wandten sich nun mit ihren Fragen an den Jungen mit den zerschlissenen Kleidern. Der Junge sagte: »Ob es ein Ungeheuer oder ein Riese ist, wir täten gut daran, Zauberbündel herzustellen und sie dem mächtigen Nachbarn zum Geschenk anzubieten.«

Der Ausrufer wurde beauftragt, die Menschen, die Beeren und Grassamen sammelten, zu einer Zeremonie zusammenzurufen. Wie gewöhnlich rauchten die Späher, streuten heiliges Mehl auf die Zauberbündel, und dann liefen sie fort, um sie dem Fremden anzubieten. Diesmal kamen sie dem fernen Licht näher. Sie erkannten, daß es von einem Feuer herrührte und daß jemand an dem Feuer saß, das Gesicht von ihnen abgewandt. Sie konnten seinen Hinterkopf sehen. Der Kopf war so groß wie ein riesiger Kürbis und völlig ohne Haare. Sie riefen das Wesen an und fragten es, wer es sei, aber es gab keine Antwort. Sie riefen es ein zweites Mal an, und wieder antwortete es nicht. Sie fragten es, ob es vielleicht eine andere Sprache spreche als sie und sie deshalb nicht verstehen könne. Da sagte es, es sei sehr erstaunt, sie hier zu sehen. Bisher sei noch niemand so nahe an sein Feuer herangekommen.

Nachdem es dies gesagt hatte, wandte es sich dem Licht zu. Jetzt erkannten sie, daß sein Gesicht ganz blutig war.

Die Späher bekamen große Angst. Endlich aber faßten sie sich ein Herz und erklärten dem riesigen Wesen, daß sie ihm etwas mitgebracht hätten, ein Geschenk ihres Häuptlings, und daß ihr Stamm den Wunsch habe, mit ihm in guter Nachbarschaft zu leben. Sie stellten das Tablett mit den Zauberbündeln vor ihn hin, und er schien sich darüber zu freuen. Er gab ihnen dafür ein brennendes Scheit aus seinem Feuer und hieß sie, eilig zu den anderen zurückzulaufen und dort Feuer zu entzünden, nicht nur eines, viele.

Die Späher fragten ihn nach dem verschwundenen Kind. Das riesige Wesen sagte, das Kind sei tot. Es sei ihm im Dunklen begegnet, fern vom Feuer. Sein Anblick habe das Kind so erschreckt, daß sein Herz aufgehört habe zu schlagen. Nun fragten sie ihn, warum sein Gesicht blutüberströmt sei, und er sagte, zuerst habe es zwei Riesen auf dieser Welt gegeben. Ihn und jenen, der ein Feuer besaß. Er habe den anderen gebeten, ihm auch etwas Feuer abzugeben, aber der andere habe nur gelacht und gespottet, es gäbe eben solche, die seien geboren, um im Licht zu leben, und andere, die müßten in der Dunkelheit zurechtkommen. Da habe er einen Stein aufgehoben und den Feuerriesen erschlagen. Blut sei aus der Wunde geflossen, und beim Schein einer Fackel habe er sein Gesicht darin gespiegelt. Seither sei es immer blutüberströmt.

Die Späher liefen eilends zurück. Sie entzündeten viele Feuer und berichteten den Häuptlingen, was sie erlebt hatten. Alle waren glücklich über das Feuer, weil es die Menschen wärmte und es Helligkeit gab in der Nacht. Aber alle wußten nun, daß es auch in dieser Welt den Tod gab.

Alle Menschen hatten die Mühsal beim Ausstieg aus der unteren Welt miterlebt, den langen beschwerlichen Weg herauf durch das Bambusrohr . . . und trotzdem verspürten manche unter ihnen schon wieder das Verlangen, abermals den Aufstieg in eine andere Welt zu versuchen. Die um das Feuer standen, froh über die Helligkeit in der Nacht und über die Wärme, die es ausstrahlte, sprachen über das Schicksal des Menschen. Einer von ihnen sagte: »Es gibt nur zwei Möglichkeiten. Entweder akzeptieren wir, daß überall, wohin man auch kommt, schon der Tod ist, oder wir machen uns wieder und wieder auf nach einer neuen Welt und geben nie die Hoffnung auf, endlich doch eine zu finden, in die der Tod noch nicht gekommen ist.«

Die Schöpfung des ersten Mannes und der ersten Frau

Navajo

Die ersten Menschen stiegen nach der Vorstellung der Navajo durch vier Welten auf. Aus jeder dieser Welten wurden sie vertrieben, weil sie miteinander stritten oder Ehebruch begingen. In den vorangegangenen Welten trafen sie nur Menschen, die so waren wie sie auch. In der vierten Welt aber begegneten sie dann den Kiani oder Pueblo.

Die Oberfläche der vierten Welt war gemischt schwarz und weiß, der Himmel war vorwiegend blau und schwarz. Es gab keine Sonne, keinen Mond, keine Sterne, aber gegen die vier Himmelsrichtungen hin sah man am Horizont vier hohe, mit Schnee bedeckte Berge. Die Navajo nennen sich selbst »Diné«, das Volk.

Die Bisexualität der ersten Menschen ist ein Muster, das in vielen Schöpfungsgeschichten rund um die Welt wiederkehrt.

Spät im Herbst hörten sie im Osten das Geräusch einer mächtigen Stimme, die etwas rief. Sie horchten und warteten, und bald kam die Stimme näher. Wieder horchten sie. Im nächsten Augenblick erschienen vier seltsame Wesen. Es waren dies: Weißer Körper, der Gott dieser Welt, Blauer Körper, der Sprüher, Gelber Körper und Schwarzer Körper, der Gott des Feuers.

Mit Zeichen versuchten die Götter die Menschen zu belehren, diese aber verstanden sie nicht. Als die Götter wieder fort waren, besprachen die Menschen diesen geheimnisvollen Besuch und versuchten, die Zeichen zu deuten, aber daraus wurde nichts.

Die Götter kamen an vier Tagen, und es war immer wie am ersten Tag. Doch am vierten Tag blieb Schwarzer Körper zurück und sprach zu dem Volk in seiner eigenen Sprache: »Ihr versteht unsere Zeichen nicht, also muß ich euch mit Worten sagen, was wir meinen. Wir wollen Menschen machen, die uns ähnlicher sind. Ihr habt Leiber wie wir, aber ihr habt Zähne und Füße und Klauen wie die wilden Tiere und die Insekten. Die neuen Menschen werden Hände und Füße haben wie wir auch. Auch seid ihr unrein, ihr riecht schlecht. Wir kommen in zwölf Tagen zurück. Sorgt dafür, daß ihr dann sauber seid.«

Am Morgen des zwölften Tages wuschen sich die Menschen sorgfältig. Dann rieben die Frauen ihren Körper mit gelbem Maismehl ab und die Männer ihre Körper mit weißem. Viermal hörten sie einen fernen Ruf. Das waren die herannahenden Götter. Als diese erschienen, trugen Blauer Körper und Schwarzer Körper beide ein heiliges Beinkleid. Weißer Körper hatte zwei Maiskolben bei sich, einen gelben und einen weißen, und beide waren sie dicht besetzt mit Körnern.

Die Götter legten ein Beinkleid auf den Boden, so daß es nach Westen wies, und dann legten sie die beiden Maiskolben so hin, daß sie nach Osten wiesen. Über diese breiteten sie das andere Beinkleid und richteten es nach Osten aus. Unter den Kolben mit weißem Mais legten sie die Feder eines weißen Adlers, und unter den von gelbem Mais die Feder eines gelben Adlers. Dann hießen sie die Menschen zurücktreten, damit der Wind Gelegenheit habe, hineinzufahren. Der weiße Wind blies von Osten, der gelbe von Westen. Während dies geschah, kamen acht Götter, die Wunderleute, und umkreisten die Gegenstände, die dort lagen, viermal. Dabei sah man, daß sich die Adlerfedern, deren Spitzen aus den Beinkleidern hervorschauten, bewegten. Als nun die Wunderleute ihren Umgang beendet hatten, wurde das Beinkleid aufgehoben. Die Maiskolben waren verschwunden und ein Mann und eine Frau lagen an ihrem Platz. Der weiße Maiskolben war zu einem Mann geworden, der gelbe zu einer Frau. Das waren nun der erste Mann und die erste Frau. Der Wind hatte ihnen Leben gegeben, wie der Atem, der durch unseren Mund geht, uns Leben verleiht. Wenn wir zu atmen aufhören, sterben wir.

Die Götter hießen nun das Volk eine Hütte aus Zweigen bauen, und als diese fertig war, gingen der erste Mann und die erste Frau hinein. Die Götter sprachen zu ihnen: »Lebt zusammen von nun als ein Paar!«

Am Ende des vierten Tages gebar die erste Frau Zwillinge, die waren zugleich männlich und weiblich. Vier Tage später brachte sie einen Jungen und ein Mädchen zur Welt, die waren nach vier Tagen erwachsen und lebten zusammen als Mann und Frau. Insgesamt hatten der erste Mann und die erste Frau fünf Zwillingspaare, und alle außer dem ersten wurden Mann und Frau und hatten Kinder.

Vier Tage, nachdem die letzten Zwillinge geboren worden waren, kamen die Götter wieder und brachten den ersten Mann und die erste Frau fort zu dem Gebirge im Osten. Das Paar blieb dort vier Tage, und als es zurückkam, nahm es alle seine Kinder für vier Tage ins östliche Gebirge mit. Die Götter lehrten sie dort die schrecklichen Geheimnise des Zauberns und Hexens. Hexen und Zauberer tragen immer Masken, und nachdem sie zurückgekehrt waren, setzten sie ihre Masken auf und baten um all die guten Dinge: viel Regen und reichte Ernten. Hexen heiraten auch Leute, die mit ihnen eng verwandt sind, wie es die Kinder der ersten Frau und des ersten Mannes getan haben.

Nachdem sie aus dem Gebirge im Osten heimgekehrt waren, trennten sich die Brüder und die Schwestern. Sie hielten ihre erste Heirat geheim, und Brüder wie Schwestern heirateten Wunderfrauen und Wundermänner. Aber nie verrieten sie jemandem die Geheimnisse, die sie von den Göttern gelernt hatten – nicht einmal ihren eigenen Familienangehören. Alle vier Tage bekamen die Frauen Kinder, die innerhalb von vier Tagen erwachsen waren und heirateten und dann ihrerseits innerhalb von vier Tagen Kinder zur Welt brachten.

Wie die Frauen und die Männer wieder zusammenkamen

Blood-Piegan

Ehe Utset, die Mutter der Menschen, diese Welt verließ, wählte sie sechs Sia-Frauen aus. Sie schickte eine nach Norden, eine nach Westen, eine nach Süden, eine nach Osten, eine in den Zenith und eine in den Nadir. Sie hieß sie, an jenen Punkten ihr Heim bereiten.

Auf diese Weise waren sie den Wolkenherrschern in allen Haupthimmelsrichtungen nahe und konnten bei ihnen für die Menschen vorstellig werden. Utset sagte ihrem Volk, in Zeiten der Not sollten sie sich dieser Frauen erinnern und dann würden diese bei dem Wolkenvolk für sie bitten.

Allein das Volk der Sia folgte dem Befehl von Utset und nahm den geraden Pfad, während alle anderen Menschen sich auf verschiedenen Wegen zum Mittelpunkt der Erde hin bewegten. Nachdem Utset fortgegangen war, reisten die Sia ein gutes Stück, und dann bauten sie ein Dorf aus schönem weißen Stein und lebten dort. Zu einer bestimmten Zeit litten die Eltern sehr unter der Macht eines Häuptlings, der fand, der Stamm dürfe sich nicht zu sehr vermehren, und der deswegen befahl, alle neugeborenen Kinder zu töten. Kaum hatten sich die Sia von diesem Unheil erholt, als es neue Probleme gab.

Die Sia-Frauen arbeiteten den ganzen Tag über schwer, sie bereiteten das Mehl und sangen, und bei Sonnenuntergang, wenn die Männer zu den Häusern zurückkamen, schimpften die Frauen sie häufig aus und sagten: »Ihr tut nicht gut. Ihr arbeitet nichts. Alles, wonach euch der Sinn steht, ist Nacht für Nacht mit uns Frauen zu schlafen. Wenn ihr einmal vier Tage verstreichen lassen würdet, hätten die Frauen gewiß mehr Freude an euch.«

»Ihr würdet euch wundern«, sagten die Männer, »wenn eure Männer nur alle vier Tage bei euch schlafen würden, wäret ihr schlecht dran.«

»Ha«, sagten die Frauen, »es ist genau umgekehrt. Ihr Männer würdet das nicht aushalten.«

Nun, der Streit wurde immer heftiger. Und schließlich riefen die Männer: »Und wenn wir zehn, zwanzig, ja selbst dreißig Tage ohne Frau wären, würde uns das nichts ausmachen.«

Die Frauen antworteten: »Das glauben wir euch nicht, aber was uns angeht, so wären wir froh, wenn wir euch einmal sechzig Tage los wären.«

»Sechzig Tage«, höhnten die Männer, »sechzig Tage sind schnell herum. Von uns aus könnten es fünf Monate sein.«

»Warum nicht gleich zehn?« riefen die Frauen.

»Wir hielten es auch gut und gerne zwanzig Monate aus und wären noch glücklich dabei«, riefen die Männer.

»Das ist doch alles nicht wahr. Tag und Nacht seid ihr hinter uns her«, gaben die Frauen zurück.

Drei Tage stritten sie so, und am vierten schließlich zogen die Frauen auf die eine Seite des Dorfes, und die Männer und Knaben versammelten sich auf der anderen, und Männer und Frauen bauten sich jeweils einen eigenen Kiwa[1]. Die Frauen besprachen sich, und die Männer hielten Rat, und beide waren wütend aufeinander.

Der ti'amoni, der den Vorsitz hatte, sagte: »Vielleicht wäret ihr zufriedener, wenn ihr Männer euch von den Frauen trennen würdet.«

Am nächsten Morgen hieß er alle Männer und männlichen Kinder, die nicht mehr gestillt wurden, über den Fluß setzen, die Frauen aber blieben im Dorf zurück. Das geschah bei Sonnenaufgang, und die Frauen freuten sich. Sie sagten: »Endlich stören sie uns mal nicht bei der Arbeit. Wir können jede Arbeit verrichten. Die Männerarbeit auch.«

Die Männer aber sagten zueinander: »Was die Frauen für uns tun, können wir auch selbst tun.«

Als sie das Dorf verließen, riefen sie den Frauen zu: »Wir gehen jetzt für ein Jahr, vielleicht auch für zwei, vielleicht sogar für noch länger ... wollen mal sehen, wie es

1 Unterirdische Zeremonienkammer.

so kommt. Ihr müßt wissen, Männer sind längst nicht so liebesbedürftig wie Frauen.«

Nun, es dauerte lange, bis die Männer den Fluß überquert hatten, denn er war breit. Der ti'amoni führte die Männer an und blieb bei ihnen. Die Frauen aber wurden von ihm angewiesen, die männlichen Kinder auch über den Fluß zu schicken, sobald sie diese nicht mehr stillten. Für zwei Monate waren Männer wie Frauen sehr zufrieden. Die Männer gingen auf Jagd, aber das Wild, das sie erlegten, brauchten sie nun mit niemandem zu teilen. Bei den Frauen gab es kein Fleisch. Die Männer wurden feist und die Frauen dünn.

Als die ersten zehn Monate herum waren, gab es Frauen, die sich nach einem Mann sehnten.

Als das zweite Jahr herum war, gab es mehrere Frauen, die ein Verlangen nach Männern empfanden.

Die Männer hingegen schienen mit dem Stand der Dinge recht zufrieden.

Nach drei Jahren wünschten die Frauen immer öfter in Gedanken die Männer herbei. Die Männer aber empfanden nur ein wenig Verlangen.

Als das vierte Jahr herum war, riefen die Frauen den ti'amoni und sprachen: »Wir wollen, daß die Männer zurückkommen. Die weiblichen Kinder sehen aus wie welkes Gras.«

Am Morgen darauf setzten die Männer wieder über den Fluß. Sie kehrten zu den Frauen zurück. Vier Wochen später standen viele der Frauen schon wieder gut im Fleisch, aber noch mehr waren schwanger.

Die Frau, die vom Himmel fiel

SENECA

Vor langer Zeit lebten die lebendigen Wesen noch im Himmel. Sie hatten einen großen und berühmten Häuptling. Aber auch der Wind war ein mächtiges Wesen, viel mächtiger als heute. Dann wurde die Frau des Häuptlings schwanger, und ein Kind wuchs in ihrem Leib.

Als der Häuptling das sah, wurde er zornig. Er hatte nämlich seine Zweifel, ob nicht ein anderer das Wesen, das sich im Bauch der Frau zu regen begann, gezeugt habe.

Nun wuchs neben der Wohnung des Häuptlings ein großer Baum, der jedes Jahr so viele Früchte trug, daß alle Wesen im Himmel Nahrung hatten. In seinem Zorn über die vermeintliche Untreue seiner Frau riß der Häuptling diesen Baum aus. So entstand ein großes Loch in der Himmelsdecke.

Voller Arglist rief der Häuptling seine Frau herbei und raunte ihr zu: »Schau einmal da hinunter.« Kaum aber beugte sie sich vornüber, um hinabzuschauen, da versetzte ihr der Häuptling von hinten einen Stoß, und sie stürzte hinab. Unter dem Himmel aber war nichts als Wasser, auf dem Vögel der verschiedenen Arten schwammen. Land gab es damals noch nicht. Die Wasservögel sahen die junge Frau herabstürzen. Da riefen sie einander zu: »Kommt, wir müssen sie auffangen!«

Darauf drängten sich einige von ihnen ganz dicht zusammen, und die junge Frau fiel in das Gewebe, das die Vögel mit ihren Flügeln bildeten.

Als sie nun müde wurden und sich der unendlichen Wasserfläche näherten, fragten sie die anderen Tiere, die schon erschaffen worden waren: »Wer meldet sich freiwillig, um für die Frau zu sorgen?«

Die große Schildkröte war zunächst der Platz, an dem die Vögel die Frau absetzten. Dann tauchten Bisamratten auf den Meeresboden hinab und brachten von dort Schlamm und Steine mit. Sie legten beides auf den breiten festen Panzer der Schildkröte, und so entstand mehr und mehr Land. Soviel Land, wie notwendig war, damit alle Geschöpfe, die wir heute kennen, ebenfalls dort leben konnten.

Als sich aus Steinen, Erde und Schlamm eine feste Scheibe von genügender Dicke gebildet hatte, zusammengehalten von den Algen, die auch vom Meeresboden mit heraufgebracht worden waren, schwamm die Schildkröte, ihrer schweren Last ledig, endlich davon.

Die Frau aber, die vom Himmel gefallen war, baute sich eine Hütte und brachte nach geraumer Zeit ein Mädchen zur Welt. Als diese Tochter zu einer jungen Frau herangewachsen war, pflegten Mutter und Tochter zusammen aufs Feld zu gehen, um nach wilden Kartoffeln zu suchen. Die Mutter sagte zu dem Mädchen, es solle stets nach Osten schauen. Der Wind in dieser Gegend wehte nämlich meist von Westen. Nicht lange, und es stellte sich heraus, daß die Tochter schwanger geworden war. Ihre Mutter schimpfte mit ihr. Sie sagte, sie habe sich gewiß nicht an ihre Anweisung gehalten, beim Kartoffelsuchen stets nach Osten zu schauen.

Die Weltordnung und die Ordnung der Welten

Delaware

Das Walam-Olum oder Rote Buch ist eine Folge kürzelhafter Zeichnungen der Delaware-Indianer, zu denen wahrscheinlich erst später eine Kosmologie hinzugefügt worden ist. Die Zeichen, die sich häufig nur geringfügig voneinander unterscheiden, stellen eine kontinuierliche Kette von Metamorphosen dar und bilden so etwas wie eine grundlegende Grammatik der Formen:

1. Zu Anfang aller Zeiten, über
der Erde an dieser Stelle . . .

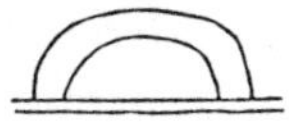

2. Über der Erde lag ein gewaltiger
Nebel, und darin befand sich der
große Manitu

3. Im Anfang, für immer,
verloren im Raum,
war der große Manitu

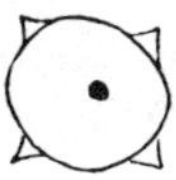

4. Er machte eine gewaltige Erde
und den Himmel

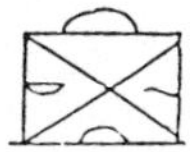

5. Er machte die Sonne,
den Mond und die Sterne

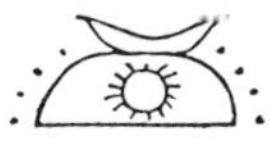

6. Er machte, daß alles sich in
Harmonie bewegt

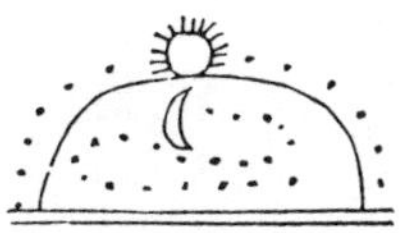

7. Dann begann der Wind heftig
zu wehen, es wurde heller, die
Wasser flossen schneller und
von weit her

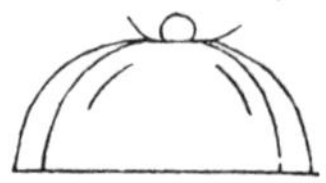

8. Und Gruppen von Inseln er-
hoben sich aus dem Wasser
und blieben sichtbar

9. Wieder sprach der große Ma-
nitu, ein Manitu zu anderen
Manitus

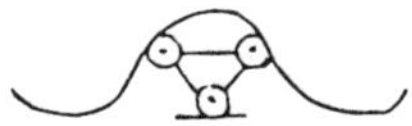

10. Zu den sterblichen Wesen, den
Geistern und allem

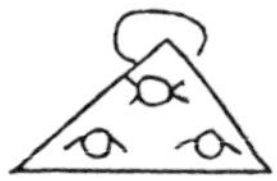

11. Und danach war er der Manitu
der Menschen und ihr Groß-
vater

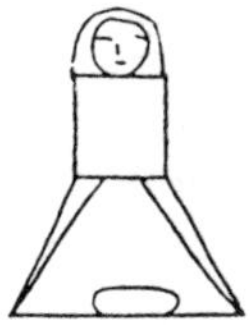

12. Er schickte die erste Mutter,
die Mutter aller Geschöpfe

13. Er schickte Fisch,
er schickte Schildkröten,
er schickte wilde Tiere,
er schickte Vögel

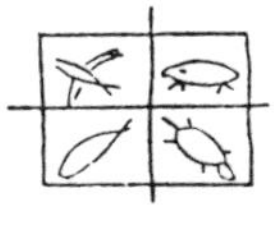

14. Aber ein böser Manitu machte nur böse Geschöpfe, wie Monster

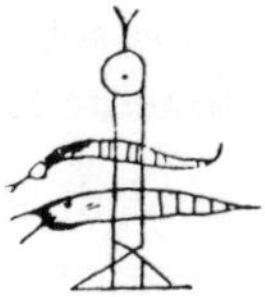

15. Er machte Fliegen, er schuf Moskitos

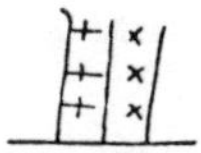

16. Alle Geschöpfe waren freundlich zueinander in dieser Zeit

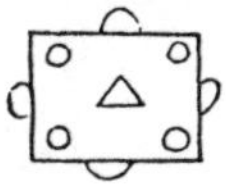

17. Wahrlich, die Manitus waren tätig und bedachtsam

18. All die ersten Menschen und die ersten Mütter von allen Geschöpfen: sie fanden sie hilfreich

19. Denn die Manitus gaben ihnen zu essen, wenn sie etwas brauchten

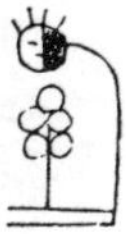

20. Alle besaßen freudvolles Wissen, alle hatten genügend Zeit und waren glücklich

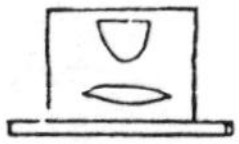

21. Doch ganz im geheimen erschien auf der Erde ein böses Wesen, ein mächtiger Zauberer

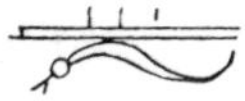

22. Und er brachte mit sich Leid, Streit und Unglück

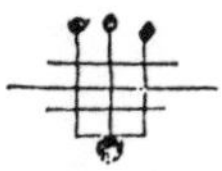

23. Er brachte schlechtes Wetter, brachte Krankheit und Tod

24. Und all dies geschah einst auf der Erde vor der Sintflut im Anfang.

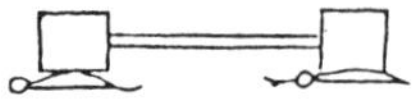

Das Lied vom himmlischen Webstuhl

TEWA

O Erde, unsre Mutter, o unser Vater, der Himmel,
eure Kinder sind wir, und mit unsren ermüdeten Rücken
bringen wir euch Geschenke der Liebe.
Dann webt für uns ein Kleid der Helligkeit.
Möge der Schuß das weiße Licht des Morgens sein.
Möge die Kette das rote Licht des Abends sein.
Mögen die Fransen der fallende Regen sein.
Mag die Borte den stehenden Regenbogen darstellen.
Also webt für uns ein Kleid aus Helle.
Damit wir dahin gehen, wo Vogelgesang ertönt.
Damit wir dahin gehen, wo das Gras grün ist.
O unsre Mutter, die Erde, o Himmel – unser Vater.

Sonne, Mond und Sterne

Gebet an die Sonne

BLACKFOOT

»Man übertreibt nicht, wenn man feststellt, daß die Blackfoot eine ausgesprochene Vorliebe für Gebete haben. Sie beten um die Erlaubnis, zu den heiligen Dingen sprechen zu dürfen oder bevor sie religiöse Erzählungen rezitieren, sie beten nahezu bei allem, was außergewöhnlich ernst ist«, schreibt Wissler. Ein berühmter Leiter von Zeremonien der Blackfoot sagte, daß man bei Gebeten und bei der Durchführung der Rituale immer an das erwünschte Ende denken müsse: »Laß nie ab in Gedanken daran, und der Erfolg ist dir gewiß.«

Okóhe! okóhe! natosi iyo!
Sonne, hab Mitleid mit mir, hab mit mir Mitleid.
Uraltes Ding, uraltes,
wir beten zu deinem hohen Alter, denn
ich hab dich erwählt.
Deine Kinder, Morgenstern, sieben Sterne, die Milchstraße, alle Sterne
rufen wir an, auf daß sie uns helfen.
Ich rufe sie alle an,
habt Mitleid mit uns.
Sorg dafür, daß ich ein gutes Leben habe.
Meine Kinder habe ich vor dein Angesicht geführt,
nun hab Mitleid mit uns, sei uns gnädig.
iyo!
Altes Ding dort oben,
hilf meinen Kindern.
Mach, daß sie viele Pferde bekommen.
Sorge dafür, daß meine Arbeit auch Früchte trägt.

Iyo!
Hab Mitleid mit mir, laß es mir gutgehen.
Beeil dich damit.

Das Land im Himmel

Karibou-Eskimo

Der Himmel ist ein großes Land. In diesem Land gibt es viele Löcher. Diese Löcher nennt man Sterne. Im Himmelsland lebt Pana, die Frau dort oben. Das ist ein mächtiger Geist, und die Alten sagen, es sei eine Frau. Zu ihr fliegen die Seelen der Toten. Manchmal, wenn viele sterben, gibt es dort oben ein ziemliches Gedränge. Wenn etwas im Himmelsland verschüttet wird, fällt es durch die Sterne herab und wird Regen oder Schnee. Die Seelen der Toten werden in der Behausung von Pana wiedergeboren und kehren über den Mond auf die Erde zurück. Wenn der Mond abwesend ist und man ihn am Himmel nicht sieht, so ist er damit beschäftigt, Pana dabei zu helfen, die Seelen wieder auf die Erde zurückzubringen. Einige werden noch einmal Menschen, andere werden Tiere. So geht das Leben immer weiter. So wird es schön sein.

Medizinspruch

Takelma-Oregon
(gesprochen, wenn der neue Mond erscheint)

Mir wird es wohl ergehen,
noch werd' ich am Leben bleiben,
selbst wenn Leute sagen:
Der ist des Todes!
Gerad'so wie du

will ich's machen.
Immer wieder will ich mich erheben.
Selbst, wenn alle Arten des Bösen dich verschlingen,
wenn die Frösche dich auffressen
oder die Eidechsen,
auferstehst du wieder.
Genauso will ich es machen,
in der Zeit, die da kommt.

Die Kinder der Sonne

Osage

Vor langer Zeit wohnte ein Teil des Stammes im Himmel. Die Menschen wollten wissen, woher sie kämen, also gingen sie zum Sonnengeist. Er sagte ihnen, sie seien seine Kinder. Dann wanderten sie noch weiter und kamen zur Möndin. Die Möndin sagte, sie habe sie geboren und der Sonnengeist sei ihr Vater. Sie hieß sie den Himmel verlassen und hinunter auf die Erde steigen. Sie gehorchten, fanden aber die Erde mit Wasser bedeckt. Sie konnten nicht heimkehren in den Himmel. Sie weinten und riefen, aber niemand antwortete ihnen.

Sie trieben durch die Luft und suchten in allen Himmelsrichtungen Hilfe durch einen Gott, aber da war niemand.

Die Tiere waren bei ihnen, und unter ihnen gab der Elch aller Kreatur Zuversicht, denn er war schön und stattlich. Deswegen wandten sich die Osage auch an ihn. Er stürzte sich ins Wasser und tauchte. Dann rief er die Winde, und sie kamen aus allen Richtungen und bliesen, bis das Wasser als Nebel aufstieg.

Zuerst trat nur ein einzelner Fels hervor. Dorthin zogen die Menschen, aber da wuchsen keine Pflanzen. Dann sank das Wasser weiter, und weiche Erde wurde sichtbar. Als dies geschah, wälzte sich der Elch voller Freude auf der Erde, und alle Haare in seinem Fell, die auszufallen im Begriff standen, blieben am Boden kleben. Die Haare wuchsen, und daraus wurden Bohnen, Mais, Kartoffeln, wilde Rüben, das Gras und die Bäume.

Der Rabe bringt das Licht

Tsimschian

Einst lag über der ganzen Welt Dunkelheit. Auf der Südspitze einer Insel hoch oben im Norden lag die Stadt, in der die Tiere lebten. Der Ort hieß Kungalas. Ein Häuptling und seine Frau wohnten dort und mit ihnen ein Junge, ihr einziges Kind, das die Eltern sehr liebten. Deswegen versuchte der Vater jegliche Gefahr von dem Sohn fernzuhalten. Er baute für ihn im hinteren Teil des Hauses ein Bett über dem seinen. Er wusch das Kind regelmäßig, und es wuchs zu einem hübschen jungen Mann heran.

Als der Junge schon fast erwachsen war, wurde er krank, so krank, daß er schließlich starb. Da wurden die Eltern sehr traurig. Sie weinten über den Verlust des geliebten Kindes. Der Häuptling lud den ganzen Stamm und alle Tierleute in sein Haus ein. Als sie alle versammelt waren, hieß er den Medizinmann, aus der Leiche das Herz, die Leber und die Gallenblase entfernen. Man verbrannte diese Organe hinten im Haus des Häuptlings und legte den Toten auf das Hochbett, das der Vater für den Sohn gezimmert hatte. Der Häuptling und seine Frau hörten nicht auf, über ihren toten Sohn zu weinen und zu klagen, und alle Angehörigen des Stammes weinten und klagten mit ihnen. So ging das viele Tage.

Eines Morgens, ehe es hell wurde, stand die Häuptlingsfrau auf, um wieder vor der Leiche des Sohnes mit ihrem Wehklagen zu beginnen. Sie schaute hinauf zu dem Hochbett, auf dem der Tote hätte liegen sollen. Da sah sie einen jungen Mann, umgeben von strahlender Helle. Sie rief ihren Mann und sagte zu ihm: »Unser geliebtes Kind ist uns wiedergeschickt worden.«

Auch der Häuptling stand auf und trat an den Fuß der Leiter, die zu dem Hochbett hinaufführte. Er sagte: »Bist du es wirklich, mein Sohn, bist du es?«

Da antwortete der strahlende junge Mann: »Ja, ich bin es.«

Freude erfüllte die Herzen der Eltern.

Die Stammesangehörigen fanden sich wieder ein, um mit dem Häuptlingspaar zu trauern. Als sie nun hereinkamen, waren sie sehr erstaunt, den leuchtenden Jungen dort zu sehen. Er sprach zu ihnen: »Die im Himmel wohnen, haben sich von euren Klagen erweichen lassen. Sie haben mich herabgeschickt, um euch zu trösten.«

Da waren alle sehr froh, daß der Häuptlingssohn wieder unter ihnen lebte. Seine Eltern liebten den Jungen noch mehr als je zuvor.

Der leuchtende junge Mann blieb lange Zeit. Er aß aber sehr wenig. Er kaute nur ein bißchen Fett, sonst aß er nichts. Der Häuptling hatte zwei kräftige Sklaven. Das waren der Elende und seine Frau. Die beiden wurden auch »Mund-an-beiden-Enden« genannt[1]. Jeden Morgen brachten sie alle möglichen Lebensmittel ins Haus. Eines Tages kamen sie und trugen ein großes Stück Walfischfleisch herein. Sie legten es auf den Rost, brieten es und aßen es dann auf. So verfuhren sie von nun an immer, wenn sie von der Jagd zurückkamen. Die Frau des Häuptlings

1 Wohl wegen ihrer Freßlust.

wollte dem Sohn, der ihnen wiedergegeben worden war, etwas zu essen bringen, aber er mochte nichts essen. Die Frau des Häuptlings bekam Angst, daß ihr Sohn sterben werde.

Eines Tages unternahm der leuchtende Junge einen Spaziergang. Sobald er aus dem Haus war, stieg der Häuptling die Leiter zu dem Hochbett hinauf. Und siehe da, dort fand er die Leiche seines Sohnes. Dennoch liebte er sein neues Kind.

Eines Tages gingen der Häuptling und seine Frau einen anderen Stamm besuchen. Da erschienen die beiden kräftigen Sklaven in der Hütte. Sie trugen ein großes Stück Walfischfleisch bei sich. Sie ließen es über dem Feuer schmoren. Der leuchtende Junge trat zu ihnen und fragte sie: »Wie kommt es, daß ihr immer so hungrig seid?«

Die beiden Sklaven erwiderten: »Wir sind hungrig, weil wir abgescheuerte Haut von unsren Schienbeinen gegessen haben.«

Der leuchtende Junge fragte: »So etwas mögt ihr essen?«

»O ja«, erwiderten sie, »es macht guten Hunger.«

»Dann möchte ich es auch einmal probieren«, sagte der leuchtende Junge.

Darauf erwiderte die Sklavenfrau: »Nein, mein Lieber. Du sollst dir nicht wünschen, so zu werden, wie wir sind. Denn wir sind Sklaven und haben ein elendes Leben.«

Der leuchtende Junge aber sagte: »Ich will nur einmal davon probieren. Ich kann es ja wieder ausspucken, wenn es mir nicht schmeckt.«

Also schnitt der Sklave ein Stück Walfischfleisch ab und legte ein bißchen abgeschürfte Haut darauf. Die Sklavenfrau schimpfte mit ihm: »Was tust du dem armen Jungen an!«

Der strahlende Junge nahm das Fleisch mit der abgeschürften Haut obendrauf, kostete und spuckte es wieder aus. Dann legte er sich wieder ins Bett. Als seine Eltern von dem Besuch nach Hause kamen, sagte er zu der Häuptlingsfrau: »Mutter, ich bin sehr hungrig.«

Sie rief ganz erstaunt: »Ach, mein Lieber, ist das wahr? Ist das wirklich wahr?«

Dann befahl sie ihren Sklaven, ihrem geliebten Sohn soviel zu essen zu geben, wie er nur wollte. Er aß und aß und blieb doch immer hungrig. Er aß weiter und aß noch mehr, und das ging so fort mehrere Tage lang, bis alle Vorräte im Haus des Häuptlings durch seine Freßsucht aufgebraucht waren.

Das alles kam von dem Zauber, der in der abgeschürften Haut des Sklaven steckte. Der leuchtende Junge aß und aß. Schließlich waren auch alle Vorräte des Stammes aufgebraucht. Da schämte sich der Häuptling ob seines Sohnes sehr. Er rief alle Leute zusammen und sagte: »Ich habe mich entschlossen, mein Kind fortzuschicken, ehe es auch noch unsere letzten Nahrungsmittel verschlingt.«

Man kann sich vorstellen, daß ihm die Leute nur zu gern zustimmten, und als das geschehen war, rief der Häuptling den Strahlenden und sprach zu ihm: »Mein lieber Sohn. Ich schicke dich jetzt landeinwärts auf die andere Seite des Meeres.«

Er gab seinem Sohn einen kleinen runden Stein, eine Decke mit Rabenfedern und die getrocknete Blase eines Seelöwen, die mit allen Arten von Beeren gefüllt war.

Weiter sprach der Häuptling zu seinem Sohn: »Wenn du dann über das Meer hinfliegst, so laß den runden Stein ins Wasser fallen. Dann hast du einen festen Platz, an dem du dich ausruhen kannst. Und wenn du zum Festland kommst, so verstreue all diese Beeren über das Land. Verstreue auch den Lachsrogen, den ich dir mitgebe, in alle Flüsse und Bäche und den Forellenrogen auch, damit es dir nie an Nahrung mangelt, wenn du in dieser Welt lebst.«

Als sich der Sohn nun die Decke mit den Rabenfedern umhängte, verwandelte er sich in einen Raben und flog davon. Sein Vater aber nannte ihn nun den Riesen. Der Riese flog über das Wasser nach Osten.

Er flog lange Zeit, und endlich war er so müde, daß er den kleinen runden Stein ins Wasser fallen ließ, den ihm sein Vater mitgegeben hatte. Im Meer wurde daraus ein mächtiger Felsen. Der Riese rastete und legte sein Rabenkleid ab.

Zu dieser Zeit lag die Welt noch im Dunkeln. Es gab das Tageslicht noch nicht. Der Riese streifte sich das Rabenkleid wieder über und flog weiter nach Osten. Er erreichte das Festland dort, wo der Skeenafluß in den Pazifik mündet. Dann hielt er inne und verstreute den Rogen vom Lachs und von der Forelle. Er sprach, während er dies tat: »Möge in allen Flüssen und Bächen immer jegliche Art von Fisch sein.«

Dann holte er die Seelöwenblase hervor und verstreute die Beeren über das Land. Und dazu sprach er: »Möge jedes Gebirge, jeder Hügel, jedes Tal, jede Ebene, möge das ganze Land immer voller Früchte sein.«

Immer noch lag Dunkel über der Erde. Wenn der Himmel klar war, hatten die Leute ein bißchen Licht – soviel eben, wie von den Sternen herab auf die Erde gelangt. Wenn aber Wolken am Himmel standen, war es im ganzen Land völlig dunkel. Das verdroß die Leute sehr. Der Riese aber überlegte sich, daß es schwerfalle, Nahrung zu finden, wenn es ständig dunkel bleibe. Er erinnerte sich daran, daß es im Himmel, woher er kam, ein Licht gegeben hatte. Darum entschloß er sich, das Licht für unsere Welt zu holen.

Am nächsten Tag legte der Riese wieder sein Rabenkleid an, das sein Vater, der Häuptling, ihm mitgegeben hatte, und flog himmelwärts. Schließlich fand er auch ein Loch im Himmel und flog hindurch. Als er im Himmel war, legte er sein Rabenkleid ab und verwahrte es an einer Stelle in der Nähe des Loches. Dann schritt er aus und kam an die Quelle nahe dem Haus, in dem der Häuptling des Himmels wohnte. Dort setzte er sich hin und wartete.

Die Tochter des Häuptlings kam daher. Sie trug einen kleinen Eimer bei sich, um damit Wasser zu schöpfen. Als der Riese sie kommen sah, verwandelte er sich in eine Zedernnadel, die auf dem Wasser trieb. Die Häuptlingstochter schöpfte mit ihrem Gefäß und trank von dem Wasser. Dann kehrte sie in das Haus ihres Vaters zurück.

Nach einiger Zeit merkte sie, daß sie ein Kind bekommen würde, und bald brachte sie einen Knaben zur Welt. Der Häuptling des Himmels und seine Frau freuten sich. Sie wuschen den Knaben regelmäßig. Er wuchs heran. Er begann herumzukriechen. Sie wuschen ihn oft, und der Häuptling glättete und säuberte den Fußboden des Hauses. Das Kind wurde immer kräftiger. Es begann zu rufen: »Hama, hama!« Es schrie immerzu.

Da begann der große Häuptling im Himmel sich Sorgen zu machen. Er rief einen seiner Sklaven und hieß ihn das Kind umhertragen, damit es sich beruhigte. Das tat der Sklave auch, aber über mehrere Nächte hin schlief das Kind nicht ein, sondern rief immer fort: »Hama, hama!«

Da lud der Häuptling alle weisen Männer ein und sagte ihnen, er könne sich nicht vorstellen, wonach denn das Kind verlange. Die Weisen sagten: »Es will den Kasten, der am Haus des Häuptlings hängt.«

In dem Kasten aber war das Tageslicht, und er hing am Ende eines Balkens außen am Haus. Ein solcher Kasten heißt Ma. Der Riese hatte das gewußt, weil er ja im Himmel gewesen war, ehe er auf die Erde herabkam.

Das Kind schrie und verlangte weiter nach dem Kasten. Da ließ der Häuptling im Himmel das Ma abhängen und es ins Haus tragen. Vier Tage ging das so. Am vierten Tag aber, als der große Häuptling im Himmel schon gar nicht mehr auf den Kasten achtete, nahm ihn der Junge doch tatsächlich auf die Schultern und rannte mit ihm davon. Und während er rannte, rief jemand: »Das ist doch der Riese, der da mit dem Ma davonrennt!«

Und tatsächlich, so war es, denn der Riese hatte sich ja in eine Zedernnadel verwandelt. Die Häuptlingstochter hatte die Zedernnadel verschluckt. In ihrem Leib war daraus ein Kind gewachsen. Sie hatte es zur Welt gebracht, und so waren der Riese und das Kind ein und dasselbe Wesen.

Der Riese rannte mit dem Ma davon, und der Stamm des Häuptlings im Himmel verfolgte ihn. Der Riese erreichte das Loch im Himmel. Rasch warf er sich das Federkleid über und flog mit dem Ma im Schnabel hinab zur Erde.

Zu dieser Zeit war es auf der Erde immer noch finster. Der Riese landete auf der Erde ein Stück weiter flußabwärts. Er machte kehrt, flog den Fluß hinab. Er kam an die Mündung des Nassflusses. Es war immer noch dunkel, und er trug das Ma mit sich. Er flog weiter und hörte die Geräusche von Leuten, die Fische mit Beutelnetzen von ihren Kanus aus fingen. Es gab viele Geräusche auf dem Fluß, denn sie arbeiteten hart. Der Riese setzte sich ans Ufer und sprach: »Werft einen von den Fischen her, die ihr gefangen habt, liebe Leute.«

Die auf dem Fluß aber schimpften ihn aus: »Wo kommst du denn her, du Kraftprotz?«

Die Tierleute wußten nicht, wer dieser Riese war. Deswegen neckten sie ihn. Der Riese wiederholte immer wieder: »Ich bitte euch, werft etwas von eurem Fang hierher ans Ufer, oder ich zerbreche das Ma.«

Die auf dem Fluß fischten, antworteten: »Wo hast du denn das Ding her, von dem du redest?«

Und wieder beschwor sie der Riese: »Werft mir ein paar

von den Fischen, die ihr gefangen habt, hier ans Ufer, oder ich zerbreche das Ma.«

Die Leute neckten ihn weiter. Da zerbrach der Riese den Kasten, und hervor schoß das Tageslicht. Der Nordwind begann scharf zu wehen, und alle Fischer, die Froschleute waren, wurden vom Nordwind vertrieben. Alle Frösche, die den Riesen verspottet hatten, sausten den Fluß hinab und wurden am schmalen Strand auf einer gebirgigen Insel an Land geschwemmt. Hier versuchten die Froschleute, den Felsen zu ersteigen, aber es gelang ihnen nicht. Sie erfroren und verwandelten sich schließlich in Steine. Und man kann sie immer noch sehen. Die Froschleute aber hatte den Riesen »Chemsen« genannt. So hat jener, der dieser Welt das Tageslicht brachte, auch einen Namen.

Die Tochter der Sonne

CHEROKEE

Die Sonne lebte auf der anderen Seite des Himmelgewölbes, aber ihre Tochter lebte in der Mitte des Himmels, direkt über der Erde. Jeden Tag, wenn die Sonne über dem Himmelsbogen aufstieg und nach Westen lief, pflegte sie im Haus ihrer Tochter zum Essen einzukehren.

Die Sonne aber haßte die Wesen auf der Erde, weil diese ihr nie geradewegs in die Augen schauen konnten, ohne dabei das Gesicht zu verziehen. So sprach sie zu ihrem Bruder, dem Mond: »Meine Enkelkinder sind häßlich. Sie grinsen alle, wenn sie zu mir aufsehen.«

Aber der Mond erwiderte: »Ich liebe meine jüngeren Brüder. Mir kommen sie recht stattlich vor.« So konnte er leicht reden, denn wenn sie zu ihm hinaufschauten, war es Nacht. Ihr Gesichtsausdruck erschien dann gefälliger, weil auch sein Licht milder war.

Die Sonne wurde eifersüchtig und sann darauf, wie sie die Menschen töten könne. Also schickte sie jeden Tag auf dem Weg zu ihrer Tochter sengend heiße Strahlen auf die Erde hinab. Das führte dazu, daß viele Menschen an Fieber erkrankten und sie zu Hunderten starben, bis jeder einen Freund oder einen Angehörigen verloren hatte und die Furcht aufkam, es werde keiner aus dem ganzen Menschengeschlecht übrigbleiben. Die Menschen wandten sich an den Kleinen Mann[1] um Hilfe, und dieser sagte, die einzige Möglichkeit, sich zu retten, sei, die Sonne selbst zu töten.

Der Kleine Mann bereitete eine Medizin und verwandelte zwei Männer in Schlangen: in die Breitnatter und in die Kupferkopfschlange. Die Schlangen wurden ausgeschickt; sie sollten sich vor die Tür der Sonnentochter legen und die Mutter Sonne am nächsten Tag beißen. Sie brachen zusammen auf und gelangten auch an ihr Ziel. Aber als die Breitnatter am nächsten Tag aufschnellen wollte, blendete sie das grelle Licht so sehr, daß sie nur gelben Schleim hervorbrachte. Und so ist es bis heute geblieben, wenn sie zu beißen versucht. Die Sonne zürnte ihr, aber unbehelligt betrat sie das Haus ihrer Tochter. Die Kupferkopfschlange aber kroch davon, ohne auch nur versucht zu haben, die Sonne anzugreifen.

So starben die Menschen weiter an Hitzefieber. Und zum zweiten Mal suchten sie den Kleinen Mann auf und baten ihn um Hilfe. Der Kleine Mann bereitete abermals eine Medizin. Er verwandelte einen Mann in eine große Uktenaschlange und einen zweiten in eine Klapperschlange, und beide begaben sich wieder zum Haus der Tochter, um die alte Sonne zu beißen. Die Uktena war sehr groß und hatte Hörner auf dem Kopf, und jeder meinte, sie

1 Die Schöpfergottheit dieses Stammes.

werde gewiß die Sonne töten, aber die Klapperschlange war schneller. Sie kroch voraus und kam rasch bei dem Haus an. Als nun die Tochter die Tür öffnete und heraustrat, um nach ihrer Mutter Ausschau zu halten, wurde sie von der Klapperschlange gebissen und sank tot zu Boden. Die Klapperschlange wartete nicht ab, bis die Mutter Sonne kam, sondern kroch zu den Menschen zurück. Die Uktena ärgerte sich so sehr über den Übereifer der Klapperschlange, daß sie umkehrte. Seither beten die Menschen zu den Klapperschlangen; sie mögen sie nicht töten, denn eigentlich ist dieses Tier friedfertig und tut einem nichts, wenn man es nicht stört. Die Uktena aber wurde immer gefährlicher im Laufe der Zeit. Wenn sie einen Menschen auch nur anschaute, starb er gleich und außerdem auch noch die gesamte Familie. Nach langer Zeit berieten sich die Menschen deswegen und schickten sie hinauf zu Galunti, und dort ist sie noch immer.

Als die Sonne ihre Tochter tot auffand, ging sie in deren Haus und trauerte, und die Menschen starben nicht mehr an Fieber. Aber es war nun dunkel auf der Welt, weil die Sonne nicht mehr über den Himmel zog. Sie gingen also abermals zu dem Kleinen Mann und sagten ihm, die Sonne müsse wiederkommen; sie wollten auch deren Tochter aus dem Land der Geister, dem Dunkelreich, zurückholen. Sie wählten sieben Männer aus und gaben einem jeden eine Rute aus Sauerholz mit, eine Handbreit lang. Der Kleine Mann riet ihnen, sie sollten einen Kasten mitnehmen. Wenn sie ins Dunkelreich kämen, sagte er ihnen, würden sie alle Geister bei einem Tanz antreffen. Sie sollten sich dann außerhalb des Tanzkreises aufstellen. Wenn die junge Frau vorbeitanze, brauchten sie sie nur mit dem Stab zu berühren, dann werde sie leblos zu Boden sinken. Er empfahl weiter, sie darauf in den Kasten zu legen und sie darin zu ihrer Mutter zurückzubringen, gebot ihnen aber, den

Kasten ja nicht zu öffnen, auch nicht einen Spalt, ehe sie nicht wieder daheim seien.

Sie nahmen also die Stäbe mit und einen Kasten und reisten sieben Tage, bis sie in das Dunkelreich kamen. Es waren viele Leute dort, und sie hielten tatsächlich einen Tanz ab, gerade so, wie es die Menschen auch manchmal tun. Die junge Frau tanzte im äußeren Kreis, und als sie vorbeikam, berührten sie die sieben Männer mit ihren Stäben. Wie der Kleine Mann ihnen vorhergesagt hatte, sank sie zu Boden, und sie hoben sie auf und legten sie in den Kasten. Den Geisterwesen aber schien gar nicht aufzufallen, was da vor sich ging. Die sieben Männer nahmen den Kasten auf und trugen ihn gegen Osten hin fort.

Nach einer Weile wurde das Mädchen wieder lebendig und bat, sie sollten sie doch aus dem Kasten herauslassen. Sie gaben ihr keine Antwort und liefen weiter. Mehrmals bat sie und immer ohne Erfolg. Aber als sie dann ihrer Heimat nahe waren, öffneten sie den Deckel doch um einen Spalt, weil sie nämlich fürchteten, das Mädchen werde sonst ersticken. Sie vernahmen ein Geräusch wie von einem flatternden Vogel, und dann sahen sie einen Gimpel, der rasch davonflog. Sie schlossen die Kiste wieder und zogen in ihr Dorf, aber als sie dort den Deckel endgültig abnahmen, war die Kiste leer. Da begriffen sie, daß der Gimpel die Tochter der Sonne gewesen war.

Hätten sie die Kiste geschlossen gehalten, bis sie daheim waren, wie ihnen der Kleine Mann geraten hatte, wäre ihnen die Entführung gelungen, vor allem könnten wir dann auch heute noch unsere Freunde aus dem Dunkelreich zurückholen. Da sie aber nicht auf den Rat gehört haben, sind heute die Toten für immer tot.

Mutter Sonne hatte sich gefreut, als die Männer in das Geisterland aufbrachen. Als sie aber ohne die Tochter heimkehrten, trauerte sie und rief klagend:

»Meine Tochter, ach, meine arme Tochter!« Sie vergoß so viele Tränen um ihr Kind, daß es auf Erden eine Sintflut gab, und die Menschen fürchteten, die Welt werde ertrinken. Sie berieten sich und schickten die schönsten unter den jungen Männern und Frauen aus, um die Sonne zu besänftigen. Die jungen Männer und Frauen tanzten vor der Sonne. Für lange Zeit hielt die Sonne ihr Gesicht bedeckt und schenkte ihnen keine Beachtung. Erst als der Trommler plötzlich den Rhythmus für ein anderes Lied vorgab, hob sie den Kopf und war so erfreut von dem Bild der schönen tanzenden Menschen, welches sich ihr bot, daß sie ihren Kummer vergaß, wieder lächelte und zu scheinen begann.

Der Mond vergewaltigt seine Schwester, die Sonne

INUIT

Das Geschlecht von Sonne und Mond ist bei den verschiedenen indianischen Nationen unterschiedlich. In der nachfolgenden Geschichte ist der Mond männlich, die Sonne weiblich.

In alten Zeiten, als alles begann, lebte ein Bruder mit seiner Schwester in einem großen Dorf, das ein Tanzhaus besaß. Bei Nacht brannten darin Steinlampen mit Seehundfett. Einmal tanzte und sang die Schwester, da kam ein großer Wind und blies die Lampen aus. Als alles dunkel war, zwang ein Mann sie, mit ihm zu schlafen. Sie wehrte sich, aber er war zu stark und es war zu dunkel, um zu sehen, wer es war.

Sie überlegte sich, daß er gewiß wiederkommen werde, und ehe sie abermals hinging, schwärzte sie ihre Handflächen mit Ruß ein. Wieder blies ein Windstoß die Lampen aus. Wieder warf ein Mann sie zu Boden, stürzte sich auf sie und drang in sie ein. Aber diesmal beschmierte sie ihn mit Ruß. Als das Licht wieder anging, sah sie sich um und stellte fest, daß der Bursche, der sie vergewaltigt hatte, ihr Bruder war.

Sie rief: »So etwas tut man nicht. Das ist schändlich.«

Sie war so zornig, daß sie ein scharfes Messer nahm und sich beide Brüste abschnitt.

Sie schleuderte sie gegen ihren Bruder hin, und dabei rief sie aus: »Da du offenbar deine Freude daran hast, da dir mein Körper schmeckt, iß das!«

Dann griff sie sich eine brennende Fackel und rannte hinaus in die finstere Nacht. Der Bruder griff sich eine andere Fackel und rannte ihr hinterdrein, aber er stolperte und fiel in den Schnee. Der Schnee löschte die Flamme der Fackel aus, aber es gab noch ein paar Funken, die schwach glühten. Ein großer Sturm hob Schwester und Bruder in die Luft. Sie liefen über den Himmel. Das Mädchen wurde in die Sonne verwandelt, der Bruder in den Mond. Sie hält sich von ihm, soweit sie kann, entfernt. Solange der Mond scheint, versteckt sie sich und kommt erst hervor, wenn er verschwunden ist. Wenn der Bruder die Fackel nicht hätte in den Schnee fallen lassen, schiene der Mond heute so hell wie die Sonne.

Der Ursprung der Plejaden und der Pinie

CHEROKEE

Vor langer Zeit, als die Welt noch neu war, lebten einmal sieben Jungen, die ihre ganze Zeit damit verbrachten, daß sie unten am Rathaus *gatayu'sti* spielten. Dabei treibt man ein steinernes Rad über den Boden, indem man es mit einem gebogenen Stecken bewegt. Ihre Mütter schimpften mit ihnen, aber sie taten nicht gut. Eines Tages sammelten die Mütter *gatayu'sti*-Steine und kochten sie in einem Topf zusammen mit dem Mais, der zu einer Mahlzeit zubereitet wurde. Als die Jungen hungrig heimkamen, fischten ihre Mütter die Steine heraus und sagten: »Da euch offenbar die *gatayu'sti*-Steine wichtiger sind als die Maisfelder, könnt ihr sie ja nun auch essen.«

Die Jungen wurden sehr zornig und gingen hinunter zum Rathaus und sprachen: »Da unsere Mütter uns so schlecht behandeln, wollen wir irgendwo hingehen, wo wir uns über sie nicht mehr ärgern müssen.«

Sie begannen zu tanzen. Man sagt, es sei der Federtanz gewesen. Immer um das Rathaus herum tanzten sie, und dabei baten sie die Geister um Hilfe. Schließlich begannen sich die Mütter Sorgen zu machen, es könne den Jungen etwas zugestoßen sein. Also gingen sie aus, um nach ihnen zu schauen. Sie sahen die Jungen tanzen, und als sie genau hinsahen, erkannten sie, daß ihre Füße gar nicht mehr den Boden berührten und sie mit jeder Runde höher und höher stiegen. Da liefen sie, um ihre Kinder zurückzuholen, aber es war zu spät. Sie schwebten schon über dem Dach des Rathauses – alle außer einem, den die Mutter mit dem *gatayu'sti*-Stock herunterreißen konnte, aber er schlug mit solcher Gewalt auf dem Boden auf, daß er versank und die

Erde sich über ihm schloß. Die anderen sechs Jungen kreisten höher und höher, bis sie den hohen Himmel erreichten, und dort stehen sie heute als die Plejaden, welche die Cherokee noch immer *Anitsutsa,* die »Jungen«, nennen. Die Leute trauerten lange um sie. Die Mutter des Jungen, der im Erdboden verschwunden war, kam jeden Morgen und jeden Abend zu dieser Stelle, bis die Erde ganz feucht war von ihren Tränen. Schließlich zeigte sich ein kleiner grüner Sproß, der Tag für Tag wuchs, bis daraus ein hoher Baum, nämlich die Pinie, geworden war. Also: Die Pinie ist von der gleichen Art wie die Sterne und hat in sich dasselbe Licht.

Das Sternenmädchen

CHIPPEWAY

Algon, ein junger Mann, der über die Prärie ging, entdeckte auf der Prärie eine Stelle, die aussah, als ob viele Leute da getanzt hätten. Außerhalb des Kreises aber waren keine Fußspuren zu sehen. Er versteckte sich im hohen Gras, um zu sehen, was da vor sich ging. Er mußte nicht lange warten. Nach einer Weile vernahm er eine Musik, Töne, süße Töne, die vom Himmel herabkamen und immer lauter wurden. Der Himmel war blau und wolkenlos, nur ganz in der Ferne sah er eine winzige weiße Wolke, die sich merkwürdigerweise auf die Erde zubewegte. Sie schwebte auf den Fleck mit den Fußspuren zu, und als sie noch näher herangekommen war, sah er, daß sie sich in einen kleinen Wagen verwandelt hatte, in dem zwölf hübsche Mädchen saßen. Die Musik, die er gehört hatte, war ihr Gesang gewesen, und sie hatten seltsam klingende Lieder gesungen, von denen ein Zauber auszugehen schien. Die Mädchen tanzten in dem Ring.

Nachdem Algon ihnen eine Weile zugesehen hatte, konnte er seinen Blick nicht von der Jüngsten unter ihnen lassen. Sie war schlank, sehr lebhaft, und ihre Bewegungen waren leicht und anmutig. Sie war ein Mädchen, wie er es sich immer in seinen Träumen gewünscht hatte. So groß war die Leidenschaft, die ihn bei ihrem Anblick überkam, daß er aufsprang, sie ergreifen und fortschleppen wollte. Aber das hübsche Wesen war schneller als er. Ehe er sie überhaupt noch berührte, waren alle Mädchen zu dem Wagen zurückgerannt, das Gefährt hatte sich in die Luft erhoben, und ihr Gesang klang für Algon jetzt geradezu höhnisch. Der junge Mann kehrte ins Dorf zurück, und als er sich bei den Alten umhörte, erfuhr er, die er da gesehen habe, seien Sternenmädchen gewesen, die manchmal zur Erde herabschwebten, um sich hier zu vergnügen. Das hübsche Ding solle er sich nur aus dem Kopf schlagen, hörte er weiter, für einen Sterblichen sei es höchst gefährlich, sich mit einem Sternenmädchen einzulassen.

Algon aber konnte die Erinnerung an die schöne Gestalt nicht vergessen. Und wann hätte schon ein Junger in diesen Dingen auf den Rat eines Alten gehört? Also schlich er sich am nächsten Tag wieder zu dieser Stelle und verbarg sich im Gras. Wieder schwebten die Mädchen in einer kleinen Wolke, die sich in einen Wagen verwandelt hatte, herab. Wieder begannen sie zu tanzen, und wieder versuchte Algon vergebens, die eine zu fangen.

Dann aber sprach eines der Sternenmädchen: »Warum bleiben wir nicht hier? Ich hätte Lust dazu. Vielleicht will der Sterbliche nichts anderes, als uns einen der Tänze der Irdischen beizubringen.«

Aber gerade die Jüngste, für die Algon entflammt war, wollte von diesem Vorschlag nichts wissen. Also stiegen alle wieder in ihren Wagen und entschwebten.

Algon war unglücklich. Die ganze Nacht lag er da, ohne

Schlaf zu finden. Er sah keine Möglichkeit, das Sternenmädchen für sich zu gewinnen, aber er konnte sie auch nicht vergessen. Sehr zeitig am anderen Morgen ging er abermals zu der Stelle, an der die Mädchen zu tanzen pflegten. Er überlegte hin und her, was er denn unternehmen könne, als er plötzlich um den hohlen Stamm eines Baumes ein paar Mäuse jagen sah. Er holte seinen Medizinbeutel hervor und mit Hilfe seines Inhalts verwandelte er sich in eines der kleinen Tiere. Als Mäuschen, dachte er, werden mich die Mädchen bestimmt nicht erkennen.

Die Mädchen kamen. Sie begannen zu tanzen, bis der Jüngsten der hohle Baumstamm auffiel, der in den letzten Tagen nicht dagestanden hatte. »Wir müssen rasch fort«, sagte sie zu ihren Freundinnen und machte sie auf den Baum aufmerksam, der da so plötzlich gewachsen war. »Ach was«, erwiderten die anderen Mädchen, »was hast du nur? Sei nicht töricht. Was ist an einem hohlen Baumstamm schon Besonderes? Bestimmt hat er gestern und vorgestern auch schon hier gestanden und ist dir nur nicht aufgefallen.«

Zwei von ihnen traten mit den Füßen gegen den Stamm. Da stoben in alle Richtungen hin Mäuse davon, und die Mädchen rannten ihnen nach und erschlugen sie. Nur eine blieb am Leben. Jenes Tier, in das sich Algon verwandelt hatte. Gerade, als die Jüngste mit einem Stein ihm den Garaus machen wollte, nahm er wieder seine wahre Gestalt an. Er packte sie, was kümmerte es ihn, daß sie sich wehrte. Er schleppte sie auf den Armen ins Dorf davon, während die anderen Mädchen in ihrem Wolkenwagen himmelaufwärts flüchteten.

Der junge Mann heiratete das Sternenmädchen, und nach einiger Zeit gewann sie ihn auch lieb. Doch die Sehnsucht nach ihrem Volk verließ sie nie, wenngleich sie ihren Kummer vor ihrem Mann zu verbergen versuchte.

Sie gebar ihrem irdischen Mann einen Sohn, und als das Kind heranwuchs, flocht sie einen großen Korb aus Weidenruten, der gleich dem Gestell jenes Wagens war, der, wenn es einem gelingt, höher damit aufzusteigen, sich in eine Wolke verwandelt. Sie verstaute Geschenke darin, setzte ihren Sohn hinein, und plötzlich fielen ihr auch die Zauberlieder wieder ein, derer es bedarf, um das Gefährt zu bewegen. Sie begann sie zu singen, und siehe da, aus dem Korb wurde ein Wagen, der sich erhob, und aus dem Wagen eine Wolke, und so erreichte sie das Land im Himmel, in dem ihr Vater Häuptling war.

Algon war verzweifelt, als er merkte, daß Frau und Kind ihn verlassen hatten. Jeden Tag ging er zu der Stelle auf der Prärie, an der er seine Frau zum ersten Mal gesehen hatte, und hing dort seiner Trauer nach.

Jahre vergingen. Man sagt, daß Trauer von der Zeit geheilt wird. Nicht so bei Algon. Endlich hatten die Himmlischen Mitleid mit ihm. Sein Sohn war im Himmel herangewachsen und fragte nach seinem Vater, bis die Mutter bereit war, mit ihm die Erde und die Prärie zu besuchen. Als sie sich auf ihren Abstieg vorbereitete, sagten die Sternenleute zu ihr: »Algon soll mit dir heraufkommen. Bitte ihn, daß er ein Teil von allen Tieren mitbringt, die er je auf der Jagd erlegt hat.«

Algon fühlte sich wie erlöst, als er seine Frau und seinen Sohn endlich wiedersah, und nur zu gern war er bereit, ihnen in das Sternenland zu folgen. Es dauerte eine Zeit, bis er all das zusammengesucht hatte, was er den Sternenleuten mitbringen sollte – von dem einen Tier eine Klaue, von einem anderen ein Stück Fell, von diesem Vogel eine Feder, von einem anderen dessen Schnabel. Aber dann lag alles in dem Weidenkorb, und am Ende kletterte er mit seinem Sohn und seiner Frau selbst hinein. Seine Frau begann das Zauberlied zu singen, und sie entschwebten in das Reich des Sternenvolkes, und man hat sie nie mehr gesehen.

Aber noch heute, wenn es ein besonders schöner klarer Tag auf der Prärie ist, wolkenlos, mit einem Himmel wie weißblaue Seide, und es kommt plötzlich eine kleine winzige weiße Wolke auf, sagen die Chippeway-Indianer: »Sieh mal, Algon lebt immer noch. – Der Glückliche!«

Der Junge, der die Sonne fing

Menomini

Es waren einmal drei Brüder. Eines Tages gingen die beiden älteren auf die Jagd in den Wald, der jüngste aber mußte zu Hause bleiben Er streifte in der Nähe der Hütte herum, in der Hoffnung, dort ein Wild zu erlegen, aber nicht einmal ein Kaninchen ließ sich blicken. Zornig und betrübt warf er sich auf die Erde und weinte. Um sich aber vor der Sonne zu schützen, die am Himmel stand, bedeckte er seinen ganzen Körper mit einem Mantel aus Biberfellen.

Als nun die Sonne gerade über ihm stand, erkannte sie den Jungen und schickte einen Strahl zur Erde, der brannte Löcher in das Biberfell und ließ den Umhang zusammenschrumpfen, bis er dem Jungen zu klein geworden war. Da lächelte die Sonne tückisch, und der Junge weinte noch heftiger als zuvor. Erst hatten ihn seine beiden Brüder schlecht behandelt, jetzt peinigte ihn auch noch die Sonne. Er richtete sich auf und sagte zur Sonne: »Du hast mir böse mitgespielt. Du hast mir meinen Umhang verbrannt. Womit habe ich das verdient? Warum bestrafst du mich?«

Die Sonne lächelte nur, antwortete aber nicht.

Der Junge nahm seinen Bogen und seine Pfeile und den eingegangenen Umhang, lief zum Wigwam zurück, legte sich dort in eine dunkle Ecke und weinte wieder.

Seine Schwester kam herein und fragte: »Mein Bruder, was ist geschehen? Warum weinst du?«

»Sieh mich an«, sagte der Junge, »ich bin traurig, weil die Sonne auf meinen Umhang aus Biberfellen geschienen hat und er eingegangen ist.«

Dann wandte er sein Gesicht ab und versuchte zu schlafen, aber selbst im Schlaf noch hörte man ihn schluchzen.

Als er erwachte, sprach er zu seiner Schwester: »Gib mir einen Faden. Ich habe einen Einfall gehabt.«

Sie gab ihm einen Faden aus Tierdarm, er aber sprach: »Nein, das ist es nicht, was ich brauche. Gib mir einen Faden aus Haar.«

»Nimm diesen hier«, sagte sie, »er ist stark und fest.«

»Nein«, beharrte der Junge, »das ist Zwirn. Haar brauche ich.«

Endlich begriff sie, was er vorhatte, riß sich ein einzelnes Haar aus, gab es ihm, und er war zufrieden. Er faßte das Haar an beiden Enden, begann es glattzustreichen und dehnte es, bis es von den Fingerspitzen der einen Hand zu den Fingerspitzen der anderen Hand reichte.

Dann lief er zu der Stelle, wo der Weg der Sonne die Erde berührt und seinen Mantel beschienen hatte, bis er zusammengeschrumpft war. Dort machte er eine feine, kaum sichtbare Schlinge aus dem Haar und legte diese auf dem Pfad der Sonne aus.

Wie nun die Sonne dieses Weges daherkam, fiel die Schlinge um ihren Hals und zog sich zu, und beinahe wäre die Sonne erstickt. Es wurde dunkel, und die Sonne rief die Nachtvögel herbei.

»Helft mir, Brüder«, sagte sie, »nagt diese Schlinge durch, ehe sie mich erdrosselt.«

Die Nachtvögel kamen, aber die Schlinge hatte sich schon tief in die Haut am Hals der Sonne eingegraben. Die Vögel konnten sie nicht mehr durchbeißen.

Unterdessen hatte der Junge seine beiden älteren Brüder herbeigerufen.

»Ich habe die Sonne gefangen«, erzählte er ihnen stolz.

»Niemand kann die Sonne fangen«, antworteten sie.

»Ich habe die Sonne gefangen«, behauptete er weiter. Da liefen sie mit ihm zu der Schlinge und sahen, daß er die Wahrheit sprach.

»Gib mich frei«, bat die Sonne den Jungen.

»Ich denke nicht daran«, sagte er, »selbst wenn ich dich freigeben wollte, ich müßte die Schlinge von deinem Hals nehmen. Dabei würde ich mir die Finger verbrennen.«

»Du hast deine Rache gehabt«, sagte die Sonne zu dem Jungen, »aber jetzt laß mich frei. Du darfst meinen Namen führen. Das wird dir Kraft verleihen bei der Jagd und auf dem Kriegspfad.«

»Meine beiden Brüder sollen meinen neuen Namen aussprechen, dann werde ich mir überlegen, ob ich dich freilasse«, antwortete der Junge.

»Sprecht schnell den Namen nach, den ich euch sage, denn sterbe ich, so wird große Kälte und viel Unheil über die Menschen kommen. Nennt Euren Bruder ›den Jungen-der-die-Sonne-fing‹.«

»Junge-der-die-Sonne-fing«, sagten die Brüder, »laß die Sonne frei.«

»Erst müßt ihr mir etwas versprechen. Ich will von nun an immer mit euch auf die Jagd und auf den Kriegspfad gehen.«

»Wer sich einen Namen gemacht hat, darf auch mit uns auf die Jagd und in den Krieg ziehen«, antworteten sie. »Aber gespannt sind wir, wie du nun die Sonne freilassen willst, ohne dir dabei die Finger zu verbrennen.«

Da zog Junge-der-die-Sonne-fing aus seinem Gürtel ein Pfeifchen hervor und blies darauf, und sogleich kamen viele Mäuse aus ihren Löchern hervor, die nagten und bissen an der Schlinge, bis das Haar zerriß und die Sonne weiterlaufen konnte auf ihrer Bahn. Das erste Stück Wild, das Junge-der-die-Sonne-fing erlegte, brachte er seiner Schwester.

Später wurde er unter seinem neuen Namen ein berühmter Häuptling, der große Taten vollbrachte, denn die Sonne, froh darüber, doch noch freigekommen zu sein, blendete von nun an alle Tiere, die er töten wollte, und alle Feinde, gegen die er kämpfte.

Der-über-den-ganzen-Himmel-geht

TSIMSCHIAN

Zu Anfang, ehe alles, was auf der Welt lebt, geschaffen wurde, gab es nur den Häuptling im Himmel. Er hatte zwei Söhne und eine Tochter, und sein Volk war zahlreich. Aber es gab kein Licht am Himmel, nur Leere und Dunkelheit.

Der älteste Sohn des Häuptlings hieß Der-zeitig-umhergeht, der zweite Sohn wurde Der-über-den-ganzen-Himmel-geht genannt, und die Tochter trug den Namen Helferin-der-Sonne. Sie waren alle sehr stark, aber der Jüngere war klüger als der Ältere.

Es machte den jüngeren Sohn traurig, den Himmel so dunkel zu sehen, und eines Tages ging er mit seinem Bruder, um Holz zu schneiden. Sie nahmen einen schlanken Zedernzweig und umwanden ihn mit dünnen Ästen, so daß er wie eine Maske aussah. Sie zündeten das Holz an.

Der-über-den-ganzen-Himmel-geht setzte die brennende Maske auf und lief nach Osten.

Plötzlich erhob sich überall ein großes Licht. Alle Leute schauten hin und wunderten sich. Der Häuptlingssohn aber rannte sehr rasch von Osten nach Westen, damit ihm die brennende Maske keine Schmerzen zufügte.

Jeden Tag wiederholte der zweite Sohn diesen Lauf und zündete den Himmel an. Dann versammelte sich der ganze Stamm, setzte sich zu einer Ratsversammlung zusammen, und sie sprachen zu ihrem Häuptling: »Wir sind ja froh, daß wir überhaupt Licht haben. Aber es geht zu rasch. Er sollte langsamer laufen, damit wir uns länger an der Helligkeit erfreuen können.«

Der Häuptling sagte das seinem Sohn, der aber erwiderte, wenn er langsamer laufe, dann werde die Maske schon verbrannt sein, ehe er den Westen erreiche. Er fuhr fort, rasch zu laufen, und die Leute wünschten sich weiterhin, er möge langsamer gehen, bis seine Schwester sagte: »Ich werde versuchen, ihn etwas zurückzuhalten.«

Als das nächste Mal Der-über-den-ganzen-Himmel-geht im Osten zu seiner Reise aufbrach, begann seine Schwester ihren Lauf im Süden. »Warte auf mich«, rief sie und lief, so schnell sie konnte. Etwa auf der Mitte der Strecke holte sie ihren Bruder ein und hielt ihn kurz fest, aber dann kam er wieder frei. Und deswegen hält die Sonne noch heute in ihrem Lauf gegen Mittag in der Mitte des Himmels kurz inne. Die Leute freuten sich, und der Häuptling segnete seine Tochter.

Aber der Häuptling war mit dem Der-zeitig-umhergeht unzufrieden, weil er nicht so klug und fähig war wie sein jüngerer Bruder. Der Vater sprach von seiner Unzufriedenheit, und Der-zeitig-umhergeht grämte sich darüber so sehr, daß er sich auf den Boden warf und weinte. Unterdessen kam sein Bruder müde von seiner täglichen Reise zurück und legte sich hin, um sich auszuruhen. Später, als alles schlief, rieb sich Der-zeitig-umhergeht mit Holzkohle das Gesicht ein. Er weckte seinen kleinen Sklaven[1] und sprach: »Wenn du siehst, wie ich im Osten loslaufe, so springe auf und rufe ›Hurra!‹.«

Mehrere Leute fragten ihn: »Warum machst du einen solchen Lärm, Sklave?«

Der Sklave aber sprang, wie es ihm der ältere Bruder befohlen hatte, auf und nieder und rief, so laut er konnte: »Hurra, er ist im Osten aufgebrochen!«

Die Leute schauten hin und sahen den Mond aufgehen, da riefen sie auch: »Hurra!«

Zeit verging, und es wurden Tiere geschaffen, damit sie unten in unserer Welt lebten. Zum Schluß kamen sie alle zu einer Ratsversammlung zusammen. Sie setzten fest, daß die Sonne von Osten nach Westen laufen und das Licht des Tages sein solle, und durch das Licht würde alles wachsen. Der Mond, beschlossen sie, sollte bei Nacht laufen. Und darauf setzten sie die Anzahl der Tage in einem Monat fest. Die Hunde waren klüger als die anderen Tiere, deshalb sprachen sie zuerst. »Der Mond soll für vierzig Tage aufgehen«, sagten sie.

Alle anderen Tiere waren still. Die Hunde saßen beieinander und berieten sich im geheimen. Sie dachten darüber nach, was sie da gesagt hatten. Der Klügste der Hunde, ihr Sprecher, stand noch. Er zählte die vierzig Tage an seinen Fingern ab, als das Stachelschwein ihn plötzlich auf den Daumen schlug und rief: »Wer hält das aus, wenn jeder Monat vierzig Tage hat? Nein, ein Monat sollte nur dreißig Tage haben!«

Die anderen Tiere stimmten dem Stachelschwein zu. Und als Ergebnis der Beratung wurde festgelegt, es werde

1 Tatsächlich hatte dieser Stamm Sklaven.

im Monat dreißig Tage und zwölf Monate im Jahr geben. Unterdessen waren die anderen Tiere von den Hunden angewidert. Sie rotteten sich zusammen und jagten sie fort. Und das ist auch der Grund, weswegen die Hunde alle Waldtiere hassen, am meisten aber das Stachelschwein, weil es mit seinem Schwanz den Hund auf den Daumen geklopft und ihn so in der Ratsversammlung gedemütigt hatte.

Ehe die Ratsversammlung schloß, benannten die Tiere die Monate, nämlich auf die Weise:

Zwischen Oktober und November, Monat des fallenden Laubes
Zwischen November und Dezember, Tabumonat
Zwischen Dezember und Januar, Zwischenmonat
Zwischen Januar und Februar, Monat, in dem die Lachse springen
Zwischen Februar und März, Monat, in dem die Olachen gegessen werden
Zwischen März und April, Monat, in dem die Olachen gekocht werden
Zwischen Mai und Juni, Eiermonat
Zwischen Juni und Juli, Lachsmonat
Zwischen Juli und August, Höckerlachsmonat
Zwischen September und Oktober, Spinnmonat

Außerdem legten sie noch die vier Jahreszeiten fest, nämlich Frühling, Sommer, Herbst und Winter.

Neues ging am Himmel vor. Als Der-über-den-ganzen Himmel-geht schlief, flogen Funken aus seinem Mund und daraus wurden die Sterne. Manchmal, wenn er gute Laune hatte, strich er sein Gesicht mit dem roten Ocker seiner Schwester an, dann wußten die Leute, was für Wetter es geben würde. Wenn der Himmel am Abend rot gefärbt war, konnte man am nächsten Tag mit schönem Wetter rechnen; roter Morgenhimmel aber bedeutete, daß Sturm kommen werde. Und so ist es immer noch, so sagen jedenfalls unsere Leute.

Nachdem es nun Mond, Sonne und Sterne am Himmel gab, wurde die Tochter des Häuptlings aus dem Himmel geworfen, weil sie bei der Schöpfung so wenig geleistet hatte. Traurig wanderte sie westwärts zum Wasser, und ihre Kinder wurden naß. Als sie zurückkehrte, stellte sie sich bei ihrem Vater in die Nähe des Feuers, um sich zu wärmen. Sie wrang ihre Kleider aus, und das Wasser tropfte in die Flammen. So entstand eine große Dampfwolke, die durch das Haus trieb. Sie senkte sich auf das Land und milderte das heiße Wetter durch feuchten Nebel. Der Vater segnete sie, und der ganze Stamm freute sich über ihre Tat. Und seither kommt der Nebel immer von Westen.

Der Häuptling war nun zufrieden, denn alle seine Kinder hatten etwas Wichtiges zur Schöpfung beigetragen. Es war nun die Pflicht von dem Der-zeitig-umhergeht, alle dreißig Tage auf- und unterzugehen, damit die Menschen wußten, wann ein Jahr herum war. Der-über-den-ganzen-Himmel-geht, die Sonne, hatte dafür zu sorgen, daß alle guten Dinge, also die Früchte, wuchsen und daß es davon in Hülle und Fülle gab. Und die Tochter des Häuptlings, Helferin-der-Sonne, sie erfrischte die Menschen auf der Erde mit kühlem Nebel.

Ein schwerer Sack voller Wärme

Slavey

Im Anfang, ehe es Menschen gab, war der Winter sehr lang. Die Sonne blieb hinter niedrig hängenden schwarzen Wolken verborgen. Nie hörte es auf zu schneien. Der Himmel war schwarz, und die Erde war weiß von Schnee und Eis. Nachdem das so über drei Jahre hin gewesen war, kamen die Tiere zusammen, um zu beratschlagen, was dagegen zu tun sei. Sie froren und hungerten sich zu Tode. Alle Tiere, die vierbeinigen, die mit Flügeln und die mit Schuppen aus dem Meer, waren anwesend. Die Tiere waren sich einig, daß es der Mangel an Wärme war, der dazu führte, daß der Winter stets fortdauerte. Dann fiel ihnen auf, daß keine Bären zu ihrer Ratssitzung gekommen waren, ja, daß man überhaupt schon seit drei Jahren keine Bären mehr gesehen hatte. Ein kluges Tier sprach: »Vielleicht sind es die Bären, die an unseren Leiden schuld sind. Vielleicht behalten sie die Wärme für sich. Wir wollen doch einmal nachsehen, was da los ist!«

Also stellten sie einen Spähtrupp zusammen, zu dem der Fuchs, die Wölfin, die Wildkatze, die Maus, der Barsch und der Hungerfisch gehörten.

Zu dieser Zeit lebten die Bären im oberen Teil der Welt, hoch über den Wolken. Die ausgeschickte Gruppe fand ein Loch im Himmel, durch das sie durchschlüpfen konnte. Als sie nun in der oberen Welt herumliefen, kamen sie an einen See. Am Ufer stand eine Hütte, vor der ein Feuer brannte, und drinnen fanden sie zwei junge Bären, die sich aneinanderkuschelten.

»Wo ist eure Mutter?« fragten die Tiere.

»Sie ist auf Jagd gegangen«, antworteten die jungen Bären.

Die Besucher sahen sich um und entdeckten eine Reihe von Säcken, die an Haken aufgehängt waren.

Die Wildkatze deutete auf einen davon und fragte: »Was ist in diesen Säcken?«

»Darin bewahrt unsere Mutter den Regen auf«, antworteten die jungen Bären.

»Und in diesem?« fragte die Maus.

»Der ist voller Wind.«

»Nun und in dem da? ... Was ist in dem drin?« fragte der Fuchs.

»Ach, das ist der Sack mit dem Nebel.«

»Und hier der?« fragte die Wölfin, »was ist in diesem Sack?«

»Das wissen wir nicht«, sagten die Jungen. »Das ist ein Geheimnis. Die Mutter hat zu uns gesagt, niemand dürfe wissen, was in dem Sack ist.«

»Na kommt«, sagte die Wölfin, »uns könnt ihr es sagen. Wir sind doch eure Freunde.«

»Nein. Die Mutter würde uns verprügeln, wenn wir darüber reden.«

»Aber sie muß ja nichts davon erfahren«, sagte die Wildkatze, »wir werden es ihr nicht sagen.«

»Wenn das so ist«, sagten die jungen Bären, »... in diesem Sack steckt die Wärme.«

Die Tiere gingen nach draußen und besprachen sich. Sie verabredeten, sich zu verstecken, bis die alte Bärin heimkam. Die Maus sprang in das Kanu des Bären und nagte den Griff des Paddels fast völlig durch. Schließlich sahen sie die Mutter am entlegenen Ufer des Sees sich herantrollen. Die Wildkatze sprang rasch um den See und verwandelte sich in ein Karibukalb, das vor der Bärin auftauchte.

»Kommt rasch her, Kinder«, rief die Bärenmutter, »helft mir, das Karibu zum Mittagessen fangen.«

Die jungen Bären krabbelten aus der Höhle und sprangen zur Mutter, so schnell sie konnten. Die Wildkatze aber lockte die Bärin immer weiter fort, in den Wald hinein. Unterdessen hatten die anderen Tiere den bewußten Sack vom Haken gezerrt und schleppten ihn aus dem Haus fort.

Die in das Karibu verwandelte Wildkatze rannte zum See, sprang ins Wasser und schwamm zur Hütte am anderen Ufer zurück. Die Bärenmutter war mit einem Satz in ihrem Kanu und ruderte hinterdrein. Dann aber brach das Paddel an der Stelle entzwei, an der die Maus am Holz genagt hatte. Die Bärin fiel ins Wasser. Das Kanu kenterte. Unterdessen hatte die Wildkatze das Ufer erreicht und wieder ihre natürliche Gestalt angenommen.

»Beeil dich!« riefen die anderen. »Die Bärin wird uns verfolgen.«

Die Tiere wechselten sich dabei ab, den schweren Sack, in dem die Wärme steckte, zu jener Öffnung zu schleppen, durch die sie in die obere Welt eingestiegen waren. Sobald eines ermüdete, kam das nächste Tier an die Reihe.

Die Bärin war dicht hinter ihnen, aber im letzten Augenblick gelang es ihnen doch noch, den Sack durch das Loch zu stoßen.

Sobald sie in ihrer Welt waren, öffneten sie ihn neugierig. Sofort entwich die Wärme daraus und breitete sich in alle Richtungen hin aus. Eis und Schnee schmolzen, die schwarzen Wolken verzogen sich, und die Sonne schien wieder. Das viele geschmolzene Eis jedoch rief eine Überschwemmung hervor, die die ganze Welt bedeckte. Alle Wesen, die dort lebten, drohten zu ertrinken. Nun gab es zu dieser Zeit auf der Erde einen riesigen Baum, der fast bis an den Himmel reichte. Um sich zu retten, stiegen die Tiere bis in seine höchsten Äste hinauf und riefen: »Jemand muß uns helfen. Einer muß uns retten!«

Plötzlich tauchte aus dem Nichts ein riesiger Fisch auf und verschluckte all das Wasser der Flut. Danach wurde er zu einem großen Gebirge. Dann trocknete die Sonne das Land; die Bäume bekamen wieder Blätter, die Blumen blühten, und es wurde zur Freude aller Wesen Sommer.

Roher Gaumen und die Weiße Eulenfrau

Arapaho

Indianermythen wirken oft kompliziert und verwirrend. Sie scheinen einem Menschen aus dem westlichen Kulturkreis merkwürdig grausam und schwer zu deuten. Dennoch verweisen sie, wenn auch oft nicht auf den ersten Blick einleuchtend, auf Vorstellungen, die so etwas wie das gemeinsame Bewußtseinserbe der Menschheit aus archaischer Zeit darstellen.

Wenn Frazer im »Golden Bough« die Mythe der Alten Welt vom Königsmord am Ende des vergehenden Jahres mit der Furcht vor dem Altern und der Notwendigkeit in Zusammenhang bringt, die im alten Jahr aufgelaufenen Untaten zu sühnen, so taucht bei den Arapaho in Oklahoma eine ganz ähnliche Vorstellung auf. Man kennt dort das Baumbegräbnis des alten Herrschers, die Prüfung des Nachfolgers durch die Wintergestalt einer Göttin, die Tötung der Wintergestalt durch den als grausam erachteten Repräsentanten des neuen Jahres. Nicht durch seinen Erzählstil, aber von seiner mythologischen Konstruktion her ist der folgende Text bemerkenswert.

Es stand einmal ein Zeltkreis nahe dem Fluß. Der Boden war mit Schnee bedeckt, und es blies ein schneidender Wind.

In einer Familie war eben ein Baby geboren worden.

Beide Eltern waren sehr glücklich über die Geburt. Wie es Sitte war, packte man das Kind in Büffeldung, in die Reste einer Büffelhaut und umgab es mit anderen Fellfetzen.

Das Baby wuchs rasch, es war rund und mollig, und manchmal schrie es sehr heftig, besonders ehe die Nacht begann. Freilich taten die Eltern alles, um es zu beruhigen, aber es plärrte, bis es völlig erschöpft war, und dann versank es in Schlaf. Früh am Morgen sahen die Eltern, daß das Kind sich fast aus der Wiege befreit hatte, doch schlief es nun fest.

»Merkwürdig, was dieses Kind schon alles kann«, sagte die Mutter und begann es zu wickeln.

Während des Tages war das Kind ruhig und zufrieden, aber in der Nacht schrie es immer. Schließlich legten die Eltern es zwischen sich.

Irgendwann während der Nacht stand das kleine Kind auf und ging davon. Gegen Morgen kam es zurück und stieg wieder in seine Wiege, ohne die Eltern zu stören.

»Merkwürdig doch«, sagte die Mutter, als sie das Kind besah, »wie rasch es wächst und was für breite Arme und Schultern es schon hat.«

»Ja, es sieht schon aus wie ein richtiger Junge«, sagte der Mann. Den ganzen Tag über schlief das Baby wieder.

In der nächsten Nacht geschah es wieder. Das Baby stand aus seiner Wiege auf und ging fort. Morgens aber lag es ruhig dort und schlief fest.

Ehe die Eltern dazu kamen, ihr Frühstück zu essen, hörten sie im Zeltkreis Weinen und Wehklagen. Ein Häuptling war am Morgen tot aufgefunden worden in seinem Zelt. Seit das Baby geboren worden war, starben häufig Leute aus der Gruppe der Vornehmen. Die Leute begannen sich zu wundern und beteten zu den Göttern, doch Gnade mit ihrem Stamm walten zu lassen.

Mit der Zeit war es für die Eltern nicht zu übersehen:

Das Kind schlief immer am Tag und war hellwach in der Nacht. Woran lag das nur?

Als der nächste Abend kam, wickelte die Mutter das Kind besonders fest. Die Eltern legten es wieder zwischen sich und nahmen sich vor, es nicht aus den Augen zu lassen, um endlich einmal herauszufinden, was da eigentlich geschah. Aber gegen Mitternacht schliefen sie, trotz ihres Vorsatzes, wach zu bleiben, dann doch ein. Kaum hörte das kleine Kind seine Eltern schnarchen, da arbeitete es sich aus seinem Wickelgebinde und ging fort. Am Morgen aber schlief es fest wie immer. Während die Eltern ihr Frühstück verzehrten, schaute die Mutter hin und wieder zu dem Kind hinüber. Als es den Mund öffnete, sah sie zu ihrem Entsetzen, daß an den Zähnen, die dem Kind inzwischen gewachsen waren, Fetzen von Menschenfleisch hingen.

Ein furchtbarer Verdacht überkam die Eltern. Die Frau sprach zu ihrem Mann: »Sollte unser Kind den Häuptling, der gestorben ist, getötet haben? Dann wäre es gar kein gewöhnliches Kind, sondern ein Geheimnis.«

»Wir müssen uns endlich Gewißheit verschaffen«, sagte der Mann.

Diesmal schliefen auch die Eltern bei Tage, damit sie am Abend nicht müde waren. Die Nacht kam. Die Mutter wickelte das Kind wiederum ganz fest. Sie legte es wieder zwischen sich und ihren Mann.

Als nun im Zeltkreis alle Lichter ausgegangen waren, taten auch die Eltern so, als seien sie eingeschlafen, und um das kleine Kind zu täuschen, schnarchten sie laut und gleichmäßig.

Roher Gaumen, so war das Kind inzwischen genannt worden, wachte auf, quengelte und schrie endlich laut. Die Eltern schnarchten weiter. Da glaubte Roher Gaumen, sie würden fest schlafen, und kroch behutsam aus dem Bett.

Er legte die Büffeldecke um und ging zum Tipi eines Häuptlings. Es war der einzige noch überlebende Häuptling des Stammes, und es herrschte große Bestürzung unter den Leuten des Stammes über die häufigen Todesfälle in letzter Zeit.

Kaum hatte Roher Gaumen das Bett verlassen, da standen auch die Eltern auf und schauten durch ein kleines Loch in der Zeltbahn. »Sieh dir den an«, sagte die Frau, »das ist wirklich kein Mensch, sondern ein Zauberwesen. Wir müssen etwas tun, um zu verhindern, daß er noch mehr Unheil anrichtet.«

»Wir versuchen ihn loszuwerden, ehe er abermals jemanden tötet«, sagte der Mann.

Roher Gaumen ging geradewegs auf das Zelt des Häuptlings zu und trat dort ein. Um diese Zeit war es völlig still im Dorf, selbst die Hunde schliefen fest.

Die Eltern ließen das Kind nicht aus den Augen. Es kam heraus, trug den Häuptling auf den Armen und ging auf den Fluß zu. Das Kind trug den schlafenden Häuptling. Und vielleicht war auch dieser Häuptling schon tot!

»Sieh dir das an«, sagte die Frau, »ein kleines Kind und vermag diesen schweren Mann zu tragen.«

»Ja, ich fürchte, du hattest mit deinem Verdacht recht. Dieses Kind ist in Wahrheit ein Zauberwesen. Ich bin gespannt, was er nun mit dem armen Menschen tut«, sagte der Mann.

Roher Gaumen aß das Fleisch des Häuptlings und ließ nur die Knochen übrig. Wie er die Häuptlinge jeweils tötete, blieb ein Geheimnis. Aber da er tatsächlich ein Zauberwesen war, braucht man danach gar nicht zu fragen.

Was von dem Häuptling noch übrigblieb, versteckte Roher Gaumen in einem hohlen Baum.

Nachdem die Eltern all dies beobachtet hatten, legten sie

sich schlafen, und es war ein Wunder, daß sie überhaupt noch einmal Schlaf fanden.

Als es hell zu werden begann, betrat Roher Gaumen wieder das Zelt seiner Eltern, und es gelang ihm auch, wieder auf seinen Schlafplatz zu kommen, ohne die Eltern aufzuwecken.

Als nun die Sonne vollends aufgegangen war, standen der Mann und die Frau auf und machten ein Feuer.

»Solange das Kind noch schläft, müssen wir handeln«, sagte der Mann zu der Frau, »koch eine ordentliche Portion Fleisch, kehre das Zelt und lege Sitzmatten aus.«

Und dann ging er und rief die Männer des Stammes zusammen. Sie waren alle in bedrückter Stimmung, weil schon wieder ein Häuptling gestorben war. Die Einladung, die der Mann ihnen überbrachte, verstieß gegen die guten Sitten, weil das Lager noch in Trauer war. Dennoch kamen sie, denn er hatte es dringend gemacht.

»Nun, ihr Männer«, sagte er, »ich habe euch hier zusammengerufen, damit wir beraten, wie wir dieses Kind loswerden, das sich in unser Zelt und unseren Stamm eingeschlichen hat. Dieses Kind war es, das alle Häuptlinge getötet hat. Wie, das ist ein Geheimnis. Aber, daß es das Kind gewesen ist, daran habe ich, nach dem, was meine Frau und ich heute nacht beobachtet haben, nicht den geringsten Zweifel mehr. Außerdem, wir haben schon gestern Fetzen von Menschenfleisch zwischen seinen Zähnen kleben sehen. Zuvor hat es den Mund immer fest geschlossen gehalten. Gestern aber, beim Frühstück, hat er den Mund einmal weit aufgemacht, da haben wir es entdeckt.«

Darauf erzählte er ihnen auch, was sie in der Nacht erlebt hatten, und schloß mit den Worten: »Ich bitte euch, mit uns einen Plan zu fassen, was mit diesem kannibalischen Kind nun geschehen soll?«

Die Männer des Stammes waren natürlich zunächst sehr erstaunt, und eine Weile sagten sie gar nichts. Schließlich meinten sie, sie wollten es ganz und gar dem Vater des Kindes überlassen, wie er verfahren wolle.

Nun, der Mann hieß seine Frau das Kind ganz nackt ausziehen. Dann ließ er sich Fett von Innereien geben, bestrich damit die Haut des Kindes, und dann warf er es vor die Tür, damit die Hunde es fräßen.

Aber als Roher Gaumen die Erde berührte, wurde aus ihm mit einem Schlag ein hübscher junger Mann. Er trug eine Zauberdecke um die Schultern. Er begann vor dem Kreis der Zelte zu tanzen, und dabei sang er: »Holt, was von den Häuptlingen übriggeblieben ist!«

Mann und Frau, bestürzt über das, was sie da sahen und hörten, taten, wie ihnen geheißen. Nun wußte es auch der letzte, wer die Häuptlinge getötet hatte. Es war aber auch klar, daß Roher Gaumen ein ganz außergewöhnlicher junger Mann war. Ein Zauberwesen, das auf die Welt gekommen war, um etwas zu bewirken. Aber was, das wußte keiner. Und niemand wollte das nächste Opfer sein.

Schließlich fiel ihnen nichts anderes ein, als aufzubrechen und ihr Lager anderswohin zu verlegen. Sie dachten, so könnten sie Roher Gaumen loswerden. Ha!

Kaum war der Stamm abgezogen, da zeigte sich auf dem verlassenen Lagerplatz eine alte Frau, die Weiße Eulenfrau.

»Ich freue mich, dich zu sehen. Hast du mich kommen sehen?« fragte sie.

»Ja, ich fühle mich hier recht wohl«, antwortete Roher Gaumen. »Wollen wir nicht unsere Kräfte messen?«

»Gut«, sagte die Weiße Eulenfrau, »wenn du dich schon so stark fühlst, können wir ja mal sehen. Wir wollen Gras aufhäufen und anzünden, und wenn der Haufen dann gegen dich hin umfällt, mußt du auf Nahrungssuche gehen.«

»Einverstanden«, sagte Roher Gaumen, »mir ist jeder Spaß recht.«

Die Weiße Eulenfrau steckte den Grashaufen am Boden an, und als er lichterloh brannte, stürzte er gegen Rohen Gaumen hin um. Der stand sofort auf, ging zu den aufgegebenen Zeltplätzen und kam mit einer Menge getrocknetem Fleisch zurück. Er gab es der Weißen Eulenfrau, und sie aß es auf.

Sie wiederholten ihr Spiel, und diesmal mußte die Weiße Eulenfrau etwas zu essen besorgen. Sie brachte Pemmikan, unter das Beeren gemischt waren, und bot es Roher Gaumen an. Er nahm es und aß es voller Behagen.

»Nun, mein liebes Enkelkind«, sagte sie, »wir wollen ein anderes Spiel zusammen machen. Ich werde dir einige Fragen stellen, und wenn du sie alle richtig beantworten kannst, dann bin ich bereit, dich für einen klugen Kopf zu halten. Dann will ich gern von dieser Welt abtreten und das Feld dir überlassen. Du darfst mich dann töten, und niemand wird sich an dir rächen. Ja, die Leute werden dir noch ewig dankbar dafür sein.«

»Ein merkwürdiges Spiel«, sagte Roher Gaumen.

»Merkwürdig wie diese Welt. Ich habe sie nicht so gemacht, wie sie nun einmal ist. Du hast sie nicht so gemacht. Also hat es keinen Zweck, sich darüber zu ärgern. Nehmen wir sie so, wie sie ist, und spielen wir.«

»Und wenn ich verliere?«

»... bist du nicht klug genug, um in dieser Welt zu überleben. Es wäre dann dein Ende.«

Die Weiße Eulenfrau sagte das ganz ruhig.

»Ich traue mir einiges zu«, erwiderte Roher Gaumen selbstbewußt. »Fangen wir an. Was willst du von mir wissen?«

»Zunächst einmal, sag mir, was ist das Wichtigste von allem?«

»Das Wichtigste unter allen Dingen, die es auf der Welt gibt, ist ein Mokassin«, antwortete Roher Gaumen.

»Das ist sehr gut«, sagte die Weiße Eulenfrau.

Roher Gaumen wurde ungeduldig.

»Nun, liebes Enkelkind«, sagte die Weiße Eulenfrau rasch, »wir wollen weiter sehen. Noch eine Frage an dich: Wer oder was wird nie müde, Leute, die unterwegs sind, heranzuwinken?«

»Das ist leicht«, sagte Roher Gaumen, »das muß die Zeltklappe am Tipi-Eingang sein. – Sie winkt die Leute heran.«

»He, du bist gut ... aber kannst du mir auch sagen, was immer aufrecht steht und immer aufmerksam ist, was immer auch geschieht?«

»Nun, alte Frau«, sagte Roher Gaumen, »ich würde sagen, das sind die Pflöcke, an denen die Schlaufen der Zeltbahnen festgebunden sind. Sie werden nie müde zu horchen und warten immer darauf, noch mehr zu hören.«

»Gut, Enkelkind, noch ein Rätsel: Was ist ohne zwei Löcher nicht vollkommen?«

»Oh, das ist einfach. Zu einfach ...«

»Ich glaube eher, du weißt es nicht.«

»Aber Großmütterchen ...!«

»Dann sag es ... rasch!«

»Es handelt sich selbstverständlich um die Nase; es gibt nichts sonst, was ohne zwei Löcher nicht vollkommen wäre.«

»Und was reist so rasch, wie sonst niemand auf der Welt?« fragte die Weiße Eulenfrau in einem Tonfall, als mache sie sich immer noch Hoffnungen zu siegen, »weißt du das auch?«

»Ja doch. Das ist unser Bewußtsein«, sagte Roher Gaumen, »es ist rascher als der Blitz und legt so große Entfernungen zurück wie sonst nichts und keiner.«

»Ach bitte noch dieses«, sagte die Weiße Eulenfrau, »welches ist das harmloseste Tier von der Welt?«

»Das muß das Kaninchen sein«, kam die Antwort von Roher Gaumen, »seine Farben bedeuten doch Reinheit und Wohlwollen.«

»Aber welche der beiden Hände ist die nützlichere?« wollte nun die Weiße Eulenfrau auch noch wissen.

»Das nennst du ein paar Fragen«, sagte Roher Gaumen, »nun warte einmal... gleich hab ich's... o ja, die linke Hand, denn sie ist harmlos, rein und heilig«, sagte er.

»Nun, Enkel, du hast alle meine Fragen richtig beantwortet. Also ist dies ein Tag des Sieges für dich. Du kannst mir auf den Kopf hauen«, verkündete die Weiße Eulenfrau und beugte sich nieder.

Roher Gaumen schlug ihr mit einem Steilkeil auf den Kopf. Da barst ihr Schädel, und heraus kam Schnee, der allmählich schmolz. Und seitdem gibt es eine Jahreszeit, die Frühling heißt und zu der die Welt neu wird.

Der kulturbringende Held

Die Reise der Zwillinge zu ihrem Vater, der Sonne

NAVAJO

Dies ist eine der zahlreichen Versionen der Heldensage von Nay-enez-gani und Thobad-schist-schini, die, obwohl von zwei verschiedenen Müttern geboren, aus Gründen der mythischen Symmetrie, die auch bei ihren Müttern waltet, als Zwillinge aufgefaßt werden. Die Geschichte ist in Varianten bei allen Stämmen des Südwestens, soweit sie zu den Pueblovölkern gehören, verbreitet. Die Mütter der Zwillinge sind Est-sanat-lehi, »die Frau, die sich verjüngt« oder »die Frau der Veränderungen«, und Yolkai Estsan, »die Weiße Muschelfrau«. Ihnen entsprechen bei den Hopi die beiden Huruing Wuhtis, die »Spinnenfrauen«. Die eine von ihnen, Kohkyang Wuhti, schafft das Volk des Südens, d. h. die Spanier, während das Volk des Westens, die Indianer, durch die Göttin des Westens in die Welt tritt. Die Spanier, die schon früh mit den Hopi in Berührung kamen, spielen in Märchen, Mythen und Sagen der Hopi immer die Rolle der Bösewichter. Eine ähnliche Analogie besteht bei den beiden Knaben Nay-enez-gani und Thobad-schist-schini. Bei den Zuni heißen sie Ahai-yusta und Mat-sailema, bei den Hopi sind es Pöo-kong-hoya und Balö-onga-hoya. »Anaye« ist die Bezeichnung für fremde, feindliche Götter. Sie entsprechen in der Mythologie der Zuni jenen Menschen, die beim Aufstieg der Mehrzahl der Wesen in der Unterwelt zurückblieben und dort zu Dämonen wurden. Die beiden Frauen empfangen von der Sonne (Tschoha-no-ai, d. h. Sonnengeist oder Träger des Sonnengestirns) und vom Wasser. Niltschi, die Windgötter, übernehmen in dieser Mythe eine ähnliche Funktion wie bei uns der »treue Eckart«. Statt wie sonst bei den Navajo früher üblich leisten in der Mythe nicht Schamanen, sondern die Götter selbst Geburtshilfe. Unter ihnen ist Chast-sche-yalthi der sprechende Gott, später die Hauptfigur in der Zeremonie des »Großen Nachtgesangs«. Die beiden Jungen sind also, wie auch sonst in mythologischen Geschichten häufig, Söhne der Sonne und der Möndin. Im Farbsymbolismus der Navajo bedeutet Blau stets den Süden, Gelb den Westen, während Weiß und Schwarz abwechselnd für den Osten oder den Norden stehen können.

Gewisse Motive der Mythe weisen auf die Wanderbewegung des nomadischen Athapaskenstammes, der Navajos, von Kanada nach Arizona hin. Die Hindernisse, die die beiden Knaben vor Erreichen des Sonnenpalastes zu überwinden haben und die in bestimmten Versionen ganze Kapitel ausmachen, dürften Erinnerungen an die von dem Stamm zu bewältigenden topographischen Hindernisse während seiner Wanderung darstellen. Der Stachelsitz und die Schwitzhausprobe beim Sonnengeist sind Motive aus dem Norden. Letzteres tritt dort als »Kesselprobe« oder »Feuerordeal« auf. Hingegen ist die Rauchprobe auf das Pueblogebiet und Kalifornien beschränkt. Auch die Monster, die die Kinder zu vernichten drohen, kommen in den Märchen und Mythen des Nordens häufig vor. Sie verweisen auf eine Frühgeschichte, in der die großen, später ausgestorbenen Tiere dominierten. Im übrigen handelt es sich natürlich um eine Initiation, die freilich im größeren Zusammenhang der mythologischen Erklärung für das Aussterben oder Verschwinden der großen Tiere (Mammuts, Säbelzahntiger etc.) gesehen werden muß.

Die gründlichsten Erläuterungen zu der häufig nicht ohne weiteres zu durchschauenden Symbolsprache dieser Mythe findet man immer noch in der leider schwer zugänglichen Sammlung von Washington Matthews, Navaho Legends, Boston und New York 1897.

Die Geburt

In der frühen Zeit, nachdem sie aus der Unterwelt emporgestiegen waren, wurden die Menschenwesen überall von den Anaye, den Monstern, verfolgt und getötet. Nun fanden sie einmal auf ihren Wanderungen eine Figur aus Türkis, die eine Frau darstellte. Zu dieser Zeit waren nur noch vier Menschenwesen am Leben: ein altes Paar und seine beiden Kinder. Zwei Tage, nachdem sie die Figur gefunden hatten, hörten sie die Stimme des Gottes Chast-sche-yalthi, zuerst ganz schwach und in weiter Ferne, dann noch dreimal, jedesmal näher und lauter. Plötzlich stand der Gott vor ihnen. Er befahl ihnen, nach zwölf Nächten auf den Gipfel des Tscho-lohi[1] zu kommen und die Türkisfigur mitzubringen. Sie gehorchten und fanden auf dem Berg eine Schar von Göttern versammelt, die sie erwarteten, unter ihnen Chast-sche-yalthi und Chast-sche-chogan[2], zudem einen Gott, der mit ihnen aus der Unterwelt aufgestiegen war und in seiner Hand die Figur einer Frau aus weißen Muschelschalen trug. Chast-sche-yalthi legte beide Figuren auf ein Hirschfell, bedeckte beide mit einem zweiten, dann bildeten die anderen Götter um die Felle einen Kreis mit einer Öffnung nach Osten, durch die Chast-sche-yalthi und Chast-sche-chogan viermal aus und ein gingen. Jedesmal hoben sie das abdeckende Hirschfell etwas an, und beim vierten Mal waren aus den beiden Figuren zwei lebendige Wesen geworden, nämlich die beiden Frauen Est-sanat-lehi und Yolkai Estan, also »die Frau der Veränderungen« und »die Weiße Muschelfrau«. Sie waren heilige Wesen. Die Götter und die

1 Einer der heiligen Berge der Navajo, wahrscheinlich der Mount Taylor in New Mexico.
2 Der Hausgott.

Menschwesen brachen auf und ließen die beiden Schwestern allein auf dem Gipfel des Berges zurück. Sie fühlten sich sehr einsam, denn sie sahen nichts als die Sonne über ihren Köpfen und einen Wasserfall, der zu ihren Füßen herabstürzte. Da legte sich die Frau der Veränderungen auf eine kahle Felsplatte mit den Füßen nach Osten, damit sie von der aufgehenden Sonne beschienen werde. Die Weiße Muschelfrau aber stieg hinab und ließ das Wasser über ihren Körper rinnen. Vier Tage vergingen, da fühlte die Weiße Muschelfrau, daß sich in ihrem Leib etwas regte. »Was kann das sein?« fragte sie ihre Schwester.

»Was anderes als ein Kind«, erwiderte die Frau der Veränderungen, »du bist schwanger, und das kommt daher, daß du unter dem Wasserfall lagst. Ein Gott ist in das Wasser getaucht und hat dich beschlafen. Auch ich fühle ein Kind sich in meinem Leib bewegen. Das hat die Sonne gezeugt, die auf mich schien.«

Bald hörte man wieder die Stimme Chast-sche-yalthis. Er war mit dem Regengott Tho-ne-nili erschienen, um den Frauen bei der Geburt der Kinder beizustehen. Zuerst erblickte das Kind der Frau der Veränderungen das Licht der Welt, danach das der Weißen Muschelfrau; beides waren Knaben. Die beiden Götter machten für die Kinder zwei leichte Tragen, an denen die Fußbretter und die Rückleisten Sonnenstrahlen, die Schutzkappen Regenbogen, die Seitenriemen Wetterleuchten, die Verschnürungen Zickzackblitze waren.[1]

Einem Kind gaben sie die schwarze Wolke, dem anderen den weiblichen Regen zur Decke. Sie nannten die Kinder Schinali, das heißt Enkel, und verließen sie wieder mit dem Versprechen, nach vier Tagen zurückzukehren.

---

1 Tragwiegen oder Wiegenbretter dieser Art sind heute noch bei den Navajo in Gebrauch.

Nach diesen vier Tagen hatten die Kinder bereits die Größe zwölfjähriger Jungen. Da schlugen ihnen die Götter einen Wettlauf rings um einen benachbarten Berg vor. Die Jungen liefen, so schnell sie konnten, ermüdeten aber, ehe noch das Rennen zur Hälfte beendet war. Da peitschten sie die Götter, die hinter ihnen liefen, mit Ruten des Gebirgsmahagonis. Chast-sche-yalthi gewann das Rennen und kündigte an, er werde nach vier Tagen mit Tho-ne-nili wiederkommen und es wiederholen. Den Jungen aber, die mit wundem Rücken heimkamen, flüsterte Niltschi, der Wind, zu, die beiden Götter seien durchaus nicht unschlagbar; wenn die Jungen in den nächsten Tagen fleißig trainierten, würden sie das nächste Mal gewinnen. Die Knaben taten das, und als die Götter nach vier Tagen wiederkamen, waren sie bereits ausgewachsene Männer und schlugen die Götter im Wettlauf. Diesmal waren sie es, die die Götter geißelten, um sie so zu größerer Eile anzuspornen. Der ältere der beiden Brüder gewann das Rennen. Als alles vorbei war, lachten die Götter und klatschten Beifall. Sie waren gute Verlierer. Sie freuten sich über den Mut und die Ausdauer, die die Jungen bewiesen hatten. Beides waren gute Voraussetzungen für die Aufgabe, die sie ihnen zugedacht hatten.

Der Besuch im Himmel

In der Nacht nach dem Rennen legten sich die Knaben wie gewöhnlich zum Schlafen hin; als sie aber die beiden Frauen miteinander flüstern hörten, blieben sie wach und horchten mit gespannter Aufmerksamkeit, was gesprochen wurde, ohne jedoch ein Wort zu verstehen. Endlich standen sie auf und fragten: »Mütter, wovon sprecht ihr?«

Die Frauen antworteten: »Wir sprechen von nichts.«

Dann fragten die Jungen: »Wer sind unsere Väter?«

»Ihr habt keine Väter«, sagten die Frauen.

»Das gibt es nicht«, erwiderten die Jungen, »ein jedes lebendige Wesen hat einen Vater.«

»Nun«, sagten die Frauen, »der runde Kaktus und der sitzende Kaktus[1] sind eure Väter.«

Am folgenden Tag machten sie den Knaben Spielzeugbogen aus Wacholderholz und Pfeile und hießen sie draußen spielen, aber nicht außer Sichtweite des Hogans. Trotz dieser Warnung gingen die Jungen am ersten Tag weit gen Osten und fanden dort ein Tier mit bräunlichem Haar und spitzer Nase, das sie vergebens mit ihren Pfeilen zu erlegen versuchten. Als sie nach Hause kamen, erklärten ihnen ihre Mütter, das sei der Coyote gewesen, der Späher der Theelgeth Monster; am zweiten Tag ereignete sich dasselbe im Süden mit dem Raben, dem Späher der Tsenahale, am dritten im Westen mit dem Bussard, dem Kundschafter des Anaye Tse-tha-chot-schilt-hali, am vierten im Norden mit der Elster, dem Scout des Binaye Achni.

Da riefen die beiden Frauen: »Ach, Kinder, was sollen wir nur tun, wenn ihr euch ständig in solche Gefahr begebt? Wie können wir euch schützen? Jetzt haben euch die Kundschafter all der Monster, die in den verschiedenen Himmelsrichtungen der Welt wohnen, gesehen; bald werden die Ungeheuer hiersein und euch verschlingen, wie sie es mit all den anderen Menschen zuvor getan haben.«

Am nächsten Morgen machten die Frauen einen Maiskuchen und legten ihn in die Asche zum Backen. Dann trat die Weiße Muschelfrau vor den Hogan, und sie sah Yeitso[2], das größte und gefährlichste unter den Ungeheu-

1 Eine Mammilaria- und eine Cereusspezie. Der Witz besteht darin, daß sie beide in der Form einem Penis ähnlich sehen.

2 Der Große Dämon, ein Riese.

ern, herankommen. Sie machte rasch kehrt, und die Frauen verbargen die beiden Jungen unter Bündeln und Stöcken. Yeitso aber kam, setzte sich an der Tür hin, gerade als die Frauen den Kuchen aus der Asche holten.

»Das Gebäck ist gewiß für mich«, sagte er, »wie köstlich es duftet. Du wolltest mir doch etwas davon anbieten?«

»Nein«, sagte die Frau der Veränderungen, »der Kuchen ist nicht für dein großes Maul bestimmt.«

»Macht nichts«, sagte Yeitso, »viel lieber fresse ich ohnehin kleine Jungen ... zartes Fleisch. Wo sind eure Söhne? Man hat mir gesagt, es gäbe hier Kinder. Ich bin gekommen, um sie aufzufressen.«

»Da hast du nun auch wieder Pech, Yeitso«, erwiderte die Frau der Veränderungen, »alle Kinder sind schon in die festen Bäuche von deinesgleichen gewandert.«

»Was, keine kleinen Jungen?« rief der Riese, »und woher stammen dann all die Spuren um das Haus?«

»Ach, weißt du«, antwortete ihm die Frau, »diese Spuren habe ich zum Spaß selbst gemacht. Ich bin einsam. Ich habe die Spuren gemacht, um mir einzubilden, es gäbe hier noch andere Leute.« Dann zeigte sie Yeitso, wie sie solche Spuren mit ihrer Faust machte. Er verglich diese Spuren mit denen, die er zuvor entdeckt hatte. Er gab sich zufrieden und ging seines Weges.

Als er fort war, begab sich die Weiße Muschelfrau auf den Gipfel eines benachbarten Hügels, um sich umzuschauen. Sie bemerkte, wie zahlreiche Anaye eilends in Richtung auf ihr Haus zukamen. Sie machte sogleich kehrt und verständigte ihre Schwester.

Die Frau der Veränderungen nahm vier farbige Reifen und warf je einen in eine der vier Himmelsrichtungen: einen weißen nach Osten, einen blauen nach Süden, einen gelben nach Westen, einen schwarzen nach Norden. Da erhob sich sogleich ein Sturmwind, der so heftig von dem

Hogan[1] nach allen Richtungen blies, daß alle Ungeheuer vertrieben wurden.

Am nächsten Morgen standen die Jungen noch vor Tagesanbruch auf und gingen heimlich fort. Sobald es das Tageslicht gestattete, begaben sich die Frauen, die ihre Abwesenheit inzwischen bemerkt hatten, auf die Suche nach ihren Spuren. Sie fanden aber nur vier Fußstapfen von jedem der Knaben, die zum Berg Dsil-noa-thil führten. Sie schlossen daraus, daß die Jungen einen heiligen Pfad[2] benutzten. Deswegen gaben sie die weitere Suche auf und kehrten in ihren Hogan zurück. Tatsächlich kamen die Jungen auf dem heiligen Pfad rasch vorwärts. Bald nach Sonnenaufgang erblickten sie bei Dsil-noa-thil Rauch, der aus dem Erdboden aufstieg. Sie gingen näher und erkannten, daß er aus der Dachluke eines unterirdischen Gemachs[3] kam. Eine rauchgeschwärzte Leiter ragte aus dem Loch empor. Als sie hinabsahen, erblickten sie ein altes Weib, die Spinnenfrau, die zu ihnen emporblinzelte, sie willkommen hieß und aufforderte einzutreten.

Als sie dann in der unterirdischen Kammer der Spinnenfrau gegenüberstanden, fragte sie diese: »Wohin seid ihr beide unterwegs?«

»Wir haben kein bestimmtes Ziel«, antworteten die beiden Jungen ausweichend. »Wir sind hier vorbeigekommen, weil wir nirgendwohin unterwegs sind.«

Die Spinnenfrau wiederholte ihre Frage noch dreimal,

---

1 Eine Hütte aus Holzstämmen und Lehm mit einem kuppelförmigen Dach, die traditionelle Wohnstätte der Navajo.

2 Regenbogen.

3 Hier wird der Kiwa, der unterirdische Versammlungsraum, beschrieben, der in keinem Pueblo-Dorf fehlt. In seinem Fußboden befindet sich der »sipapu«, das Loch, aus dem die Menschen aus der Unterwelt in diese Welt gelangten. Es ist also gewissermaßen der Nabel der Welt.

und jedesmal erhielt sie die gleiche Antwort. Dann sagte sie: »Aber vielleicht sucht ihr euren Vater in der weiten Welt?«

»Ja«, antworteten sie, »wenn wir nur den Weg zu seiner Wohnung wüßten.«

»Ach«, sagte die Spinnenfrau, »lang und gefährlich ist der Weg zum Haus eures Vaters, dem Träger des Sonnengestirns. Viele Anaye hausen zwischen hüben und drüben. Und vielleicht ist euer Vater auch gar nicht so erbaut, euch zu sehen. Vielleicht wird er sogar versuchen, euch loszuwerden. Auf jeden Fall habt ihr bis zu seinem Palast noch vier gefährliche Stellen zu durchqueren, an denen euch der Tod droht: die Felsen, die den Wanderer zerschmettern, das Schilfdickicht, das ihn in Stücke schneidet, die Kakteen, die ihn zerreißen, und den glühendheißen Sand, der ihn begräbt. Aber nur Mut: Ich will euch etwas geben, womit ihr eure Feinde lähmen und euch schützen könnt.«

Und sie gab ihnen den Zauberreifen Na-yeat-sos mit zwei Federn daran, die einem lebendigen Adler ausgezogen worden waren, und dazu noch eine weitere Lebensfeder namens Hy-in-a-bilsos. Dann lehrte sie sie noch eine magische Formel zu ihrem Schutze.

Die Jungen brachen auf und kamen zuerst zu den zusammenklappenden Felsen. Dort öffnete sich eine schmale Schlucht zwischen zwei hohen, steilen Wänden. Wenn sich ein Wanderer näherte, klafften die Felsen zuerst weit auseinander, scheinbar, um ihn bequem hindurchzulassen; sobald er aber in der Spalte war, klappten sie die Hände zusammen und zerschmetterten ihn. Die Felsen waren in Wahrheit Anaye, also lebendige und denkende Wesen. Als die Knaben zu ihnen kamen, taten sie, als wollten sie die Schlucht betreten, und die Felsen öffneten sich. Dann aber zogen sie rasch ihre Füße zurück; die Felsen klappten zusammen, die Jungen aber blieben draußen unversehrt.

Viermal narrten sie die Felsen so; dann sprachen diese: »Wer seid ihr? Woher kommt ihr und wohin geht ihr?«

»Wir sind die Söhne des Sonnengestirns«, antworteten die Jungen, »wir kommen von Dsil-noa-thil und suchen das Haus unseres Vaters.«

Dann sprachen sie die Formel, die die Spinnenfrau sie gelehrt hatte, und konnten nun frei und unversehrt zwischen den Felsen hindurchgehen. *(Auf ähnliche Weise überwinden die beiden Jungen auch die übrigen Gefahrenpunkte: die Schilfebene, mit Gräsern, die wie scharfe Messer sind, die Kakteen, die die Menschen zerstechen, und schließlich Schaitad, das Land der Sandstürme, wo ständig Sand aufsteigt, gleich Wasser, das in einem Topf brodelt, und Reisende, die sich in die Wüste gewagt haben, unter sich begräbt. Die Zauberformel der Spinnenfrau erweist sich an all diesen Orten als wirksamer Schutz.)*

Bald danach gelangten die Jungen zum Haus der Sonne. Die Tür war von zwei Bären bewacht, die zur Rechten und zur Linken kauerten, die Schnauzen einander zugewandt. Als die Jungen sich näherten, erhoben sie sich, brummten zornig und machten sich zum Angriff bereit. Da wiederholten die Jungen die heilige Formel der Spinnenfrau, und bei den letzten Worten kauerten sich die Bären wieder hin und blieben still liegen.

Nachdem sie glücklich an ihnen vorbeigekommen waren, stießen die Jungen noch auf ein paar Wächter in Schlangengestalt, dann auf Wache haltende Winde und Blitze, aber all dieser Unholde wurden sie mit Hilfe ihrer Zauberformel Herr.

Das Haus des Sonnengeistes war ganz und gar aus Türkis; es war viereckig, glich einem Pueblohaus und stand am Ufer eines großen Wassers. Beim Eintreten sahen die Jungen im Westen eine ältere Frau, im Süden zwei schöne junge Burschen und im Norden zwei hübsche junge

Frauen sitzen. Die Frauen warfen nur einen raschen Blick auf die Fremden und schauten dann zu Boden, die jungen Burschen betrachteten sie genauer, erhoben sich dann und ohne ein Wort zu sagen, wickelten sie sie in Himmelsdekken ein und legten sie auf ein Wandgesims. Dort lagen sie eine Weile ganz still, bis eine Rassel über der Tür sich zu bewegen begann, und eine der jungen Frauen sagte: »Unser Vater kommt.«

Die Rassel bewegte sich viermal, und kaum war der vierte Laut verklungen, da trat auch schon Tscho-ha-no-ai, der Träger des Sonnengestirns, ein. Er nahm die Sonne von seinem Rücken und hängte sie an einen Wandpflock im Westen des Raumes, wo sie sich noch eine Weile klirrend hin und her bewegte, ehe sie ganz still hing. Dann wandte sich Tscho-ha-no-ai an die Frauen mit zorniger Stimme: »Wer sind diese beiden Wesen, die heute hier angekommen sind?«

Die Frauen gaben keine Antwort, und die Jungen in ihren Gebinden aus Himmelsdecken wagten vor Furcht nicht einmal zu atmen. Viermal wiederholte der Träger des Sonnengestirns seine Frage. Schließlich sagte seine Ehefrau: »Es wäre gut, wenn du den Mund nicht zu weit aufreißen würdest, Alter. Zwei Jungen kamen heute, die suchen ihren Vater und meinen, daß du es seist. Wenn du auf Reisen gehst und dann heimkommst, erzählst du mir immer, du hättest unterwegs keine Menschenseele getroffen und es gäbe keine Frau in deinem Leben außer mir. Wie erklärst du dir dann, daß diese Jungen vorgeben, deine Söhne zu sein?«

Dabei wies sie auf das Bündel auf dem Sims, und ihre Kinder lächelten einander vielsagend zu.

Der Sonnengeist nahm die Bündel herab und entrollte zuerst die Decke aus Morgendämmerung, dann die des blauen Himmels, weiter die des Abendrots und zuletzt die der Dunkelheit, bis die Knaben heraus und auf den Boden fielen. Er ergriff sie und schleuderte sie zuerst auf große, scharfe Spitzen aus weißem Muschelkalk, die im Osten aufragten; von dort schnellten sie unverletzt zurück, denn sie hatten die ganze Zeit über ihre Lebensfedern dicht an sich gehalten. Dann warf er sie nacheinander noch auf Türkisspitzen im Süden, auf Haliotisspitzen im Westen und auf Spitzen aus schwarzem Fels im Norden. Immer blieben sie unversehrt, und der Mann, der das Sonnengestirn trägt, sagte zu sich selbst: »Ich wünschte, es wären wirklich meine Kinder. Solche Söhne wären mir recht.«

Dann sprach er zu seinen älteren Kindern, die bei ihm lebten: »Geht hinaus, bereitet das Schwitzhaus vor. Macht die vier härtesten Steine, die ihr finden könnt, glühend heiß: je einen weißen, blauen, gelben und schwarzen Stein.«

Als die Winde dies hörten, sagten sie: »Noch immer trachtet er seinen Kindern nach dem Leben. Wie sollen wir diese Gefahr abwenden?«

Nun, das Schwitzhaus war gegen eine Anhöhe erbaut. Der Wind grub ein Loch hinein und verschloß es mit einem flachen Stein; dann flüsterte er das Geheimnis den Jungen ins Ohr und sagte: »Kriecht nicht eher in das Loch, als bis ihr auf die Frage eures Vaters geantwortet habt.«

Die Jungen gingen in das Schwitzhaus, die großen, erhitzten Steine wurden hineingetan und die Öffnung des Schwitzhauses mit vier Himmelstüchern bedeckt.

Tscho-ha-no-ai fragte die Knaben: »Ist euch heiß?«

»Ja, sehr heiß«, erwiderten diese und krochen sogleich in das Loch und legten sich dort flach auf den Boden.

Danach kam der Sonnenmann und goß Wasser durch das Dach des Schwitzhauses auf die Steine, die mit lautem Krachen zerbarsten, worauf sich große Hitze und Dampf entwickelten. Mit der Zeit aber kühlten die Steine sich ab, und die Jungen krochen wieder in das Schwitzhaus zurück.

Der Sonnengeist fragte von neuem: »Ist euch heiß?«

Er war darauf gefaßt, keine Antwort zu bekommen, aber die Knaben riefen: »Sehr heiß!«

Da nahm er die Decken von der Öffnung des Schwitzhauses fort und ließ die Knaben heraus. Er begrüßte sie freundlich und sagte: »Wahrhaftig, ihr seid meine Kinder!«

Aber völlig sicher war er sich immer noch nicht und dachte darüber nach, wie er sich letzte Gewißheit verschaffen könne.

Die vier Himmelstücher wurden nun eines nach dem anderen auf dem Boden ausgebreitet, und die vier jungen Männer mußten sich darauf setzen, einer hinter den anderen, mit dem Gesicht nach Osten. Dann befahl der Sonnenmann seinen Töchtern: »Macht, daß diese beiden Jungen genauso wie meine anderen Söhne aussehen!«

Die Töchter gingen zu den Fremden, zogen sie an ihren Haaren, bis sie lang waren, und kneteten ihre Gesichter und Gestalten, bis sie genau denen ihrer Brüder glichen. Dann hieß der Sonnengott sie alle aufstehen und ins Haus kommen. Die beiden Fremden kamen zuletzt. Als sie gerade durch die Tür schreiten wollten, vernahmen sie eine Stimme, die ihnen ins Ohr raunte: »Achtung! Blickt auf den Boden.« Sie taten es und bemerkten Wasekede, eine stachelhäutige Raupe, die gerade in dem Augenblick, als sie hinsahen, zwei blaue Speichelklümpchen auf den Boden spie.

»Nehmt je eines dieser Speichelklümpchen«, flüsterte Niltschi, der Wind, »und nehmt es in den Mund. Schluckt es aber nicht hinunter. Ihr müßt nämlich noch eine Probe bestehen: eine Rauchprobe.«

Als sie alle im Haus waren, holte der Sonnengeist eine

Pfeife, die an der östlichen Wand hing und füllte sie mit Tabak: »Das ist der Tabak, mit dem er tötet«, flüsterte der Wind den Jungen zu. Tscho-ha-no-ai hielt die Pfeife an das Sonnengestirn, entzündete sie daran und gab sie den Jungen zu rauchen. Sie rauchten sie und reichten sie herum, bis sie ausgeraucht war. Sie sagten, sie schmecke gut, und Schaden beim Rauchen nahmen sie nicht.

Als der Mann, der das Sonnengestirn trägt, sah, daß auch das Rauchen die Jungen nicht tötete, gab er sich zufrieden und sprach: »Nun, meine lieben Kinder, was wollt ihr von mir? Warum habt ihr mich aufgesucht?«

»Vater«, sprachen seine beiden Söhne, »das Land, in dem wir wohnen, ist voller Monster, die die Menschen verschlingen. Da sind Yeitso und Theelgeth, die Tsenahale, Binaye Achani und noch viele andere. Sie haben fast alle Leute unseres Stammes gefressen, und nur wenige sind noch übrig; schon haben sie auch uns nach dem Leben getrachtet, und wir sind geflohen, um ihnen zu entgehen. Gib uns Waffen, mit denen wir unsere Feinde erschlagen können! Hilf uns, sie zu vernichten!«

»Ihr müßt wissen«, antwortete der Träger des Sonnengestirns, »Yeitso, der in Tsotsil wohnt, ist ebenfalls mein Sohn: aber wenn er alle anderen Wesen umbringt, will ich euch gegen ihn helfen. Ich werde, wenn es zum Kampf kommt, den ersten Blitzstrahl gegen ihn schleudern. Euch aber will ich Waffen geben, mit denen ihr einen solchen Kampf bestehen könnt.«

Darauf nahm er von den Pflöcken, an denen sie rings im Raum hingen, für jeden einen Hut, ein Wams, Leggings und Mokassins herab, alles aus Feuerstein; ferner gab er ihnen als Waffen einen Blitzstrahl, einen Pfeil, von dem Wetterleuchten ausgeht, einen Sonnenstrahlpfeil, einen Regenbogenpfeil, ein großes Steinmesser und einen Donnerkeil.

»Das ist gerade, was wir brauchen«, sagten die Knaben und legten die Feuersteinrüstung an. Sogleich schossen Blitzstrahlen aus jedem Scharnier.

Am nächsten Morgen geleitete der Sonnengeist die Jungen zum Rande der Welt, zu jenem Punkt, an dem Himmel und Erde aneinanderstoßen und jenseits dessen es keine Welt mehr gibt.

Sechzehn Stäbe oder Stangen lehnten von der Erde aus am Himmel, vier davon waren aus weißer Muschel, vier aus Türkis, vier aus Salz, vier aus rotem Stein.

»Welche Stange würdet ihr hinunterrutschen?« fragte der Träger des Sonnengestirns seine Söhne. Der Wind flüsterte den Jungen zu, die roten Stäbe führten in den Kampf, die anderen aber in die Bequemlichkeit.

Die Jungen sagten daraufhin zum Vater, sie wollten an den roten Stangen hinunterrutschen, denn sie müßten ja nun gegen die Ungeheuer in den Kampf ziehen.

»Die Antwort gefällt mir«, sagte der Vater. »Aber ehe ich euch gehen lasse, zeigt mir erst noch, wohin ihr in der Welt dort unten gehört.«

Die Jungen blickten hinab, aber sie konnten nichts erkennen, weil alles Land ihnen ganz flach erschien. Die bewaldeten Gebirge waren dunkle Stellen, die Seen glommen wie Sterne und die Flüsse wie die Bahnen von Blitzen. Der ältere Bruder sagte: »Ich kann es nicht erkennen. Ich weiß nicht, wo unsere Heimat ist.«

Da kam dem jüngeren Bruder wieder der Wind zu Hilfe und zeigte ihm, wo die heiligen Gebirge liegen und welches die großen Flüsse sind; und der Jüngere deutete mit dem Finger hinab und rief: »Ja doch, dort ist das Männliche Wasser und dort das Weibliche Wasser, da sind die Gebirge von Tsisnaajini, unter liegt der Tsodsil, dort im Westen sehe ich den Doko'oosil-lid, der weiße Fleck jenseits des Männlichen Wassers ist der Dibentsaa, und zwischen diesen Gebirgen liegt Dzii'-na'-oo-dili, wo wir zu Hause sind.«[1]

»Recht, mein Sohn«, sagte Tscho-ha-no-ai, breitete dann, seinem Versprechen getreu, einen Blitzstrahl aus, stellte seine Söhne darauf und schoß sie hinab, gerade auf die Spitze des Berges Tsodsil.

Die beiden Jungen kehrten zu ihren beiden Müttern zurück und zogen trotz deren Warnungen in den Kampf gegen die Monster, die sie nach und nach alle töteten. Von den Ungeheuern blieben lediglich »Hohes Alter«, die »Kalte Frau« und die »Armut« am Leben.

---

1 Die heutigen geographischen Namen lauten: Männliches Wasser – San Juan River; Weibliches Wasser – Rio Grande; Tsisnaajini – Mount Blanca, das San-Luis-Tal in Colorado; Tsodsil – Mount Taylor, New Mexico; Doko'oosil-lid – die San Francisco Peaks bei Flagstaff in Arizona; Dibentsaa – Mount Hesperus, Colorado.

Diese Gebirge und Flüsse bezeichnen die Grenzen des »gelobten Landes« der Navajo. Neben allen Strapazen der Reise, der erbärmlichen Unterbringung und Verpflegung und den Übergriffen, die sie von ihren Feinden, den Mexikanern und den Apachen, zu erdulden hatten, war nicht zuletzt deswegen die Deportation von circa 8000 Stammesangehörigen nach Bosque Redondo am Rio Grande für diese so unerträglich, weil sie damit das ihnen von den Göttern zugeteilte heilige Land verlassen hatten. Sie sahen in allem Unglück, das ihnen zustieß, eine Bestrafung für diesen Frevel.

Die Geschichte der ersten Mutter

ALGONKIN

Vor langer Zeit, als Kloskurbeh, der große Lehrer, noch im Land lebte und es dort noch keine anderen Menschen gab, kam eines Tages ein junger Mann zu ihm. Er nannte Kloskurbeh den Bruder seiner Mutter und sprach: »Ich wurde geboren aus dem Schaum des Wassers, denn der Wind blies, und auf den Wellen wurde Schaum, und die Sonne schien in den Schaum und erwärmte ihn. Die Wärme brachte Leben hervor, und so entstand ich. Schau, ich bin jung und gut zu Fuß. Also bin ich gekommen, um dich zu begrüßen und dir in allen Dingen, die es zu tun gibt, meine Hilfe anzubieten.«

An einem anderen Tag gegen Mittag stand ein Mädchen vor den beiden und nannte sie »meine Kinder«, und das Mädchen sprach:

»Ich bin gekommen, um euch zu begrüßen, und ich habe mit mir die Liebe gebracht. Ich gebe sie euch, und wenn ihr mich auch liebt und mir einen Wunsch gewährt, wird euch alle Welt lieben, selbst die wilden Tiere. In mir ist Stärke, und ich gebe sie dem, der mich zur Frau bekommt. Und man wird meine Stärke über die ganze Welt hin spüren. Ich wurde aus einer schönen Pflanze geboren. Der Tau fiel auf ihre Blätter, die Sonne erwärmte den Tau, die Wärme war das Leben. Das Leben bin ich.«

Da streckte Kloskurbeh seine Arme gegen die Sonne hin aus und pries den Großen Geist, und danach wurden der junge Mann und das Mädchen Mann und Frau, und aus dem Mädchen wurde die erste Mutter. Kloskurbeh lehrte ihre Kinder und verrichtete große Arbeiten für sie, und als er damit fertig war, ging er fort, ins Nordland, und wenn es an der Zeit ist, wird er wiederkommen. Aber die Menschen vermehrten sich, bis es so viele waren, daß es eine Hungersnot unter ihnen gab, da nahmen die Sorgen, die sich die erste Mutter machte, mehr und mehr zu. Jeden Tag zu Mittag verließ sie die Hütte ihres Ehemannes und hielt sich von ihm fern, bis die Schatten lang wurden. Und ihr Mann, der sie sehr liebte, war traurig ob ihrer Sorgen. Eines Tages folgte er ihr auf dem Weg, den sie nahm, bis zur Furt eines Flusses, und dort wartete er auf ihre Rückkehr. Sie sang, als sie durch den Fluß watete. Solange sie im Wasser war, schien sie froh zu sein, und der Mann sah, daß sie hinter ihrem rechten Fuß etwas herzog, das aussah wie ein langes grünes Blatt. Als sie dann ans Ufer kam, blieb sie stehen, das Blatt fiel ab, und sie wurde wieder traurig.

Ihr Mann folgte ihr heim, und als die Sonne unterging, bat er sie, herauszukommen und sich den Sonnenuntergang anzuschauen. Während sie aber noch dort standen, kamen sieben kleine Kinder, stellten sich vor sie hin, schauten der Frau ins Gesicht und sagten: »Wir sind hungrig, und bald wird die Nacht gekommen sein. Wo gibt es etwas zu essen?«

Da liefen der Frau Tränen über die Wangen, und sie sagte: »Seid ruhig, ihr Kinder, in sieben Monden werdet ihr keinen Hunger mehr haben.«

Ihr Mann aber streckte die Hand aus, wischte ihr die Tränen fort und fragte: »Was kann ich tun, damit du wieder glücklich wirst?«

Sie antwortete: »Nimm mein Leben!«

»Ich kann dir doch nicht das Leben nehmen«, sagte der Mann, »gibt es nichts anderes, was dich glücklich machen würde?«

»Nichts anderes«, antwortete sie, »nichts anderes kann mich glücklich machen.«

Da zog der Mann fort nach Nordland und suchte dort den Rat Kloskurbehs. Mit dem Sonnenaufgang kam er wieder und sagte zu der Frau: »Kloskurbeh hat mir geraten, ich solle tun, was du verlangst.«

Da schien die Frau froh und sagte: »Wenn du mich erschlagen hast, sollen zwei Männer mich an den Haaren packen und meinen Körper über ein Feld schleifen, und wenn sie in die Mitte des Feldes kommen, so sollen sie dort meine Knochen begraben. Dann sollen sie fortgehen, aber sobald sieben Monde vergangen sind, heiße sie wieder auf das Feld gehen. Laß sie dann einsammeln, was sie dort finden, und es essen. Es ist mein Fleisch, aber ihr müßt etwas davon aufbewahren und es wieder in die Erde stekken. Meine Knochen könnt ihr nicht essen, aber ihr sollt sie verbrennen, und ihr werdet sehen: Auch das wird euch und euren Kindern Frieden bringen.«

Am Morgen nun, als die Sonne aufging, erschlug der Mann seine Frau, und wie sie es befohlen hatte, zogen die Männer die Leiche über ein offenes Feld, bis die Haut ganz abgeschabt war. Die Knochen aber begruben sie in der Mitte des Feldes.

Als nun sieben Monate vergangen waren, ging der Mann wieder auf das Feld, und siehe da, es wuchsen überall schöne große Pflanzen. Er kostete die Früchte dieser Pflanzen und fand, daß sie süß schmeckten, und er nannte sie »Skar-mu-nal«, Mais. An der Stelle aber, an der sie die Gebeine der Frau begraben hatten, wuchs eine andere Pflanze mit breiten Blättern. Sie hatten einen bitteren Geschmack, und er nannte sie »Utar-mur-wa-yeh«, nämlich Tabak.

Da wurden die Menschen froh in ihren Herzen und kamen, um zu ernten, aber als dies geschehen war, wußte der Mann nicht, wie die Ernte teilen, und wieder bat er Kloskurbeh um Rat. Als dieser nun kam und sah, was da gewachsen war, dankte er dem Großen Geist und sagte: »Nun haben sich die ersten Worte der ersten Mutter als wahr erwiesen, denn sie hat ja gesagt, sie sei aus dem Blatt einer schönen Pflanze geboren worden, daß ihre Kraft sich der ganzen Welt mitteilen werde und alle Menschen sie lieben würden. Nun, da all dies wahr geworden ist, achtet darauf, daß von dem, was euch gegeben wurde, immer genug zur Aussaat vorhanden ist, denn es ist ihr Fleisch. Und auch ihre Gebeine sind euch überantwortet, raucht sie, und der Rauch wird euren Geist beleben. Und da ihr diese Gaben der Güte dieser Frau verdankt, so behaltet sie immer im Gedächtnis. Erinnert euch ihrer, wenn ihr Mais eßt, denkt an sie, wenn der Rauch ihrer Gebeine vor euch aufsteigt. Und da ihr alle Brüder seid, teilt unter euch die Frucht ihres Fleisches und ihrer Knochen zu gleichen Teilen, dann ist der Wille der ersten Mutter erfüllt.«

Der Junge aus dem Blutklumpen

Blackfoot

Es war einmal ein junger Mann, der behandelte seine Schwiegereltern sehr grausam. Er hatte alle drei Töchter der Alten geheiratet, und nun gönnte er ihnen nichts zu essen. Selbst nach einer erfolgreichen Jagd, wenn der Alte dem Jungen beim Ausweiden der Beute geholfen hatte, gab ihm der Schwiegersohn nichts von dem Fleisch ab, sondern teilte seinem Schwiegervater nichts weiter als die Knochen der erlegten Tiere zu.

Eines Tages schoß der junge Mann einen Büffel. Ehe das Tier verendete, spie es etwas Blut aus. Der alte Mann versteckte den Blutklumpen in seinem Köcher.

»Was hast du da aufgehoben?« fragte der junge Mann.

»Nichts«, antwortete der Alte, »ich habe mir einen Dorn aus meinem Fuß gezogen.«

Wie gewöhnlich beanspruchte auch diesmal der Schwiegersohn alles Fleisch für sich, aber der Alte brachte den Blutklumpen seiner Frau heim und hieß sie, eine Blutsuppe daraus bereiten. Sie warf den Klumpen in einen Kessel voll kochendem Wasser, und plötzlich hörten die beiden Alten aus dem Kessel das Geschrei eines Babys. Die Frau erschrak: »Was hat das zu bedeuten?« fragte sie.

»Nimm das Kind aus dem Wasser. Es wird unser Sohn sein«, sagte der Mann. Die Frau tat, wie ihr geheißen, und tatsächlich war es ein Junge, den sie da in dem kochenden Wasser fand.

Im nahen Zelt hörte der Schwiegersohn das Geschrei des Kindes, und er schickte seine Frau zu den Alten, damit sie sich das Baby ansähe.

»Ist es ein Mädchen, so will ich es heiraten«, sprach er, »sollte es aber ein Knabe sein, so werde ich ihn töten.«

Die Frau, die hinüberging, um das Kind zu betrachten, war die jüngste unter den drei Töchtern, und im Unterschied zu ihren Schwestern hatte sie ihre Eltern immer freundlich behandelt. Sie erkundigte sich bei den Alten, wie ihr Mann es ihr aufgetragen hatte, ob das Baby ein Junge oder ein Mädchen sei. Ihr Vater antwortete: »Hör zu, ich will dir die Wahrheit sagen ... es ist ein Junge, aber deinem Mann mußt du sagen, es sei ein Mädchen.«

Tatsächlich gelang es der Tochter, ihren Mann zu täuschen, und der schickte der alten Frau ein paar Knochen und Suppe, damit Milch in ihre Brüste eintrete und sie das Kind nähren könne.

Der alte Mann zweifelte nicht daran, daß dies kein gewöhnliches Kind sein konnte; so nahm er es auf und hielt es an die Zeltstangen in den vier Himmelsrichtungen. Bei jeder Berührung mit einer der Stangen wurde das Kind ein wenig größer, und bald war es zu einem kräftigen, hübschen jungen Mann herangewachsen, der zu dem Alten sprach: »Ich heiße ›Rauchender Stern‹. Ich kam herab zur

Erde, um dir zu helfen. Wenn mir das gelungen ist, werde ich wieder in den Himmel zurückkehren.«

Der alte Mann aber nannte den Sohn »Büffelblut«.

Am nächsten Tag ging Büffelblut mit dem alten Mann, den er wie einen Vater verehrte, auf die Jagd, und sie erlegten eine Büffelkuh.

Als der Schwiegersohn in das Zelt des Alten kam und ihn nicht antraf, wurde er zornig. Büffelblut aber gab dem Alten die Nieren des erlegten Tieres.

»Laß ihn sehen, wie du die Nieren ißt«, hatte er dem Vater geraten und sich dann hinter dem toten Büffel verborgen.

Wütend trat der Schwiegersohn auf den Alten zu und fragte ihn, was er da in den Mund stecke. Vor Schreck ließ der Alte die Nieren fallen, aber Büffelblut rief ihm zu: »Halte sie fest und iß sie auf!«

»Wer redet da?« fragte der junge Mann verwundert.

»Auf dich habe ich schon lange gewartet«, antwortete Büffelblut, stand auf und legte einen Pfeil auf seinen Bogen.

Er schoß und traf den Schwiegersohn des Alten zuerst in die Hüfte. Der Verwundete versuchte ebenfalls Pfeile aus seinem Köcher zu ziehen, abe es gelang ihm nicht. Sobald er einen Pfeil berührte, zerfloß das Geschoß zwischen seinen Fingern. Da traf Büffelblut ihn abermals.

Als der Schwiegersohn des Alten gestorben war, verbrannten die beiden Männer seine Leiche in einem großen Feuer. Dann gingen sie hinüber in die andere Hütte und töteten auch die beiden bösen Töchter und ihre Kinder, die jüngste Tochter, der Büffelblut sein Leben verdankte, verschonten sie.

Büffelblut verließ darauf seinen Vater. Er besuchte viele Stämme und erlebte dabei viele Abenteuer. Er tötete viele Menschen, die das Volk unterdrückten. Auch eine Frau strafte er. Dieses böse Weib war eine Ringerin. Sie pflegte die Menschen, die mit ihr kämpften, auf ein Lager aus Stroh zu werfen, in dem verborgene Messer steckten. Büffelblut kämpfte zum Schein eine Weile mit ihr, ohne seine volle Kraft einzusetzen. Dann warf er sie auf das Strohlager, und sie starb den Tod, den sie ihm zugedacht hatte.

Ein andermal, als er zu einem Indianerlager unterwegs war, verspürte er einen starken Wind, der ihn fortzutragen drohte. Es war aber der Atem eines großen Fisches, und der Fisch verschlang Büffelblut. Im Bauch des Tieres traf der Krieger noch andere Menschen, und schlau sprach er zu ihnen: »Wir müssen tanzen. Irgendwo sitzt das Herz des Fisches.«

Für diesen Tanz bemalte sich Büffelblut das Gesicht weiß, und um die Augen und den Mund zog er große schwarze Kreise. An seinen Kopf band er ein Messer, das er aus einem Stück weißen Steins gefertigt hatte. Eine Weile saß er da und klatschte nur in die Hände. Dann sprang er auf, begann zu tanzen und schnellte dabei hoch in die Luft. So bohrte sich das Messer wieder und wieder dem Fisch ins Fleisch. Endlich traf Büffelblut mit dem tanzenden Messer das Herz des Fisches und durchbohrte es. Aber damit waren er und die anderen Gefangenen noch längst nicht gerettet. Er mußte erst noch ein Loch in das Fleisch zwischen den Rippen des Ungeheuers schneiden, durch das die anderen Menschen und er dann entkamen.

»Jetzt habe ich die Welt von allen Ungeheuern befreit«, sprach Büffelblut, »nun will ich heimgehen zu meinem alten Vater und zu meiner Mutter.«

Er kehrte zu der Wohnung der alten Leute zurück, aber nicht lange danach sagte er zu ihnen: »Wenn ihr hört, daß man mich getötet hat, dann seid nicht traurig, denn dann steige ich zum Himmel auf und werde ein rauchender Stern.«

Wieder reiste Büffelblut durch das Land. Er traf eine Schar Krähenindianer, die erschlugen ihn. Aber sein Körper verschwand in dem Augenblick, da er starb, und der rauchende Stern erschien am Himmel, wo jeder ihn noch heute sehen kann.

Die Spinnenfrau

PAWNEE

In der Mythologie der Stämme des Südwestens ist die Spinnenfrau gewöhnlich ein wohltätiges Wesen. Auch in anderen Geschichten der Pawnee ist sie den Menschen freundlich gesinnt. Sie gibt ihnen Saatkorn, rettet sie vor der Flut und beschützt die Quellen. Hier tritt sie als böse Hexe auf, die die Menschen bedroht. – Kürbis, in dünne Streifen geschnitten, ist eine beliebte Winternahrung bei den Pawnee. Tiwara ist der Himmelshäuptling, dessen Befehle von untergeordneten Göttern ausgeführt werden. Die Weltschöpfung ist somit nicht unbedingt allein sein Werk. Seine Frau Atira ist die »Maismutter«, also die mütterliche Erde. Die Zustände auf Erden sind eine Spiegelung derer im Himmel. Sonnengott und Mondgöttin treten bei den Pawnee hinter den Sternengöttern zurück, unter denen die Abendsterngöttin für die Nahrungsmittel, den Büffel und das Feuer, der Morgensterngott für das Kriegsglück zuständig ist. Die Verbindung zur Mythologie Mexikos ist auffallend. Im übrigen folgt die Mythologie der Pawnee der der meisten anderen Stämme des Südwestens. Die himmlischen Mächte erscheinen in der Vierzahl. Aus einer Wolke, die sich verdichtet, entsteht ein Urmeer. Nachdem sich die Wasser geteilt haben, wird die Erde sichtbar. Die südwestliche Mythologie wandelt immer wieder die Vorstellung von zwei wieder vernichteten Menschenschöpfungen ab: –

das Hervorkommen der Urahnen der gegenwärtigen Menschheit aus der Erde und von einer langen gemeinschaftlichen Wanderung der Stämme und ihrer schließlichen Entfremdung und Trennung. Wenn man weiß, daß zwei der größten Stämme des Südwestens aus dem östlichen Kanada in diese Gegend gelangten, erkennt man leicht, daß die mythologische Erzählung durchaus realhistorische Tatsachen enthält. Somit würde also auch in der Geschichte von der Spinnenfrau analog zu der der Zwillinge bei den Navajo, die vom Vater gegen die Ungeheuer bewaffnet werden, der Kampf gegen ein gefährliches Monster dargestellt. Werner Müller vermutet, daß sich in solchen Geschichten Stammeserinnerungen, eventuell auch Schuldgefühle über den Untergang der frühgeschichtlichen Großtiere, als die erste Erschütterung des Urvertrauens der »Weltfamilie« abbilden. Interessant auch, daß der Spinnenfrau als besonders verwerflich die Vorenthaltung der Samen und des Saatgutes vorgeworfen wird. Da die Kultivierung der Nutzpflanzen nach allen uns zur Verfügung stehenden Erkenntnissen eine Tat der Frauen ist, bildet die nachstehende Geschichte verschlüsselt auch eine Denunzierung der kundigen Frauen durch die Vertreter einer vaterrechtlich orientierten Gesellschaft ab.

Zu der Zeit gab es viele Dörfer, aber alle ihre Bewohner hatten Büffel und Mais genug, um satt zu werden. Im Nordosten der Dörfer wohnte die Spinnenfrau. Wann immer ein Jäger aus den Dörfern in diese Gegend kam, lud sie ihn freundlich zu sich ein, aber dann setzte sie ihm vergiftete Speisen vor, so daß er starb. Sie schnitt dem Toten dann den Schädel ab und hängte ihn an ihrem Haus auf. Seine Gedärme bekamen die Fische. Aus dem Kopf schnitt sie das Gehirn heraus und trocknete es in der Sonne. Die Ohren schließlich reihte sie an einer Schnur auf, und wie sie da so in der Sonne trockneten, sahen sie aus wie kleine Kürbisstücke.

Die Menschen nahmen an Zahl ab, und niemand wußte, wie es dazu kam. Schließlich folgten einige beherzte Männer jenen Jägern, die in das Gebiet der Spinnenfrau gingen und nie mehr heimkehrten. Da sahen sie, was da geschah. Die Jäger gingen nun in anderen Landstrichen auf die Jagd, aber nun kam die Spinnenfrau frech sogar in die Dörfer, suchte sich dort ihre Opfer und verschleppte sie in ihr Haus. Man nahm an, daß ihr ein Zaubertier unter der Erde diese Macht verliehen hatte.

Tirawa blickte besorgt hinab auf die Welt. Dann hatte er Mitleid mit seinem Volk und befahl Sonne und Möndin, ihre beiden Jungen hinunterzuschicken, damit dem Treiben der Spinnenfrau ein Ende gemacht werde. Vor langer Zeit hatte Tirawa der Spinnenfrau Samen gegeben, damit sie pflanzen und ernten konnte. Und wenn sie Überschuß hatte, sollte sie diesen unter die Menschen verteilen, statt dessen tat sie ihn in Säcke und vergrub ihn.

Die Söhne der Sonne und der Möndin kamen in der Nacht auf die Erde herab. Sie wurden auf der Ostseite des Dorfes abgesetzt. Mehrere Tage streiften sie durch die Wälder, bis schließlich der Häuptling des Dorfes auf sie traf. Es waren gutaussehende junge Männer, und der Mann nahm sie mit in sein Haus. Einige Zeit wohnten sie bei ihm, gingen mit den anderen auf die Jagd und hörten dabei auch von der geheimnisvollen alten Frau, die gegen Norden hin lebte und schon so viele Männer getötet hatte. Die beiden Jungen sagten dazu nichts, sie warteten ab.

Eines Tages nun baten sie den Häuptling, bei dem sie lebten, er möge ihnen einen Korb aus Schwarzdorn und einen Köcher voller Pfeile geben. Dann brachen sie nach Norden auf. Die Spinnenfrau aber wußte, daß sie kamen, und schickte ihnen ihre Schlangen auf den Hals. Zuerst bekamen die beiden Angst, der ganze Boden vor ihnen war plötzlich mit Schlangen bedeckt, und mitten unter diesen ringelte sich eine riesige Klapperschlange. Der ältere von beiden griff beherzt seinen Bogen und erschoß die Klapperschlange. Und siehe da, sogleich machten sich auch alle anderen Schlangen aus dem Staub und krochen in die Höhlen zurück, aus denen sie gekommen waren. Am kommenden Tag wurden die beiden Jungen von Berglöwen angegriffen, die die Spinnenfrau ausgeschickt hatte, um sie zu verderben. Wieder war es der Jüngere, der sich zuerst fürchtete, während der Ältere ihm Mut machte, auf einen Berglöwen zielte und ihn auch erlegte. Da flohen die anderen Tiere in ihre Schlupfwinkel. Weiter wanderten die beiden Jungen, und nun kamen ihnen Bären entgegen, die die Spinnenfrau ebenfalls ausgeschickt hatte, aber auch mit ihnen wurden die beiden fertig. Als die Spinnenfrau das hörte, sagte sie: »Das müssen ja Wunderknaben sein!«

Die beiden Jungen aber zogen durch eine dicht bewaldete Landschaft und stiegen einen Hügel hinab, bis sie in jenes Tal gelangten, wo das Haus der Spinnenfrau stand. Diese war die Freundlichkeit selbst und sprach: »Ach, da seid ihr ja endlich. In den letzten Tagen habe ich schon nach euch Ausschau gehalten. Wie lange seid ihr schon unterwegs? Seid ihr auch wilden Tieren begegnet?«

»Nein«, sagte der Ältere, »aber wir haben einen guten Schritt am Leib. Wahrscheinlich sind wir schneller gewesen als sie und haben sie deshalb nicht zu Gesicht bekommen.«

»Nun«, sagte die Spinnenfrau, die ihren Ärger nur schwer verbergen konnte, »jedenfalls schön, daß ihr hier seid. Ihr könntet mir nachher gleich bei der Arbeit helfen.« Dann wandte sie sich um und rief: »Mädchen, macht Feuer und kocht etwas für meine Enkel. Sie haben eine strapaziöse Reise hinter sich und werden hungrig sein.«

Die Mädchen, es waren die Töchter der Spinnenfrau, gingen ins Haus, setzten Töpfe auf den Herd, taten etwas hinein und kochten es. Die Jungen aber wurden ins Haus geführt, und die Spinnenfrau sagte, sie habe noch etwas Mehlbrei, den sie ihnen anbieten wolle. An den Mauern des Hauses hingen überall Menschenköpfe, und der ältere Bruder flüsterte dem jüngeren zu: »Paß auf, was sie uns vorsetzt, ist Menschenhirn.«

Dann gab er ihm eine Wurzel, die er statt dessen kauen sollte, und sagte: »Wenn sie uns die Schüssel reicht, mußt du nicht erschrecken.«

Als nun die Spinnenfrau ihnen tatsächlich das Gehirn vorsetzte, blieben sie ganz ruhig. Die Alte aber dachte bei sich: »Hübsche Burschen sind das. Die werden schöne Maissäcke abgeben Denen schlag ich die Köpfe ab und blase dann ihre Körper auf. So bekomme ich Säcke für die Körner, die ich in meinem Haus aufstellen werde.«

Nachdem die Jungen gegessen und ihr die Schüsseln zurückgegeben hatten, überlegte die Spinnenfrau: »Es dauert doch recht lange. Eigentlich müßte die Medizin schon wirken. Oder sollte sie ausgerechnet diesmal versagen?«

Der ältere der beiden Brüder sprach: »Gestatte, Großmutter, daß wir einmal kurz hinausgehen. Wir wollen unser Wasser abschlagen. Aber wir sind gleich wieder da, und dann helfen wir dir bei der Arbeit.«

Als sie draußen allein waren, holte der Ältere ein kleines Säcklein hervor, in dem sich Pflanzenmehl befand. Davon stopfte er dem Jüngeren etwas in die Nasenlöcher und hieß ihn tief durchatmen. Sogleich begann der Jüngere sich zu erbrechen, bis sein Magen leer war. Der andere tat dasselbe. Dann gingen sie ins Haus zurück.

»Wirklich«, sprach die Spinnenfrau bei sich, »das sind die reinsten Wunderknaben.«

Und sie befahl ihren Töchtern, für die beiden jungen Männer etwas von den Kürbissen in einen Topf zu tun und aufzukochen.

»Nicht doch, Großmutter«, riefen sie, »wir haben gerade erst etwas gegessen. Wir sind noch satt.«

Aber den Kürbis mußten die Jungen essen, ob sie wollten oder nicht. Und unter den Kürbis hatte die Alte auch noch ein Gift gemischt.

Wieder gingen die Zwillinge vor das Haus und sorgten dafür, daß sie sich erbrechen konnten. Dann aber sagten sie zu der Spinnenfrau, ihr Besuch habe nun lange genug gedauert. Sie wollten sich jetzt verabschieden und heimgehen.

»Kommt gar nicht in Frage«, sagte die Spinnenfrau, »wo ihr doch nun einmal hier seid. Morgen feiern wir das ›Fest des Schädelbündels‹[1]. Da wird getanzt. Das müßt ihr ansehen.«

Also legten sich die beiden Jungen schlafen. Die Alte aber schlug ihr Lager vor der Hüttentür auf, damit es ihr nicht entging, falls sie versuchen sollten, sich davonzumachen.

Am nächsten Tag sagte die Spinnenfrau zu ihrem Besuch: »Nun kommt mit. Ihr müßt euch an dem Tanz, den wir abhalten, unbedingt beteiligen. Ich werde den Gesang übernehmen, euch aber zugleich auch tanzen helfen.«

Darauf ging sie hinaus und richtete im Osten der Hütte einen Tanzplatz ein. Inzwischen holte der ältere Bruder einen anderen Medizinbeutel hervor und rieb seinem jüngeren Bruder und sich selbst den ganzen Körper damit ein.

---

1 Das heilige Bündel der Pawnee. Auf eines der Kriegsbündel ist gewöhnlich ein Schädel aufgebunden. Dieses Bündel, das ursprünglich den Schädel des ersten Menschen trug, hatte Tirawa den Pawnee zum Schutz gegen ihre Feinde verliehen.

Er sagte: »Sie hat irgend etwas Schlimmes vor. Wir müssen auf alles gefaßt sein.«

Die Spinnenfrau kam und sagte, nun sei alles bereit, und sie begaben sich zu dem Platz, der an einer steilen Böschung lag. Hier stellte sie die Jungen auf. Sie erwartete, wenn sie tanzten, würde es ihnen von den Drehbewegungen schwindlig werden. Sie sollten die steile Böschung hinunterstürzen und sich dabei das Genick brechen. Sie begann also mit ihrem Gesang und immer, wenn sie einmal eine Pause machte, sagte sie sich: »Was sind das doch für zwei hübsche Burschen. Wenn sie hinuntergestürzt sind, werde ich hinabsteigen und ihnen in den Mund blasen, bis sich die Haut vom Fleisch löst. Ihre Häute will ich dann trocknen und daraus Säcke nähen, die ich im Haus aufstellen werde.«

Ihre Gesangsstrophe aber ging so:

»Ballt euch, ihr Wolken.
Schwarze Wolken, kommt rasch herbei.
Schneesturm soll wüten.
Froststarr werde die Welt!«

Und tatsächlich, kaum hatte sie zu singen begonnen, zogen sogleich von Norden her Wolken heran, denn die alte Frau hatte Macht über das kalte Wetter. Als sie die schwarzen Wolken rief, standen sie auch schon über ihr. Als sie den Schneesturm beschwor, begann es auch schon zu schneien, und der Wind fegte nur so heran. Als sie in ihrem Lied den Frost erwähnte, erstarrte prompt alles vor Kälte. Gleich zu Beginn des Liedes begannen alle nach der Melodie zu tanzen. Doch die Jungen wurden nicht schwindlig. Sie verwandelten sich in Schneevögel und tanzten in dieser Gestalt umher, das Gesicht immer gegen Norden gewandt.

Als die Spinnenfrau nun endlich einsah, daß sie keine Macht über die beiden hatte, daß all ihr Zauber versagte, gab sie es schließlich auf, sie zu schädigen, und sprach: »Ich will euch das Beste vorsetzen, was ich besitze. Fortan habt ihr nichts mehr zu befürchten. Meine Mädchen haben bereits das Mahl gerichtet.«

Doch die Jungen antworteten: »Nicht doch, Großmutter. Nun sind wir erst einmal an der Reihe. Jetzt werden wir singen und tanzen.«

»Ganz wie ihr wollt«, sagte die Spinnenfrau. »Aber bitte, beeilt euch. Ich habe Hunger.«

Da sangen die Jungen:

»Sturm, fort mit dir,
Wolken fort.
Sonne, unser Vater, Sonnengeist, scheine auf uns.«

Und so geschah es. Der Sturm war wie weggeblasen, und die Sonne kam hervor. Und die Jungen sangen weiter, während die Spinnenfrau tanzte:

»Komm näher, Vater, komm zu uns herab.
Heize ihr kräftig ein.«

Der Sonnengeist tat seine Schuldigkeit. Es wurde schließlich so heiß, daß sich die Alte den Schweiß von der Stirn wischen mußte. Und dabei hatte doch kurz vorher noch Frost geherrscht.

»Wir sollten jetzt besser ins Haus gehen«, sagte sie.

»Nicht doch«, sagten die Jungen, »jetzt sind wir erst richtig in Schwung!«

Und als dritte Strophe sangen sie:

»Jetzt scheint unser Vater auf uns herab mit all seiner Glut.
Wenn es noch welche gibt, die ihm dabei helfen, uns soll es nur recht sein!«

Während sie noch tanzten, sahen sie eine ganze Wolke Heuschrecken von der Sonne herabkommen. Die Alte bat die Zwillinge, den Heuschrecken Einhalt zu gebieten. Die sangen:

»Vater, Sonnengeist,
rufe die Heuschrecken wieder dorthin,
wo unsere Mutter, die Möndin, schon jetzt wohnt,
und wo unsere Großmutter bald wohnen wird!«

Die Heuschrecken erhoben sich wieder vom Boden, und es waren ihrer so viele, daß die Spinnenfrau mit hochgehoben wurde. Die Jungen aber hörten nicht auf zu singen. Immer höher trug der Heuschreckenschwarm die Spinnenfrau, bis hinauf in den Himmel.

Die Jungen aber sangen fort, bis die Tiere mit der Alten den Mond erreicht und sie dort abgesetzt hatten. Bei Vollmond kann man sie noch heute sehen. Sie zerrt ihre Kleider hinter sich drein, die um ihre Füße schlottern.

Die beiden jungen Männer aber gingen in die Hütte der Spinnenfrau und ließen deren Töchter frei. Jedes von den Mädchen nahm soviel Samen mit, wie es tragen konnte. Dann gingen sie zu den vier Dörfern der Pawnee, ein jedes der Mädchen in ein anderes und brachten den Leuten den Samen. Von den Untaten ihrer Mutter hatten sie nichts gewußt. Sie heirateten in den Stämmen, und von nun an war bei den Pawnee immer genügend Saatgut vorhanden.

Der Steinjunge

BRÛLÉ-SIOUX

Vor langer Zeit lebte einmal ein Mädchen mit ihren fünf Brüdern zusammen. Damals waren die Menschen hauptsächlich damit beschäftigt, sich ihre Nahrung zu suchen. Also kochte das Mädchen und nähte die Kleider, und die Brüder gingen auf die Jagd. Nun geschah es, daß sie ihr Zelt auf dem Boden eines Canyon aufschlugen. Es war ein unheimlicher, stiller Ort. Aber es gab einen Bach dort mit sauberem Wasser und viel Wild. In der Schlucht war es kühl im Sommer, und im Winter war man dort vor dem Wind geschützt. Wenn die Brüder fort waren und das Mädchen auf sie wartete, hörte sie manchmal merkwürdige Geräusche. Es kam ihr vor, als laufe da jemand herum, aber wenn sie hinaus vor das Zelt schaute, war da niemand.

Eines Abends nun kamen nur vier der fünf Brüder von der Jagd heim. Sie und die Schwester blieben die ganze Nacht über wach und fragten sich, was wohl aus dem fünften Bruder geworden sei. Am nächsten Tag zogen vier aus, aber nur drei kehrten heim. Wiederum einen Tag später waren es nur noch zwei. Das Mädchen fing an, sich Sorgen zu machen. Allein würde sie nicht überleben können.

In jenen Zeiten kannten die Indianer noch keine Zeremonien und Gebete, um sich zu schützen und zu stärken, und also war es nicht leicht für das Mädchen und die zwei Brüder, nachts an diesem unheimlichen Ort auszuharren. Am anderen Morgen zogen die zwei Brüder aus, am Abend kam nur einer zurück. Das Mädchen weinte und bat ihn, nicht mehr fortzugehen. Aber sie brauchten ja etwas zu essen, und so ging der letzte der Brüder am Morgen auf die Jagd. Ihn mochte sie von den Fünfen am liebsten. Auch er kehrte nicht heim. Nun war das Mädchen also ganz auf sich allein gestellt. Niemand brachte ihr Wasser und Nahrung, niemand war da, sie zu schützen.

Weinend verließ sie die Schlucht und stieg auf die Spitze eines Hügels. Sie wollte sterben, aber sie wußte nicht, wie sie das anstellen sollte. Da sah sie vor sich einen runden Stein liegen. Sie nahm ihn auf und schluckte ihn herunter, weil sie meinte, der Stein werde ihren Tod bewirken.

Ruhig ging sie dann zum Zelt zurück, darauf gefaßt, daß sie nicht mehr lange leben werde. Sie trank etwas Wasser und dann rührte sich etwas in ihr. Das war der Stein. Er sagte, sie brauche sich nicht zu fürchten. Das beruhigte sie etwas, aber schlafen konnte sie nicht, weil sie immer an ihre verlorenen Brüder denken mußte.

Am nächsten Tag hatte sie nichts mehr zu essen außer etwas Pemmikan und Beeren. Sie wollte essen und etwas Wasser aus dem Bach trinken, aber dann merkte sie, daß sie gar nicht hungrig war. Sie wurde ganz lustig. Sie lief herum und sang. Am Tag darauf ging es ihr noch besser. Sie fühlte sich so glücklich wie nie zuvor. Als nun der vierte Tag kam, an dem sie allein war, spürte sie einen Schmerz. »Das ist das Ende«, dachte sie, »jetzt werde ich sterben.« Sie fand das nicht schlimm, denn sie hatte ja mit ihrem Tod gerechnet. Aber statt zu sterben, gebar sie einen kleinen Jungen.

»Was soll ich mit diesem Kind«, sagte sie zu sich selbst. »Wie konnte ich es denn empfangen? Es muß von dem Stein kommen, den ich verschluckt habe.« Das Kind war stark. Es hatte strahlende Augen. Auch wenn sich das Mädchen schwach fühlte, war es ihr klar, daß sie sich um das Neugeborene kümmern mußte. Sie nannte es Iyan Hokshi, Steinjunge. Sie wickelte es in die Kleider ihrer Brüder. Tag für Tag wuchs es, zehnmal so rasch wie gewöhnliche Kinder, und es war schön und wohlgestaltet.

Bald merkte die Mutter, daß das Kind große Kräfte besaß. Eines Tages, als sie mit ihm vor dem Zelt spielte, machte es sich ganz von allein einen Bogen und Pfeile. Die Mutter betrachtete nachdenklich die Steinspitze des Pfeils und fragte sich, wie Steinjunge das nur zuwege gebracht haben mochte. »Es kommt vielleicht von dem Stein, den ich verschluckt habe. Er hat eine Steinnatur mitbekommen«, überlegte sie.

Das Baby wuchs rasch weiter, und bald konnte es gehen. Sein Haar wurde lang, und je weiter es heranwuchs, desto mehr begann die Mutter zu fürchten, sie werde ihren Sohn verlieren, so wie sie auch die fünf Brüder verloren hatte. Sie weinte oft, und obwohl er nie danach fragte, schien Steinjunge zu wissen, was der Grund war. Sehr bald war er auch groß genug, um allein auf die Jagd zu gehen, und als es dahin kam, hörte die Mutter gar nicht mehr auf zu weinen. Steinjunge kam ins Zelt und sagte: »Weine doch nicht! Es gefällt mir nicht, wenn du weinst. Es ist gar kein Grund dafür vorhanden.«

»Doch«, sagte die Mutter schluchzend, »du hattest fünf Onkel. Sie gingen auf die Jagd. Und einer nach dem anderen ist verschwunden.« Und dann erzählte sie ihm auch, wie sie den Stein verschluckt und wie sich darauf etwas in ihr geregt hatte.

»Das weiß ich alles«, sagte der Sohn. »Und jetzt werde ich ausziehen und nach meinen fünf Onkeln suchen.«

»Aber wenn du nicht zurückkehrst«, seufzte sie, »was soll ich denn dann tun?«

»Ich komme zurück«, sagte er zu ihr. »Ich komme mit den Onkeln zurück. Bleib du im Zelt, bis ich wieder da bin.«

Am nächsten Morgen brach Steinjunge auf und begann sich umzuschauen. Er ging umher bis zum Abend, und dann suchte er sich ein bequemes Plätzchen zum Schlafen. Er wanderte vier Tage umher, und am Abend des vierten

Tages roch er Rauch. Er ging dem Geruch nach und kam zu einem Tipi, aus dessen Feuerloch der Rauch aufstieg.

Das Zelt war alt und löchrig. Drinnen saß eine häßliche alte Frau. Sie sah den Jungen, rief ihn herein und lud ihn ein, über Nacht zu bleiben.

Steinjunge betrat das Tipi. Es war ihm nicht wohl dabei, und er war schüchtern. Er schaute sich um und sah fünf Bündel an der Zeltwand lehnen.

Die alte Frau kochte Fleisch, und als es gar war, aß er davon, aber es schmeckte ihm nicht.

Später gab sie ihm eine schmutzige alte Büffeldecke, darauf sollte er schlafen. Er spürte, daß eine Gefahr in der Luft lag.

»Ich habe Rückenschmerzen«, sagte die alte Frau, »ehe du dich schlafen legst, könntest du mir den Rücken massieren, indem du darauf hin- und herläufst. Ich bin alt, und niemand hilft mir, meine Schmerzen zu lindern.«

Sie legte sich also auf den Bauch, und der Junge tat wie ihm geheißen. Dabei sah er, daß sie unter ihrem Ledergewand etwas Scharfes verbarg. Es sah aus wie ein Messer, eine Nadel oder eine Speerspitze. »Vielleicht hat sie den scharfen Gegenstand dazu benutzt, meine Verwandten zu töten. Vielleicht hat sie ihn in Schlangengift getaucht.«

Plötzlich sprang Steinjunge so hoch in die Luft, wie er konnte, und landete dann wieder mit einem gewaltigen Plumps auf dem Rücken der Frau. Er sprang wieder und wieder, bis er völlig erschöpft war, aber bis dahin war die Alte auch mausetot. Darauf ging Steinjunge zu den Bündeln, die in Tierhäute eingeschlagen und mit einem Streifen Rawhide[1] zusammengebunden waren. Er öffnete sie und fand darin fünf Männer, verschrumpelt wie getrocknetes Fleisch und kaum noch von menschlichem Aussehen.

1 Eine Rinderhaut.

»Das müssen meine Verwandten sein«, überlegte er, aber er wußte nicht, wie er sie wieder lebendig machen sollte.

Vor dem Tipi lag ein Haufen Steine; runde, graue Steine. Plötzlich merkte er, daß sie redeten und daß er verstehen konnte, was sie sagten.

»Steinjunge«, hörte er sie sagen, »du bist einer von uns. Nun paß gut auf. Wir werden dir sagen, was hier zu tun ist.« Sie hießen ihn aus Weidenzweigen eine Hütte mit einem kuppelförmigen Dach errichten. Darauf sollte er es mit dem Gewand der alten Frau abdecken und die fünf vertrockneten Menschen in die Hütte legen.

Im Freien machte der Junge ein großes Feuer. Er legte die Steine hinein und verbrannte dann die Leiche der alten Frau. Als die Steine rotglühend leuchteten, fand der Junge ein Rehgeweih, und damit trug er einen Stein nach dem anderen in die Hütte. Er nahm den Wasserbeutel der Alten und trug die vertrockneten Männer in die Hütte. Darauf verschloß er den Eingang von innen mit einem Stück Büffelleder, so daß keine Luft hinaus- oder hereinkommen konnte. Dann goß er Wasser über die vertrockneten Männer und dankte den Steinen. Viermal goß er Wasser, viermal öffnete er die Türklappe und schloß sie wieder. Immer wieder dankte er den Steinen, und sie sprachen mit ihm. Und wenn er wieder einen neuen Guß getan hatte, konnte er um sich nichts sehen außer weißem Dampf. Beim zweiten Guß meinte er zu vernehmen, daß sich etwas rege. Er machte einen dritten Guß und begann zu singen. Und als er nun das vierte Mal Wasser ausgoß, wurden die fünf Verzauberten lebendig und begannen ebenfalls zu singen und zu sprechen.

»Ich glaube, sie sind wieder am Leben«, dachte der Steinjunge. »Jetzt will ich mir aber meine Verwandten einmal ansehen.«

Er öffnete die Türklappe ein letztes Mal, der Dampf zog ab und stieg zum Himmel auf in Gestalt einer gefiederten Wolke. Das Licht des Feuers draußen und das Mondlicht beleuchteten die kleine Schwitzhütte, und wirklich: da saßen fünf gutaussehende junge Männer.

»Ho, leski«, sagte der Steinjunge, »ihr müßt meine fünf Onkel sein.«

Sie nickten und lachten, froh darüber, daß ihnen das Leben zurückgegeben war.

Steinjunge aber sprach: »Dies war es, was meine Mutter – eure Schwester – sich so sehr gewünscht hat. Nun ist es wahr geworden.«

Und er erzählte ihnen: »Der Stein hat mich gerettet, und er rettete euch. Der Stein ist der Großvatergeist. Ihn müssen wir verehren. Diese kleine Hütte, diese Steine, das Wasser und das Feuer – all dies ist heilig. Wir werden es von nun an benutzen, um uns zu reinigen. All dies ist uns gegeben, damit wir gut leben. Wir werden ein Stamm sein. Von nun an werden wir ein Stamm sein.«

Der Schäbige bringt das Licht

Tolteken

Diese sehr alte Mythe stammt ursprünglich wohl aus Zentralamerika. Sie deutet darauf hin, woher die Sonnenkulte der Stämme, die nördlich des Rio Grande leben, ursprünglich stammen. Nanautzin ist ein toltekischer Prometheus, der sich selbst opfert, um das Licht in die Welt zu bringen.

Von daher enthüllen die Rituale der Sonnenanbetung im Südwesten, aber auch in den großen Ebenen bei den Prärie-Indianern mit ihren Opfern und selbstquälerischen Praktiken ihre tiefere Bedeutung.

Fünf Welten und fünf Sonnen wurden nacheinander geschaffen. Es gab die Sonne der Erde, des Feuers, der Luft, des Wassers und des Steins. Die erste Welt wurde zerstört, weil die Menschen Unrecht taten: Sie wurden von Ozelots verschlungen, und ihre Sonne starb auch. Die zweite Welt, die reine Welt, sah ihre menschlichen Wesen in Affen verwandelt. Sie besaßen nicht genügend Weisheit. Als nächstes kam die Sonne des Feuers, deren Welt durch die Flammen, Erdbeben und Vulkanausbrüche zerstört wurde, weil die Menschen den Göttern keine Opfer darbrachten. Die nächste Welt ging in einer Sintflut unter, in der auch die Sonne ertrank. Vor der Morgendämmerung der fünften Welt versammelten sich alle Götter, um zu entscheiden, wem die Ehre gebühren sollte, das Licht in der fünften Welt zu entzünden und damit die fünfte Sonne. Ein Gott, der Tecciztecatl hieß, meldete sich freiwillig und wurde deswegen von den übrigen Göttern hoch gepriesen. Nach Tagen der Reinigung errichteten die Götter einen Scheiterhaufen auf der Spitze einer Pyramide und sagten zu Tecciztecatl: »Nun erhelle die Welt!«

»Wie?« fragte Tecciztecatl, der in seinem Federkleid und geschmückt mit Gold und Türkisen dastand.

»Indem du ins Feuer springst«, sprachen die Götter.

Aber Tecciztecatl hatte Angst, er wollte nicht verbrannt werden. Viermal nahm er Anlauf, und viermal trieben ihn die Hitze, die Flammen und seine eigene Furcht zurück.

Dann erbot sich der niederste unter den Göttern, den sie nach seiner Kleidung aus Schilf und nach seinem häßlichen Aussehen auch »den Schäbigen« nannten, das Licht in der Welt zu erneuern und sich in die Flammen zu stürzen. Vorher hatte ihn niemand beachtet, aber nun riefen alle wie aus einem Mund: »Ja, Schäbiger, unternimm du es, die Sonne zurückzubringen.«

Ohne zu zögern, warf sich Nanautzin in die Flammen,

es gab von der brennenden Kleidung einen knackenden Laut, aber dann stieg die Flamme bis zum Himmel.

Beschämt durch den Schäbigen, überwand Tecciztecatl seine Feigheit und verbrannte sich ebenfalls. Sofort erhob sich eine starke Sonne über der fünften Welt und erhellte sie mit ihrem Licht.

Die Büffelfrau

CHEYENNE

Wer zu einem Helden werden will, der eines der entscheidenden Kulturgüter erfindet oder es von den Jenseitigen erlangt, der darf – so scheint diese Geschichte dem Leser zu bedeuten – vor persönlichen Opfern nicht zurückschrekken. Es stimmt nachdenklich, daß der Held trotz all seiner Ausdauer zum Schluß seine Frau und seinen kleinen Sohn nicht wieder gewinnt. Das verweist darauf, daß das Wohl der Gemeinschaft bei den Prärie-Indianern immer als ein höheres Gut angesehen wurde als das des Individuums. Der junge Mann erfindet für die frühe Menschheit Pfeil und Bogen, und bei seinen Abenteuern stellt sich auch heraus, daß der Mensch tierisches Fleisch essen kann. Die Entdeckung, daß man sich von Büffelfleisch ernähren kann, muß in der Tat für die Prärie-Indianer einen gewaltigen kulturellen Schritt bedeutet haben.

Einst war der Stamm verstreut. Er kampierte in kleinen Gruppen an verschiedenen Orten. In einem der Lager gab es einen stattlichen jungen Mann. Er sah gut aus. Sein Vater war stolz auf ihn. Er baute für ihn eine Hütte, in der der junge Mann allein leben konnte.

Verschiedene Mädchen hatten sich darum bemüht, ihn zu heiraten, aber er hatte sie abgewiesen.

Eines Tages kam ein Mädchen in sein Dorf, ein sehr schönes Mädchen. Sie hatte gelbes Haar. Sie gefiel ihm. Er nahm sie in sein Zelt. Danach kam ein anderes Mädchen. Sie hatte dunkles Haar. Er heiratete auch sie. Das erste der beiden Mädchen war ein Elch, das zweite eine junge Büffelkuh, aber der junge Mann wußte nichts davon.

Sie hatten menschliche Gestalt angenommen.

Der junge Mann lebte mit den zwei Frauen. Nach einiger Zeit gebar jede von ihnen ein Kind, und die Jungen wuchsen heran. Eines Tages stritten sich die Kinder.

Natürlich ergriff jede Mutter für ihr Kind Partei. Die Elchfrau war so zornig, daß sie das Lager verließ und ihren Sohn mit sich nahm.

Die Büffelfrau erklärte, nun wolle sie auch nicht länger bleiben. Auch sie ging fort. Dies geschah, während der junge Mann auf den Hügeln war, um sich nach seinen Hunden umzuschauen. Als er ins Lager zurückkehrte und feststellen mußte, daß beide Frauen fort waren, wurde er zornig und sprach zu seinem Vater: »Warum hast du es zugelassen, daß die Frauen fortgegangen sind? Warum hast du sie nicht aufgehalten? Ich sah sie gerade noch über den Hügel davonlaufen, als ich ins Lager kam.«

Der junge Mann nähte sich ein Paar Mokassins und sagte zu seinem Vater: »Ich gehe ihnen nach. Ich will versuchen, sie zurückzuholen.«

Er verließ das Lager und stieg auf einen Hügel. Als er oben angekommen war, hielt er inne und überlegte, welcher seiner beiden Frauen er folgen sollte. Er entschloß sich, der Büffelfrau nachzugehen. Er folgte über eine lange Wegstrecke hin ihrer Spur. Schließlich verwandelte sich die Fährte in die einer Büffelkuh und eines Büffelkalbes. Er ging nun auf dieser Fährte weiter bis zum späten Abend. Da sah er in der Ferne eine einsame Hütte vor sich. Es war die seiner Frau. Ein kleiner Junge spielte im Freien. Als er den Vater kommen sah, rannte er zur Mutter und rief: »Mutter, Mutter, mein Vater kommt!«

Die Frau sagte zu dem Kind: »Geh und begrüße deinen Vater. Sag ihm aber, er dürfe nicht näher herankommen. Er soll umkehren und wieder heimgehen. Sag ihm, daß ich in meine Heimat unterwegs bin, die weit fort von hier liegt.«

Der Junge tat, wie ihm geheißen, und als er vor dem Vater stand, richtete er ihm aus, was die Mutter ihm aufgetragen hatte. Aber der junge Mann weigerte sich heimzugehen. Er sprach: »Nein, ich liebe dich, Sohn. Ich folge dir.«

Er betrat die Hütte. Sie war ordentlich eingerichtet. Bei Nacht legte er sich links von der Tür neben den kleinen Jungen. Seine Frau lag rechts von der Tür. Als er am Morgen erwachte, war er allein. Auch die Hütte war fort. Er befand sich unter freiem Himmel auf offener Prärie.

Er stand auf und sah sich nach Spuren um. Er konnte die Spuren ausmachen, die die Zeltstangen beim Wegschleifen hinterlassen hatten, und folgte ihnen. Plötzlich hörte auch diese Spur auf, und wieder sah man nur die Fährten einer Büffelkuh und eines Kalbes. Den ganzen Tag über ging er den Tierspuren nach. Am Abend sah er vor sich einen Bach. Dort war wieder eine einsame Hütte, nämlich die seiner Frau und seines Sohnes. Der Junge sah ihn kommen. Er berichtete der Mutter davon, und diese schickte dem Mann dieselbe Botschaft wie schon am Tag zuvor. Wieder weigerte sich der Vater umzukehren. Er sprach: »Mein Sohn, ich folge dir um deinetwillen. Ich liebe dich.«

In dieser Nacht legte er sich wieder dicht neben das Kind, nahm es in die Arme und hielt es fest. Er dachte, so werde er merken, wenn es in der Nacht oder am frühen Morgen aufstehe. Aber am Morgen, als er erwachte, lag er abermals auf der offenen Prärie. Keine Hütte war mehr da.

An diesem Tag folgte er der Spur traurig und weinend. Am Abend tauchte wieder die Hütte vor ihm auf. Der Junge sah ihn, und die Frau schickte ihm durch den Jungen dieselbe Botschaft wie am Tag zuvor. Aber das Kind fügte hinzu: »Wir werden es schwer haben, dort, wo wir hingehen, etwas zu essen zu finden. Du mußt umkehren.«

Der Vater sagte: »Das ist mir gleich, mein Sohn. Ich folge dir und deiner Mutter.«

In dieser Nacht machte er das Kind an seinem Gürtel fest, weil er meinte, so könne es unmöglich durch Zauber entführt werden. Am Morgen war er wieder allein. Wieder ging er den beiden nach und holte sie am Abend ein. Als er die Hütte erreichte, ließ ihm die Frau durch den Jungen ausrichten, er solle endlich umkehren.

»Sie sagt«, erklärte ihm der Sohn, »daß wir nun schon recht nahe ihrer Heimat sind. Mein Großvater und meine Großmutter sind mächtige Leute. Sie könnten dich töten.«

Der Mann wollte nicht umkehren, sondern blieb in der Nacht wieder in der Hütte. Seine Frau legte sich neben ihn. Sie schlief mit ihm. Das machte ihm Hoffnung. Er versuchte, die ganze Nacht munter zu bleiben. Aber am nächsten Morgen fand er sich wieder allein.

Wieder verfolgte er die Spur der beiden, und wieder kam der Junge und sagte ihm, er müsse umkehren. Er sagte: »Es ist ein schlechter Ort, an den meine Mutter geht. Es wird gefährlich werden für dich, wenn du nicht umkehrst.«

Der Mann erwiderte: »Nein, mein Sohn, ich kehre nicht um. Ich folge dir und deiner Mutter. Ich liebe dich, und ich verlasse dich nicht.«

»Nun«, antwortete der Sohn, »es wäre wirklich besser, du gingest zurück. Dies wird eine lange Reise. Du wirst Durst leiden, denn es gibt in diesem Land kein Wasser.«

»Wie dem auch sei, mein Sohn«, beharrte der Vater, »ich folge dir.«

»Wenn du unbedingt entschlossen bist, mitzukommen«, sagte der Junge, »dann achte auf unsere Spuren, und wann immer ich einen Schritt zur Seite mache, ist dort Wasser zu finden. Außerdem will ich dir von Zeit zu Zeit eine Schale mit Fleisch hinstellen. Wenn du nun den Ort erreichst, werden meine Verwandten auf dich zukommen. Sie werden dich angreifen. Du darfst nicht vor ihnen davonlaufen. Du darfst dich nicht bewegen.«

Der Mann erinnerte sich an das, was sein Sohn ihm gesagt hatte, und genauso kam es auch. Die Büffelkuh und ihr Junges liefen weiter. Der Mann folgte ihnen rasch. Er wurde müde und sehr durstig, aber mehrmals fand er neben der Spur des Kalbes Wasser. Er fand auch die Nahrung, die ihm sein Sohn hingestellt hatte.

Am nächsten Tag erreichten die Frau und ihr Sohn die Heimat des Büffels.

Als die Tiere sie kommen sahen, sprachen sie zueinander: »Die Büffelfrau kommt. Sie bringt jemanden mit. Was sollen wir nun tun?«

Sie versuchten, einen Beschluß zu fassen, und endlich kamen sie überein, den Mann zu töten, wenn er nicht zur Umkehr zu bewegen sei. Sie schickten seinen Sohn zu ihm, um ihm das ausrichten zu lassen.

Als die Frau das Dorf erreichte, in dem die Büffel wohnten, lag der Mann auf dem Weg zum Dorf hin noch weit zurück. Als er näher kam, hielt er auf einem Hügel inne und blieb dort sitzen, klagend und weinend. Nach einiger Zeit kam der kleine Junge und sprach: »Besser du gehst. Mein Großvater und mein Onkel sind sehr üble Leute. Sie wollen dich töten.«

»Nein, mein Sohn. Ich folge dir. Ich liebe dich. Ich bin bereit, für meine Liebe zu dir zu sterben.«

Der Junge kehrte zu den Büffeln zurück und erzählte ihnen, was sein Vater gesagt hatte.

Der Häuptling der Büffel schickte nun seinen Sohn aus, um den Mann töten zu lassen. Der junge Büffel kam langsam den Hügel herauf. Oft blieb er stehen und wirbelte Staub auf. Als er ganz nahe an den Mann herangekommen war, senkte er seinen Kopf und stürmte gegen ihn an. Der bewegte sich nicht. Er saß regungslos da. Ehe sich der Büffel anschickte, ihn über den Haufen zu rennen, besann er sich dann doch noch anders. Er sah zu dem Mann hin und sagte: »I yo ho, mein Schwager besitzt ein starkes Herz.« Dann wandte er sich um und rannte den Hügel hinunter.

Als nächster kam der Schwiegervater des Mannes und wollte ihn töten. Er verhielt sich genauso, wie sein Sohn sich verhalten hatte. Er warf Staub auf, stürmte dann gegen den Mann an. Der aber bewegte sich nicht. Da hielt der alte Büffel inne und sagte: »I yo ho. Mein Schwiegersohn hat ein starkes Herz.«

Dann machte er kehrt.

Die Büffel berieten nun wieder, was weiter geschehen solle, und als sie zu einer Entscheidung gekommen waren, schickten sie den Sohn zu dem Mann hin, um ihm ausrichten zu lassen, wie ihr Beschluß lautete.

Der Sohn sagte: »Vater, sie werden dich jetzt herunter zur Herde rufen, und wenn du mich und meine Mutter nicht unter all den Tieren herausfindest, werden sie dich töten. Ich will versuchen, dir das Leben zu retten. Wenn du dich unter den Büffeln umsiehst, werde ich derjenige sein, der links von den anderen Kälbern steht und mit den Ohren wackelt. Auf den Höcker meiner Mutter werde ich eine große Zecke setzen. Meine Großmutter erkennst du an demselben Zeichen, aber bei ihr sitzt die Zecke mitten auf dem Rücken. Bei meinem Großvater sitzt das Tier am Kopf und bei meinem Onkel nahe dem Schwanzansatz. Schau genau hin.«

Der Häuptling der Büffel hieß seine Kälber, sich in Reihen aufstellen. Die jungen Kälber in eine Reihe. Die jungen Kühe in die nächste, dann die jungen Bullen und dahinter die alten Kühe und die alten Bullen. Darauf forderte er seinen Schwiegersohn auf, seinen Sohn, seine Frau, seinen Schwager, seine Schwiegermutter und ihn selbst in der Reihe der Tiere zu finden. Der Mann kam, und er fand sie alle. Da waren die Büffel sehr erstaunt und sprachen untereinander: »I yo ho, das ist ein großer Mann!«

Auf der Prärie, wo die Büffel lagerten, standen viele Bündel, die ihren Besitz enthielten. An den Bündeln hingen als Verzierung Quasten.

Der Junge sprach zum Vater: »Jetzt werden sie dich auffordern, das Bündel meiner Mutter herauszufinden. Ich werde einen kleinen Stock dort hineinstecken, wo die Schnüre zusammengebunden sind. So wirst du wissen, welches das rechte Bündel ist.«

Auch diese Prüfung bestand der Mann dank der Hilfe seines Sohnes.

Nun befahl sein Schwiegervater seinen Leuten, eine Hütte für ihn zu bauen. Er fragte: »Aber wie wollen wir diesen Menschen durchfüttern? Was können wir ihm zu essen geben? Die Nahrung, die er verträgt, haben wir nicht. Er kann nicht wie wir Gras fressen. Wir wollen einen Büffel töten und ihn von dessen Fleisch kosten lassen. Vielleicht schmeckt es ihm.«

Also töteten sie einen Büffel, und der Mann aß davon.

Der alte Büffel fragte seineTochter, ob ihrem Mann das Fleisch denn auch geschmeckt habe. Die Tochter antwortete: »Er mag es. Es schmeckt ihm.«

Während sich all dies zutrug, brach hin und wieder eine Abteilung mit Büffelkriegern auf, um nach dem Lager ihrer Feinde Ausschau zu halten.

Zu dieser Zeit kannten die Menschen noch keinen Pfeil und keinen Bogen. Sie lebten von Wurzeln und den Pilzen, die an alten Baumstämmen wuchsen, und von der weichen, inneren Borke gewisser Bäume. In jenen Tagen pflegten die Büffel die Menschen zu fressen.

Eines Tages ging der Mann dorthin, wo die Büffel kämpften, um zu sehen, was da geschah. Die Büffel hatten gerade eine große Anzahl von Leuten getötet und waren dabei, die Hinterteile aufzuhängen. Es kam den Mann schwer an, so viele Menschen tot vor sich zu sehen.

Eines Nachts hatte er einen Traum. Er träumte von einem Gerät, mit dem man Dinge, die sich weit fort befanden, durchbohren konnte. Er ging in die Hügel und dachte lange darüber nach, und endlich fand er ein solches Gerät.

Er nahm die Sehnen von dem Büffel, der getötet worden war, und einen Stock und fertigte einen Bogen: den ersten, der je gemacht worden ist.

Er nahm die Waffe nicht mit ins Lager, sondern versteckte sie auf den Hügeln. Noch hatte er keine Pfeile. Aber er sammelte kleine Stöcke. Er sah sich auf den Hügeln nach scharfen Steinen um und band sie mit dünnen Sehnenschnüren an seine Pfeile fest. Als die Pfeile fertig waren, verbarg er auch sie auf dem Hügel und ging heim.

Häufig kam er zurück und schoß mit ihnen, um sich zu üben.

Eines Tages, als der Mann wieder weit vom Lager entfernt draußen auf der Prärie umherging, sah er eine Herde Büffel angriffslustig über den Hügel stürmen. Er versteckte sich, kroch durch das Gras, um zu schauen, was sie tun würden. Als er nahe genug herangekommen war, sah er eine Gruppe von Menschen hinter einer Brustwehr, und die Büffel rannten gegen sie an. Die Menschen versuchten die Büffel mit Keulen abzuwehren. Durch die Brustwehr gelang es den Büffeln nicht, an die Menschen heranzukommen. Der Mann begann mit seinen Pfeilen die Büffel zu beschießen, und einige brachen tot zusammen. Die anderen aber riefen: »Lauft, hier gibt es eine mächtige Person!«

Die Büffel hatten schon einige Leute getötet und ihr Fleisch und das Fett an sich genommen.

Sie versteckten ihre Beute hinten in ihrem Hals und rannten. Der Mann sagte zu den Menschen, denen er geholfen hatte: »Zerlegt diesen toten Büffel und versucht sein Fleisch. Ich habe es schon probiert. Es ist wohlschmeckend.«

Er fertigte später viele Bogen und Pfeile für die Menschen, und von dieser Zeit an begannen sie sich zu verteilen und über die Prärie hin zu streifen – und so zu leben, wie Menschen eben leben.

Die Büffel aber rannten fort, sobald sie Menschen sahen, und griffen sie von sich aus nie mehr an. Der Mann aber wurde der erste Mensch mit großer Macht. Er hatte den Stamm gerettet.

So war es, als wir zu leben begannen.

Hinter der voranstehenden Geschichte steht eine andere, die, indianischen Überlieferungen folgend, Hans Peter Duerr in der Einleitung seines Buches »Sedna oder die Liebe zum Leben« so wiedergibt: Nach einer Überlieferung der Cheyenne zog einst, als dieser Stamm noch keine Büffel zu Pferde jagte und die Travois noch von Hunden gezogen wurden, ein junger Schamane mit einer Frau, die er entführt hatte, nach Norden, denn das Land war ausgedörrt und unfruchtbar, die Vegetation war verschwunden, und die Jagdtiere blieben aus. Nach einer langen Reise gelangten sie plötzlich in einen dichten Wald, und in der Mitte dieses Waldes ragte ein riesiger Berg in den Himmel.[1] Am Fuße des Berges stießen sie auf einen Felsen, und als sie ihn beiseite rollten, öffnete sich vor ihnen eine Höhle, die sie betraten. In ihrem Innern trafen sie auf den Großen Medizingeist (Maheo), der ihnen sagte, sie sollten sich genau an die Unterweisung halten, die er ihnen geben wolle. Täten sie das, so bewegten sich die himmlischen Gestirne wieder, denn der Dröhnende Donner würde sie wecken; die Sonne, der Mond und die Sterne würden die Erde wieder befruchten, und es würden sich wieder Tiere auf ihr tummeln. Er wolle den Indianern auch eine Zeremonie sowie dem Schamanen eine Büffelkappe, Is'siwun (esewon), geben, eine Kappe mit schlaffen Hörnern, die sich jedoch aufrichteten, wenn er sie bei der Zeremonie trüge. Mit dieser Kappe, fuhr der Große Geist fort, könne der Schamane fortan die Jagdtiere herbeiholen, insbesondere die großen Büffelherden. Alsbald ließen sich die beiden unterweisen, und während dieser Zeit beschlief auch der Große Geist die Begleiterin des Schamanen. Als sie schließlich die Höhle wieder verließen, verjüngte sich vor ihren Augen die ganze Erde und füllte sich mit Leben. Aus der Höhle aber strömten riesige Büffelherden, die den beiden folgten. Seit dieser Zeit heißt der Schamane Tomsivi, Aufrechte Hörner, und er war es, der den Sutaio, seinem Volk, das sich auf der Prärie den Tsistsistas, den

---

1 Möglicherweise ein Hügel in den Timber Mountains oder aber die Black Mountains. Der heilige Berg der heutigen Cheyenne ist Nowah'wus, das heißt »Der Berg, in dem Menschen unterrichtet werden«.

Der heilige Berg ist heute eine Touristenattraktion, ein Vergnügungszentrum, der jährlich von 100 000 Menschen besucht wird. Die Indianer haben dagegen vor dem Obersten Gericht der USA Klage erhoben. Im April 1982 sollten visionssuchende Indianer für das Betreten ihres eigenen Berges eine Gebühr entrichten, was sie freilich verweigerten.

eigentlichen Cheyenne, anschloß, jene Zeremonie brachte, in der er vom Großen Geist unterrichtet worden war. Hiohevéheyom, die »Hütte des Neuen Lebens«, heute meist »Sonnentanz« genannt.

Eine mehr humoristische Erklärung, wie die Büffel zu den Menschen kamen, geben die Apachen, die dieses Ereignis mit einer List des Tricksters (Schelm) Coyote in Zusammenhang bringen.

Wie den Menschen der Büffel geschenkt wurde

Apachen-Comanchen

In früher Zeit gab es ein mächtiges Wesen, das wurde Buckelrücken genannt. Ihm gehörten alle Büffel. Er hielt sie in einem Gehege im Gebirge im Norden von San Juan, wo er mit seinem jungen Sohn lebte. Nicht einen Büffel wollte Buckelrücken den Menschen auf der Erde gönnen, noch war er bereit, ihr Fleisch mit jenen zu teilen, die seine Nachbarn waren.

Der Coyote entschied, es müsse etwas geschehen, um die Büffel freizusetzen. Er rief die Menschen zusammen.

»Buckelrücken«, sagte er, »wird uns freiwillig keine Büffel herausgeben. Also müssen wir sie uns mit List holen.«

Sie bezogen also nahe dem Ort im Gebirge ein Lager und sahen sich nach Einbruch der Dunkelheit das Gehege genau an. Die Steinmauern waren zu hoch, um sie zu ersteigen. Der einzige Zugang führte durch die Hintertür von Buckelrückens Haus.

Nach vier Tagen beriet sich der Coyote wieder mit den

Menschen und bat sie um Vorschläge, wie man nun vorgehen wolle.

»Es ist aussichtslos«, sagte ein Mann. »Um an die Büffel zu kommen, müssen wir durch Buckelrückens Haus, und das wird er nicht zulassen.«

»Nun, ich habe einen Plan«, sagte der Coyote, »vier Tage lang habe ich Buckelrücken und dessen Sohn bei ihrem Tagesablauf genau beobachtet. Habt ihr nicht gesehen, daß der Junge ein Schoßtier hat?«

Die Leute begriffen nicht, was das mit der Befreiung der Büffel zu tun habe, aber sie wußten, daß der Coyote oft schlaue Einfälle hatte, und warteten nun, daß er ihnen erklären werde, was geschehen solle.

»Am Morgen, wenn der Sohn zur Quelle geht, um Wasser zu holen«, sagte der Coyote, »werde ich mich in einen Vogel mit gebrochenem Flügel verwandeln. Er wird den Vogel finden und ihn als Schoßtier mit ins Haus nehmen. Bin ich erst einmal im Haus, kann ich zur Einzäunung fliegen. Meine Rufe werden unter den Büffeln eine Panik auslösen. Sie werden durch Buckelrückens Haus gestürmt kommen, und draußen dann fangen wir sie uns.«

Die Menschen fanden diesen Plan ausgezeichnet, und am nächsten Morgen, als Buckelrückens Sohn den Pfad zur Quelle entlangkam, lag da ein Vogel mit einer verletzten Schwinge. Wie der Coyote vorhergesehen hatte, hob der Junge den Vogel auf und trug ihn ins Haus.

»Schau mal«, rief er, »ist das nicht ein schöner Vogel.«

»Unsinn«, rief Buckelrücken, »alle Vögel und Tiere und alle Menschen sind Schurken.« Über seiner häßlichen Nase trug er eine blaue Maske, und durch deren Schlitze sah man seine Augen glitzern. Sein Kopfschmuck sah aus wie eine schwarze Wolke mit gelben Zickzackstreifen, die die Blitze darstellen sollten. Büffelhörner standen an seinen Schläfen vor.

»Es ist ein schöner Vogel«, sagte der Junge.

»Trag ihn wieder dorthin, wo du ihn gefunden hast«, rief Buckelrücken, und sein eingeschüchterter Sohn tat wie ihm geheißen.

Kaum war der Vogel wieder freigelassen, da flog er zu dem Platz, an dem die Menschen lagerten, und verwandelte sich wieder in einen Coyoten zurück. »Es hat nicht geklappt«, sagte er, »aber das macht nichts. Ich versuche es morgen gleich noch einmal. Vielleicht ist ein kleines Tier besser als ein Vogel.«

Als Buckelrückens Sohn am nächsten Morgen zu der Quelle ging, fand er dort einen kleinen Hund, der Wasser trank. Der Junge hob ihn auf und lief rasch mit ihm ins Haus zurück.

»Schau hier«, sagte er zu seinem Vater, »das ist doch nun wirklich ein nettes Schoßtier.«

»Wie dumm du bist, Junge«, brummte Buckelrücken, »ein Hund ist zu nichts nutze. Ich werde ihn mit meiner Keule töten.«

Der Junge hielt das Tier fest an sich gedrückt und lief fort damit.

»Ich will ihn behalten ... den gebe ich nicht wieder her!« rief der Junge.

»Na, meinetwegen«, sagte Buckelrücken, »aber erst laß mich sehen, ob das Tier tatsächlich ein Hund ist. Alle Tiere auf der Welt haben Böses im Sinn.« Er nahm Kohle vom Herdfeuer und brachte sie immer näher an die Augen des Hündchens heran, bis dieses dreimal kräftig bellte.

»Es ist tatsächlich ein Hund«, sagte Buckelrücken. »Aber laß ihn in der Umzäunung bei den Büffeln und bring ihn mir tagsüber nicht ins Haus.«

Das war natürlich genau das, was der Coyote wollte. Sobald es dunkel geworden war und Buckelrücken und sein Sohn schliefen, öffnete er die Hintertür des Hauses und bellte, so laut er konnte. Die Büffel erschraken, denn sie hatten noch nie zuvor einen Hund bellen hören. Und als der Coyote dann noch unter ihnen umherlief und sie in die Beine biß, kannten sie kein Halten mehr, sie rannten zu Buckelrückens Haus und polterten zur Hintertür herein. Ihr Hufschlag weckte Buckelrücken. Er war im Nu aus dem Bett und wollte die Tiere aufhalten. Aber es war zu spät. Sie hatten schon die Vordertür eingedrückt und waren entwischt.

Nachdem das letzte der Tiere davongelaufen war, konnte der Junge seinen kleinen Hund nicht finden.

»Wo ist denn mein Schoßtier ... wo ist mein süßer kleiner Hund?«

»Dein süßer kleiner Hund«, äffte ihn Buckelrücken nach, »hast du's immer noch nicht begriffen? Dein süßer kleiner Hund war der Coyote. Und er hat die Büffel freigesetzt.«

Und von da an gehörten die Büffel allen Indianern, und sie breiteten sich über die ganze weite Prärie hin aus.

Männer, Frauen und die Liebe

Spruch, um Liebe anzuziehen

CHEROKEE

In der Cherokee Reservation in North Carolina wurde von James Mooney im vorigen Jahrhundert eine ganze Anzahl heiliger Sprüche aufgezeichnet. Sie beziehen sich auf fast jeden Bereich des täglichen Lebens, einschließlich Medizin, Liebe, Jagd, Krieg etc. Sie wurden von dem Schamanen des Stammes entworfen und in der 1821 von Sequoyah erfundenen Cherokee-Schrift niedergelegt. Der nachstehende Liebeszauber scheint vom Liebenden selbst rezitiert worden zu sein, nicht vom Schamanen. Blau ist die Farbe des Kummers, Weiß die Farbe der Freude.

Kú! Höre! In Alahíyi ruhst du aus, schreckliche
Frau.
Komm näher, schenk mir Gehör.
Dort in Alahíyi ruhst du aus, o weiße Frau.
Niemand ist einsam, wenn er bei dir ist.
Du bist am schönsten.
Augenblicklich und auf der Stelle hast du mich in
einen weißen Mann[1] verwandelt.
Niemand ist einsam, wenn er mit dir ist.
Nun hast du den Pfad für mich weiß gefärbt.
Ich werde nie mehr elend sein.
Ich werde nie mehr traurig sein.

Du hast mir die weiße Straße gebracht.
Dort in die Mitte der Erde hast du mich gesetzt.
Keiner ist mehr einsam,
wenn er bei mir ist.

---

1 Bezieht sich auf die Farbe der Freude.

Ich werde aufrecht stehen auf der Erde.
Niemand ist je mehr einsam,
wenn er bei mir ist.
Ich bin sehr schön. Du hast mich in ein weißes
Haus gesetzt.
Ich bin darin, während er herumfährt.
Und niemand wird je mehr einsam sein.
Wahrlich, ich werde nie trauern.
Augenblicklich hast du dafür gesorgt,
daß ich bei mir selbst bin.

Und jetzt in Alahíyi hast du's der blauen Frau
vergolten.
Du hast den Weg für sie blau gemacht.
Laß sie völlig in Einsamkeit verschleiert.
Stell sie auf die blaue Straße.
Und jetzt bring sie herab.
Stell sie auf diese Erde.
Wohin auch immer sie den Fuß setzt, wohin
auch immer sie geht,
laß die Einsamkeit ihren Gefährten sein.

Ha, ich gehöre zum Wolfsklan.
Zu denen, die dir anvertraut sind.
Niemand ist einsam, wenn er mit mir zusammen
ist.
Ich bin schön.
Laß sie ihre Seele mitten in mein Herz spiegeln.
Mach, daß inmitten unter vielen Männern
sie keine Augen für diese hat...
Ich gehöre zu einem Klan, der dir anvertraut
worden ist,
als die sieben Klane geschaffen wurden.

Wo andere Männer leben, ist es einsam.
Sie sind verächtlich.
Die gemeine Wildkatze hat sie zu ihresgleichen gemacht.
Sie sind nur ihrer Gesellschaft würdig.
Sie sind ein Nichts,
sie sind verächtlich.
Das gemeine Opossum hat sie zu seinesgleichen gemacht.
Mit dergleichen können sie umgehen.
Sie sind verächtlich.
Die Krähe hat sie zu ihresgleichen gemacht.
Sie sind verächtlich.
Die Nebelkrähe hält sie für ihresgleichen.
Das ist der rechte Umgang für sie.
Sie sind höchst verächtlich.

Bei all den anderen aus den sieben Klanen
fühlt man sich einsam.
Sie sehen nicht gut aus.
Schon wie sie gekleidet sind!
Sie gehen umher, gekleidet in Dung.
Ich aber – mir war bestimmt von dir, daß ich ein weißer Mann werde.
Deine Seele ist in der Herzkammer meiner Seele.
Ich, Gatiwanasti. Ich besitze deine Seele. Sgê!

Die Frau, die den Mondmann liebte

Bilchula

Geschichten von Liebesbeziehungen des Mondes (hier männlich) mit irdischen Frauen sind in der nordamerikanischen Folklore häufig. Die Geschichte von der treulosen Frau und der Rache des Ehemannes wird überall im nördlichen Nordamerika in zahlreichen Varianten erzählt. Selch ist die oberste Gottheit dieses Stammes. Er und der kulturbringende Held, Masmasalanich, treten bei den winterlichen Tanzfesten der Bilchula als Masken auf. Diese entsprechen genau denen der Kwakiutl. Es sind Veranstaltungen der einzelnen Geheimgesellschaften, vor allem des »Kannibalenbundes«, deren maskierte Mitglieder vorführen, wie sie zu ihrem Schutzgeist kamen und welche übernatürlichen Fähigkeiten ihnen durch diesen verliehen wurden.

Ein Ehemann schickte seine Frau jeden Tag in den Wald, damit sie dort Beeren sammle. Eines Tages sah sie der Mann im Mond, der Sohn Senchs. Er verliebte sich in sie und stieg vom Himmel herab, um mit ihr zu schlafen. Darauf kehrte er in den Himmel zurück. Die Frau kam ohne Beeren nach Hause. Das ging so Tag für Tag, bis es dem Ehemann auffiel. Da beschloß er, ihr nachzugehen und zu schauen, was sie da eigentlich im Wald treibe. Er überraschte das Paar, als es sich liebte. Ohne daß sie ihn bemerkt hätten, schlich er nach Hause zurück und beschloß sich zu rächen. Am nächsten Tage sagte er zu seiner Frau: »Du findest ja doch keine Beeren. Heute will ich einmal in den Wald gehen und schauen, ob es tatsächlich keine gibt.«

Er setzte sich den Hut seiner Frau auf, hängte sich ihren Umhang über die Schultern, hielt darunter ein Messer bereit und ging zu dem Platz, an dem er die Liebenden belauscht hatte. Es dauerte nicht lange, da kam der Mondmann, und als der ihn umarmen wollte, schnitt er ihm kurzerhand mit dem Messer den Kopf ab. Er trug den Kopf heim und stellte ihn vor seine Frau hin. Sie begann zu jammern und zu weinen. Der Mann aber holte alle Nachbarn herbei, weil er wissen wollte, wer der Mann sei, mit dem ihn seine Frau betrogen hatte. Aber keiner von den Leuten hatte ihn je zuvor gesehen. Sench aber stieg zur Erde herab, um seinen Sohn zu suchen. Endlich kam er auch zu dem Mann, der an dem Liebhaber seiner Frau Rache genommen hatte. Sench fragte: »Hast du meinen Sohn gesehen?«

»Nein, deinen Sohn kenne ich nicht.«

Da erblickte Sench den Kopf seines Sohnes, der über dem Feuer hing. Er geriet außer sich vor Zorn. Er machte ein großes Feuer, und alle Menschen kamen darin um. Nur die Geliebte des Mondmannes blieb verschont. Sie hatte, ehe der Fluß austrocknete, einen Eimer voll Wasser aus dem Fluß geschöpft. Im Wasser waren auch viele kleine Fische. Nach dem Feuer schüttete sie sie wieder in den Fluß. Sie vermehrten sich rasch. Die Geliebte des Mondes gebar Zwillinge. So begann die Menschheit von neuem. Ehe ihnen Sench verzieh, ernährten die Menschen sich ausschließlich von Fischen.

Der verzauberte Baum

Chilcotin

Die Spinnenfrau gehört als zumeist wohltätige, manchmal aber auch hexenhafte Frau zu den wichtigsten mythologischen Gestalten des Westens und Südwestens. Bei den Navajo zählt man sie zu den heiligen Leuten. Unter anderem lehrte sie die Menschen weben und auf die vier Warnungen, die ihren Tod ankündigen, zu achten. Bei den Kiowa ist die »Schwarze Alte Spinnenfrau« eine handfeste und hilfsbereite alte Dame, die dem Sonnensohn hilft, wenn er zufällig an ihrer Wohnung vorbeikommt. Sie schlägt ihm vor, bei ihr zu übernachten, ehe er sich auf seine gefährliche Queste begibt. Als er eintritt, stößt er auf viele hübsche Spinnenmädchen, die nackt daliegen. In der Mythologie der Cœur d'Alène, eines Stammes auf dem Plateau des Nordwestens, sind Spinnenfrauen ebenfalls wohltätige Wesen. Sie leben im Himmel und helfen, den Sohn des Coyoten in einer Kiste wieder auf die Erde zurückzubringen.

Es waren einmal ein alter Mann, ein junger Mann und zwei Frauen, die lebten zusammen. Die Weiber waren die Ehefrauen des jungen Mannes. Nun benötigte der junge Mann eines Tages einige Federn für seine Pfeile. Auf einem hohen Baum sah er ein Falkennest, und er begann hinaufzuklettern, um sich Falkenfedern zu holen. Der alte Mann war eifersüchtig auf den jungen Mann. Er war ihm nachgeschlichen. Als er sah, daß der Junge den Baum erklomm, gebrauchte er einen Zauber und ließ den Baum höher und höher wachsen. Gleichzeitig löste sich die Rinde vom Stamm, und der Stamm wurde glitschig. Der junge Mann war nackt hinaufgestiegen. Nun saß er auf der Spitze des Baumes und konnte nicht mehr herunter.

Als der junge Mann am Abend immer noch nicht heimgekehrt war, hieß der Alte die beiden Frauen das Lager abbrechen und ihm folgen.

Am nächsten Morgen brachen sie auf. Einer der beiden Frauen gefiel der alte Mann, die andere aber, die ein Kind hatte, verabscheute ihn, und als sie am Abend ihr Lager aufschlugen, nahm sie ihr Kind und machte außerhalb des Lagers ein Feuer. Als der Mann kam, um mit ihr zu schlafen, zerkratzte sie ihm das Gesicht. Da ließ er von ihr ab.

Einige Tage vergingen.

Die ganze Zeit saß der junge Mann im Wipfel des Baumes, und da es kalt war und er keine Kleider hatte, nahm er sein Haar, das recht lang war, wob Federn hinein und verfertigte sich so eine Decke, die ihn schützte. Die kleinen Vögel, die ihre Nester am Rande des Falkennestes bauten, versuchten, ihn auf die Erde hinabzutragen, aber er war zu schwer. So mußte er bleiben, wo er war.

Endlich sah er unten eine alte Frau vorbeikommen. Sie lief vornübergebeugt und stützte sich mit jeder Hand auf einen Stock. Sie trat an den Stamm heran und begann hinaufzuklettern, und als sie oben bei dem jungen Mann angekommen war, stellte sich heraus, daß es die Spinnenfrau war. Die Spinne wob ein Netz, und aus dem Netz drehte sich der junge Mann ein Seil, an dem ließ er sich vom Baum herab. Er lief zu dem alten Lager und fand es verlassen, aber er entdeckte die Spuren der beiden Frauen und des alten Mannes und folgte ihnen. Lange mußte er suchen und wandern, bis er endlich die Gruppe in einiger Entfernung vor sich sah.

Zuerst traf er auf die Frau, die den alten Mann abgewiesen hatte. Auch unterwegs hielt sie sich mit dem Kind von den beiden anderen fern. Als nun das Kind sich umschaute und den jungen Mann sah, der ihnen folgte, rief es: »Schau Mutter, dort ist mein Vater!«

Aber die Mutter antwortete: »Du träumst, mein Kind. Dein Vater ist tot. Er muß im Wald umgekommen sein.«

Dann aber schaute sie selbst genauer hin. Sie erkannte ihren Mann und wartete voller Freude, bis er herangekommen war. Sie erzählte ihm, was geschehen war und wie der Alte versucht hatte, beide Frauen zu verführen, daß sie ihn abgewiesen, die andere aber mit ihm das Lager geteilt habe. Nun trug die Frau einen großen Korb bei sich, in den stieg der junge Mann, und seine Frau breitete noch eine Decke über ihn, damit man ihn nicht sogleich entdecke. Die Spinnenfrau ließ seinen Körper so leicht wie Federn werden. Am Lagerplatz stellte die Frau den Korb neben das Feuer. Darüber wurde der alte Mann zornig. Er nahm den Korb und trug ihn ein Stück fort. Die Frau, die ihrem Mann treu geblieben war, holte ihn wieder zum Feuer zurück. Diesmal schlug sie der Alte. Da sprang der junge Mann aus seinem Versteck hervor. Er erschlug den alten Mann. Er tötete auch die treulose Frau, und mit der anderen Frau und dem kleinen Jungen kehrte er ins Lager zurück, in dem sie gewohnt hatten, ehe er auf den Baum gestiegen war, um Federn zu suchen. Den Baum aber fällte der junge Mann, damit niemand anders durch den Zauber, der auf dem Baum lag, zu Schaden komme.

Der Schmetterlingsmann

MAIDU

Vergeblich haben Ethnologen und Linguisten herauszufinden versucht, wer die Tolowin sind. Es gab keinen Stamm dieses Namens. Vielleicht meinten die Maidu damit die Frauen, die flußabwärts oder flußaufwärts lebten. Der Tenor der Geschichte schwankt zwischen Faszination und Entrüstung. Zwischen den Zeilen kann man lesen: Eine

Maidu-Frau kann nicht so schlecht sein wie die Frau in dieser Geschichte.

Theodora Kroeber hat vorgeschlagen, den Text als den Tagtraum einer Maidu-Frau aufzufassen. Die Botschaft des Textes lautet natürlich: Eine Mutter, die in der Wildnis ihr Baby auch nur vorübergehend allein läßt, muß ein böses Ende nehmen.

Es war Frühling am Fluß, und die Tolowin-Frau war ruhelos und einsam. Der Tolowin-Mann war den Fluß hinuntergezogen, um Lachse zu stechen. Sie wußte, wenn er zurückkam, würde er zu den anderen Männern ins Schwitzhaus gehen. Dies war die Zeit des Rehtanzes, die Zeit, in der eine Frau als unrein gilt und ihr Mann sie meidet, wenn er an diesem Tanz teilnehmen will. Der Tolowin-Mann mußte sich rein halten, denn er gehörte zu den Tänzern, die die Rehe verkörpern, und dies ist eine gefährliche Angelegenheit. Um diese Zeit bleibt eine gute Frau daheim und sieht gewissenhaft darauf, daß sie kein Tabu verletzt, denn das könnte Auswirkungen auf das Jagdglück der Männer haben.

Die Tolowin-Frau war eine gute Frau, aber sie wußte auch, daß im Frühjahr die wilden Schwertlilien in den Bergen blühen. Die Tolowin-Frau konnte das Geschwätz der anderen Frauen nicht mehr hören. Frauenstimmen waren ihr plötzlich verhaßt. Sie setzte ihren Korbhut auf, nahm das Wiegenbrett mit dem Baby auf ihren Rücken und kroch durch die Vordertür aus der Hütte.

Draußen richtete sie sich dann auf, blickte noch einmal zum Fluß hinab, wandte sich dann um und lief hinauf in die Berge.

Die Sonne war hell und heiß. Nachdem sie ein Stück des Weges bergauf gegangen war, kam sie außer Atem. Sie streifte das Wiegenbrett ab, stellte es in den Schatten eines

Manzanitabusches und setzte sich auf den Boden, um auszuruhen.

Wie sie dort saß, flatterte ein Schmetterling herbei. Er strich dem Baby über den Arm. Das Kind lachte und versuchte, ihn zu erhaschen.

Der Schmetterling strich der Tolowin-Frau über die Wange. Auch sie lachte und versuchte, ihn zu fangen. Der Schmetterling ließ sich einen Augenblick auf einem Zweig eines Manzanitabusches nieder. Die Tolowin-Frau lachte wieder. Sie beugte sich vor, um den Falter mit ihrem Hut zu bedecken. Aber er flog zum nächsten Busch. Sie stand auf und lief ihm nach.

Sie wünschte sich diesen Schmetterling. Er war groß mit starken Flügeln und sehr schön. Die Schwingen waren mit Bändern gezeichnet, die hatten das Schwarz von Muschelschalen, und die Streifen glänzten scharlachrot wie die Federn auf dem Schopf eines Spechtes.

Sie wünschte sich so sehr, diesen Schmetterling zu besitzen. Er war immer ganz nahe vor ihr, und immer schien es, daß sie ihn beim nächsten Schritt fangen werde. Immer wieder aber huschte er fort und entkam.

Sein Flugweg war nicht vom Zufall bestimmt. Er lockte sie immer weiter vom Fluß fort und immer weiter hinauf in die Berge.

Die Tolowin-Frau sah sich um. Ihr Kind schlief friedlich im Schatten des Manzanitabusches. Der Schmetterling würde bald ermüden. Sie wollte ihm noch über den nächsten Hügel folgen und dann zu dem Kind zurückkehren.

Aber der Schmetterling ermüdete nicht, und ihr gelang es nicht, ihn zu fangen, ihn zu besitzen. Den ganzen Nachmittag über lockte er sie weiter und weiter. Ihr Lederhemd war schmutzig und zerfetzt von den Dornen an den Büschen. Sie hatte ihren Hut verloren, aber sie war nicht stehengeblieben, um ihn aufzuheben. Die Muschelkette um ihren Hals war zerrissen. Endlich ging die Sonne unter. Weit landeinwärts in den Bergen, die sie nicht kannte, sank die Tolowin-Frau erschöpft zu Boden. Der Schmetterling machte sofort kehrt und flog zu ihr hin. Er ließ sich neben ihr nieder. In der Abenddämmerung sah sie, wie er sich in einen schlanken, schönen Mann verwandelte, nackt, nur mit einem Gürtel aus Schmetterlingen um seine Hüfte, mit langem Haar, das von einem schwarzroten Stirnband gehalten wurde.

Zusammen verbrachten sie die Nacht. Am Morgen fragte der Schmetterlingsmann die Tolowin-Frau: »Willst du mit mir gehen?«

Sie antwortete: »Ja, ich will.«

Dann sagte er zu ihr: »Das ist gut. Wir müssen noch einen Tag reisen, dann sind wir in meinem Land, und dort werden wir glücklich leben. Aber es ist eine lange und gefährliche Reise, meine Geliebte. Wir müssen das Tal der Schmetterlinge durchqueren, und sie werden versuchen, mich dir zu entreißen. Du mußt genau das tun, was ich dir sage, dann werden wir die Gefahr überstehen.«

Das versprach sie, und er sagte: »Bleibe dicht hinter mir. Tritt dorthin, wohin ich getreten bin. Halte dich mit beiden Händen an meinem Gürtel fest. Laß auch nicht einen Augenblick los. Und sieh keinen Schmetterling an, ehe wir nicht das Tal hinter uns gelassen haben. Gehorche mir nur dieses eine Mal, und du wirst für immer sicher sein. Und denke daran, ich verliere die Kraft, die dich schützt, wenn deine Hände nicht auf meinem Gürtel liegen.«

Sie brachen auf. Der Schmetterlingsmann ging voran. Die Tolowin-Frau folgte. Sie faßte den Gürtel fest mit beiden Händen und sah zu Boden. So kamen sie in das Tal der Schmetterlinge und gingen eine Zeitlang im Tal dahin. Der Boden war hart, aber der Schmetterlingsmann lief mit schnellen, sicheren Schritten.

Schmetterlinge saßen auf den Felsen, über die sie klettern mußten. Schmetterlinge schlugen gegen ihre Beine, setzten sich ihnen ins Haar und flatterten vor ihren Gesichtern. Das ganze Tal war voller Schmetterlinge. Lange Zeit dachte die Tolowin-Frau daran, was der Schmetterlingsmann ihr gesagt hatte. Sie hielt ihre Hände auf seinem Gürtel und blickte zu Boden. Aber dann tanzte plötzlich ein Schmetterling, schwärzer noch als ihr Schmetterlingsmann und strahlend wie eine Krone, vor ihr. Er tänzelte um ihre Brüste, vor ihren niedergeschlagenen Augen und ließ sich für Augenblicke auf ihren Lippen nieder. Dann flog er langsam fort. Sie stöhnte vor Erregung. Ihre Augen verfolgten seinen Flug, und sie nahm eine Hand vom Gürtel und griff gierig nach ihm.

Er war fort.

Aber sogleich tanzten Hunderte, Tausende anderer Schmetterlinge vor ihr, sie schlugen gegen ihre Augen, ihre Wangen und ihren Mund. Sie waren schwarz und reinweiß, blaßgolden, sumpfgrün und purpurrot.

Sie wollte sie alle, und so ließ sie den Gürtel des Schmetterlingsmannes los und griff nach ihnen mit beiden Händen. Nicht einen konnte sie erhaschen.

Der Schmetterlingsmann blieb weder stehen, noch sah er sich um. Und während sie einmal diesem, einmal jenem Schmetterling nachjagte, stolperte, hinfiel und sich wieder aufraffte und doch nie eines der Tiere fing, entfernte sich ihr Geliebter mehr und mehr, sie aber achtete nicht darauf. Wie im Wahnsinn jagte sie immer wieder von neuem den gaukelnden Schmetterlingen nach.

Ihre Zöpfe gingen auf. Ihr Rock verfing sich an einem Busch und zerriß. Sie warf ihn fort. Ihre Mokassins gingen in Fetzen. Nackt, mit aufgelösten Haaren, von den Felsen am ganzen Körper zerschunden, setzte sie ihre hoffnungslose Jagd fort. Der Schmetterlingsmann war verschwunden. Er hatte das Tal durchquert und sein Land erreicht. Die Tolowin-Frau folgte einem Schmetterling und verlor ihn aus den Augen. Sie jagte einem anderen nach und verlor auch ihn. So ging es immer weiter, und immer unsicherer wurden ihre Schritte. Dann blieb ihr Herz stehen. Das war das Ende der Tolowin-Frau.

Liebeszauber

YANA

Dieser Liebeszauber ist die Beschwörung, die ein Mädchen des Yana-Stammes spricht, um zu bewirken, daß ihr Geliebter zu ihr kommt und ihr treu ist. Die Yana sind die Nachbarn der Wintu und Maida im Inneren des nördlichen Kaliforniens. Sie leben an den Flüssen, die am östlichen Abhang des Mount Lassen entspringen und in den Sacramento River münden. Der weiße Kegel des Mount Shasta, der Heiligkeit auszustrahlen scheint, ist fast überall in dieser Landschaft zu sehen.

Angemerkt werden muß, daß es den Mut der Verliebten brauchte, um ein Yana-Mädchen zu veranlassen, am Pfad außerhalb der Siedlung zu warten, bis der geliebte Mann vorbeikommt. Ein solches Verhalten verstößt eindeutig gegen die guten Sitten. Als er an ihr vorbeigeht, ist sie zu schüchtern, um ihm ins Gesicht zu schauen, was den Grund ihrer Anwesenheit klarstellen würde. Die »Geschenke«, die er macht, weisen auch auf eine gewisse Scheu auf seiten des Mannes hin, sie sind jedenfalls nicht Gesten einer in der Liebe erfahrenen Person. Bei dem »Schmuck« dürfte es sich um Blumen oder eine Kette aus Süßgras handeln – rasch vergänglich und ohne materiellen Wert.

Die ganze Nacht träume ich von ihm.
Und sobald es hell wird,
stehe ich auf und kleide mich an.
Ich gehe nach draußen und warte,
ob er vorbeikommt.

Wenn ich ihn schließlich auf mich zukommen sehe,
klopft mein Herz.
Ich wage es nicht, ihn anzuschauen.
Ich hebe den Blick nicht.
Er geht nahe an mir vorbei.
Und manchmal gibt er mir eine Blume, die er gepflückt hat,
oder süßes Gras,
aus dem er ein Armband geflochten hat.
Ich trage die Blume
selbst dann noch, wenn sie verwelkt ist.
Ich trage das Armband,
wenn es schon in Stücke zerfällt.

Wenn er vorbei ist,
blicke ich auf,
und sage den Zauberspruch, während ich ihm nachsehe,
damit er wieder zu mir zurückkommt.
Ich sage:
Suwa!
Mögest du zurückkommen
und mich anschauen.
Mögest du nur mich sehen,
wohin immer du schaust.
Mögest du immer nur an mich denken,
Tag und Nacht.
Mögest du hierherkommen jeden Tag.

Mögest du mich so lieben,
wie ich dich liebe.
Das sage ich, weine in mich hinein . . . weine und weine.

Liebeslied

NOOTKA

Was auch immer ich versuche,
um dich zu vergessen.
Immer dringst du wieder
in mein Bewußtsein.
Wenn du mich singen hörst,
stelle dir vor –
ich weinte.

Die Winterfrau

BLACKFOOT

Abenaki war allein in den winterlichen Wäldern. Er fing Pelztiere und tauschte sie gegen Fleisch ein. Eines Tages nun fand er Elchspuren im Schnee und entschloß sich, auf die Jagd zu gehen, denn vom Fleisch eines Elchs würde er sich den ganzen Winter über ernähren können.

Bald kam er zu einem Baum, von dem der Elch gefressen hatte, und darauf kam er zu dem Lager des Tieres. Ein Geräusch in den Büschen ließ ihn zusammenzucken. Er sah sich um und entdeckte eine schöne junge Elchkuh. Er war erstaunt, denn statt fortzulaufen, stand sie dort und schaute ihn an, und erst nach einer Weile sprang sie davon.

Abenaki kehrte zu seiner Hütte zurück, ohne ein Tier erlegt zu haben. »Nun«, dachte er, »morgen ist auch noch ein Tag.«

Die Nächte waren kalt und schweigend, aber er fürchtete sich nicht. Schwer zu ertragen war nur, daß er allein war. Er legte sich schlafen und wünschte sich, ehe er einschlief, eines Tages eine Frau zu finden.

Am nächsten Tag ging er wieder auf die Jagd. Er fing einen Biber und lief heim, um ihn zu verspeisen. Als er an seine Hütte kam, erkannte er, daß drinnen Licht brannte, und er dachte: »O weh, nun steht meine Hütte in Flammen!«

Doch als er näher kam, erkannte er, daß es ein weicher Lichtschein war. So trat er, immer noch verwundert, ein. Drinnen brannte ein kleines Feuer, und auf den Steinen stand eine Mahlzeit, die offenbar jemand für ihn gekocht hatte.

»Nun«, dachte er, »das laß ich mir gefallen.«

Am nächsten Tag ging er wiederum auf die Jagd, und diesmal erlegte er einen Nerz.

»Ich bin reich«, dachte er, denn er wußte, daß das Fell des Tieres kostbar war.

Am Abend brannte in seiner Hütte wiederum ein Feuer, und eine Mahlzeit stand auf der Feuerstelle. Aber diesmal saß eine Frau mit am Feuer.

Sie sagte nichts, sondern starrte ihn nur an. Sie lächelte und legte ihm die Speisen vor. Später in dieser Nacht wurde sie seine Frau.

Für den Rest des Winters blieb sie bei ihm, und er war glücklich. Aber sie redete nie. Obwohl ihre Augen immer weich und freundlich dreinblickten, schien sie oft traurig zu sein.

Als der Frühling kam, packte Abenaki seine Felle zusammen und schickte sich an, in das Dorf seines Stammes zurückzukehren. Er sprach zu seiner Frau: »Komm mit mir.«

Da redete sie zum ersten Mal und sprach: »Ich will lieber

hier auf dich warten. Aber komm wieder im Winter und nimm daheim keine andere Frau.«

Abenaki kehrte heim in das Dorf seines Stammes, und sein Vater war froh, daß er wieder da war.

»Jetzt bist du reich«, sprach er, »du mußt dir eine Frau suchen und heiraten.«

Abenaki ging im Dorf umher. Vor der Hütte des Häuptlings blieb er stehen. Dort sah er die Tochter des Häuptlings, die ein Pelzkleid nähte. Sie schaute ihn an. Sie lächelte ihm herausfordernd zu, aber er wandte sich ab.

Der Sommer verstrich. Abenaki dachte nur an seine Frau in den Wäldern. Ihr Name war »Brennende Fackel«.

Dann war es wieder an der Zeit, fortzuziehen und in den Wäldern auf die Jagd zu gehen, denn nun kam der Winter heran. Abenaki sagte seinem Vater adieu und brach auf.

Als er seine Hütte erreichte, sah er, daß da die Frau wieder vor dem Feuer saß. Sie redete nichts, sondern stellte ihm nur das Essen hin. Aber auf dem Schoß hatte sie einen kleinen Jungen, der hatte dieselben lächelnden Augen wie seine Mutter. Er konnte erstaunlicherweise schon laufen. Noch nie hatte Abenaki ein so kleines Kind gesehen, das sich schon auf den Beinen halten konnte.

Es war ein glücklicher Winter, und Abenaki erlegte viele Pelztiere. Als das Frühjahr kam, sagte er zu seiner Frau: »Komm mit mir heim in mein Dorf, Brennende Fackel!«

Aber sie schüttelte den Kopf und antwortete nur: »Vergiß mich nicht und heirate keine andere Frau.«

Abenaki kam heim zu seinem Vater, und der alte Mann sprach: »Du bist jetzt reich. Du mußt endlich heiraten.«

Eines Tages kam sie der Häuptling besuchen und sagte: »Ich habe gehört, du hast es zu etwas gebracht. Möchtest du mein Schwiegersohn werden?«

Die Tochter war mit ihm gekommen. Sie trug den Kopf hoch erhoben, und Abenaki entdeckte Stolz und Härte in ihren Augen. Höflich, aber entschieden lehnte er es ab, die Tochter des Häuptlings zu heiraten.

Wieder kam ein Winter, und voller Freude kehrte er in die Hütte in den Wäldern zurück. Seine Frau saß dort am Feuer. Sie lächelte. Sie stellte ihm eine Mahlzeit hin. Und jetzt saß ein zweiter kleiner Junge neben ihr. Er sah dem ersten sehr ähnlich. In diesem Winter erlegte der Jäger mehr Pelztiere als je zuvor. Und als der Frühling kam, sagte er zu seiner Frau: »Komm mit mir in mein Dorf. Es wird dir dort gut gefallen!«

Aber wiederum lehnte sie ab.

Abenaki ging heim zu seinem Vater.

»Mein Sohn«, sagte der Alte, »du bist so reich geworden. Jetzt mußt du die Tochter des Häuptlings heiraten.«

Und so wurde die stolze Schöne seine Sommerfrau. Ihr Name war »Kaltes Wasser«. Als es aber Winter wurde, fürchtete Abenaki, seine Sommerfrau würde mit ihm kommen wollen in die Wälder, wenn er auf Jagd ging. Und so war es denn auch. Mit schwerem Herzen führte Abenaki seine Sommerfrau durch die Wälder zu seiner Winterhütte. Als sie näher kam, sahen sie, daß dort ein Feuer brannte.

Die Sommerfrau rief erschrocken: »Deine Hütte steht in Flammen.« Aber dann, als sie hineingingen, sah die Sommerfrau die Winterfrau mit den beiden Jungen und der Tochter, die im zurückliegenden Sommer zur Welt gekommen war.

Die Sommerfrau sprach: »Du hast mir nie davon erzählt, daß du noch eine Frau hast.«

Sehr leise und ängstlich erwiderte er: »Ich habe keine andere Frau außer dir.«

Kaum hatte die Winterfrau diese Worte gehört, da war sie auch schon verschwunden. Die drei Kinder aber blieben zurück. Die Sommerfrau stieß sie fort vom Feuer.

Den nächsten Tag verbrachte Abenaki damit, Fallen zu stellen, und das kleine Mädchen half der Sommerfrau, eine neue Hütte zu bauen.

»Deine Tochter ist stark, aber sie ist zu dünn«, sagte die Sommerfrau zu Abenaki am Abend nach dem Essen.

In dieser Nacht hatte Abenaki einen Traum. Er träumte, seine kleine Tochter wecke ihre Brüder und sage zu ihnen: »Ich bin hungrig. Ich will zu meiner Mutter.«

Und der Ältere der beiden Brüder antwortete darauf: »Komm, wir gehen unsere Mutter suchen.«

In seinem Traum sah Abenaki, wie der Junge ein Loch in die Wand aus Borke bohrte. Kurz darauf verließen die drei Kinder die Hütte durch diese Öffnung.

Er selbst, immer noch im Traum, trat vor die Hütte hinaus, um nach den Kindern zu sehen ... da trotteten drei junge Elche in den Wald davon.

Am anderen Morgen weckte ihn die Sommerfrau und sagte: »Deine Kinder sind verschwunden.«

»Ich weiß schon«, antwortete er, und weiter sprach er zu ihr: »Richte meinem Vater aus, wenn du ihn siehst, daß ich meine Kinder suchen gehen mußte.«

Dann griff er nach einer Axt und lief in den Wald hinein.

Drei Tage lange verfolgte Abenaki die Spur der Elche. Er fand Schneewehen, in denen sie sich gewälzt, und Bäume, deren Rinde sie abgenagt hatten.

Als am dritten Tag der Schnee an den Rändern der Spuren unter der Sonne besonders hell funkelte, wußte er, daß er nun den Tieren nahe war.

Bei Sonnenuntergang stand Abenaki unter einem Ahornbaum und sah auf einer Lichtung zwei junge Elche, die dort ruhig weideten. Sie schauten zu ihm hin und liefen nicht fort. Ein staksiges junges Kalb lag im Schnee. Nicht weit davon äugte eine Kuh zu ihm herüber. Dann schien sie ihn erkannt zu haben. Sie setzte sich in Trab und kam ihm entgegen. Als sie heran war, stellte sie ihre Ohren auf und schaute Abenaki ruhig und liebevoll an.

Abenaki holte mit der Axt aus und schlug die Schneide in den Stamm des Ahornbaumes. Er nahm die Schneeschuhe ab, und all dies war eine Botschaft an seinen Vater. Dann ging er zu der Elchkuh hin und berührte ihre weichen Nüstern und legte den Kopf an ihre Flanken.

»Vergib mir, Winterfrau«, sagte er, »und laß mich von nun an für immer bei dir bleiben.«

Der Kopf des Jägers veränderte sich. Bald wuchs ihm ein Geweih, seine Schultern wurden zu einem Buckel, und Stärke floß durch seine vier Beine. Und als die Verwandlung vollendet war, wanderten fünf Elche zusammen fort von der Lichtung. Sie trieben dahin wie Schatten und verschwanden in den Wäldern, über die sich die Dunkelheit senkte.

Die Schwester, die ihren Bruder liebte

Shasta

Inzest, das Verbot des Geschlechtsverkehrs zwischen Vater und Tochter, Mutter und Sohn oder Bruder und Schwester, gehört zu jenen wenigen Moralgesetzen, die auf der ganzen Welt in allen uns bekannten Kulturen Geltung haben. Die einzigen Ausnahmen bilden Ehen zwischen Bruder und Schwester, sofern diese königlichen Geblüts sind (Ägypten) oder in Zeiten der Schöpfung leben, in der die Welt bevölkert werden muß. Wahrscheinlich gerade wegen der starken Tabuisierung haben inzestuöse Beziehungen immer wieder Autoren in der Literatur als Vorwurf gedient. Man denke nur an die griechischen Tragödien, aber auch in der modernen Literatur an Thomas Mann, William Faulkner und Robinson Jeffers. Und immer wieder taucht dieses Thema auch in indianischen Mythen auf.

Curtin zeichnete 1893 eine Version der nachstehenden Geschichte bei den Modoc auf, Dr. Demetracopoulou fand sie 1929 bei den Wintu. Die Namen Ishanihura für die Schwester und Makikirèn für den Bruder sind der Version der Karok entnommen.

Ein entlegenes Land, rauh, abweisend, eine Gegend der Hügel und Wälder, der klaren Bäche und von Schilf umgebenen Seen, das ist das Land des Seetauchervogels. Außer ein paar Fischern und Jägern, die ihren Weg dorthin finden, und ein paar Familien, die auf einer Lichtung wohnen, ist es so menschenleer, wie es zur Zeit der Tauchervogelfrau gewesen sein mag. Dörfer sieht man am Fluß erst, wenn dieser das reiche Tiefland erreicht, all die kleinen Bäche in sich aufgenommen hat und schlammig, breit und langsam fließend daherkommt.

Dies aber ist Ishanihuras Geschichte, die Legende von der Frau, nach der dieses Land seinen Namen hat.

Ishanihura war ein junges Mädchen wie andere auch. Sie wuchs auf als einzige Schwester unter neun Brüdern, und alle hatten sie gern. Der Erstgeborene, Makikirèn, war ein sanftes Kind und so schön, daß Vater und Mutter seufzten, wenn sie ihn ansahen; sie wußten, daß es schwer ist, jemanden zu behüten, der so schön ist. Ishanihura kam als nächstes Kind zur Welt, und sie war so eigenwillig und leidenschaftlich, wie ihr älterer Bruder schön war. Nach ihr wurden acht Jungen geboren, und dann war die mit Erde bedeckte Hütte auf der Lichtung in den einsamen Hügeln so voll, daß niemand mehr darin Platz hatte.

Die Eltern lehrten ihre Kinder, was ein Mensch wissen muß: was man glauben soll, was man tun soll, was man nicht tun soll. Die Kinder hörten, wie die Welt erschaffen worden war, und sie hörten vom Anfang der Dinge. Sie lernten die Geschichte ihres Volkes, seine Lieder und seine Geschichten, und sie lernten die Sprache der Frauen. Ishanihura und ihre Mutter sprachen nur diese Sprache, der Vater und die Diener bedienten sich ihrer, wenn sie mit ihnen sprachen. Ishanihura lernte kochen und Samen sammeln, Mehl malen, nähen und Körbe flechten. Vom Vater lernten die Jungen die Sprache, die die Männer benutzen, wenn sie unter sich sind; und sie lernten zu jagen, Fallen zu stellen, zu fischen, Unterstände und Hütten zu bauen und Werkzeuge anzufertigen. Es war ein gutes Leben. Der Vater und die Mutter hätten glücklich und zufrieden sein können. Aber sie empfanden ein Unbehagen, dessen Ursache sie nicht zu benennen wußten.

Makikirèn wurde groß und schlank und immer schöner, und weil sie fühlten, daß er bedroht war, wollten sie ihn verbergen und von den anderen fernhalten und schickten ihn zu Besuch zu seinen Großeltern, die flußabwärts wohnten. Öfter und öfter reiste er allein durchs Land, bis er eines Tages den Weg auf den Himmelsboden fand und sich dort mit den Himmelsmenschen anfreundete. Von diesem Tag an verbrachte er viel Zeit bei ihnen. Vielleicht war der Himmelsboden in jenen alten Zeiten der Erde noch näher als heute, denn es wurde bekannt, daß die wilden Gänse und andere hochfliegende Vögel damals ohne Anstrengungen in die Himmelswelt flogen und daß es Leute gab wie Makikirèn, die kamen und gingen zwischen Himmel und Erde hin und her, was heute nicht mehr möglich ist. Seiner Schwester schien es so, als sei Makikirèn ganz von zu Hause verschwunden. Zuerst fragte sie ihre Mutter deswegen, aber dann gewöhnte sie sich daran und stellte nicht länger Fragen.

Ishanihura kam in das Alter, da aus dem Mädchen eine

Frau wird, und einmal im Monat, wenn sie unrein wurde, zog sie in das kleine mit Erde bedeckte Haus, das man ihr neben dem großen Familienhaus gebaut hatte. Sie war nie ein sehr glückliches Kind gewesen, aber jetzt wurde sie immer ruheloser, mißmutiger und unzufriedener, und ihre Eltern überlegten sich, daß es das beste sein werde, sie bald, sehr bald in die Dörfer im Unterland zu ihren Großeltern zu schicken, wo Gelegenheit war, sich unter den Söhnen der Freunde ihrer Eltern einen Mann zu suchen. Ishanihura schien nicht viel daran zu liegen, die Leute im Unterland kennenzulernen, und so wurde denn ihre Reise immer wieder verschoben.

Hinter dem Haus in einiger Entfernung zwischen den Bäumen lag eine Quelle und etwas weiter abwärts ein schattiger Teich, in den das Wasser aus der Quelle floß. Hierhin kamen Ishanihura und ihre Mutter, um Wasser zu holen und die Wäsche zu waschen, und auch der Vater und die Brüder des Mädchens kamen nackt aus dem Schwitzhaus dorthin, um zu baden. Es war ein ruhiger stiller Wald, und Ishanihura saß gern am Rand des Teiches, starrte in seine dunkle Tiefe und hing ihren seltsam-düsteren Träumen nach.

Als sie nun eines Tages wieder dort saß und ihre Hand spielerisch durch das Wasser gleiten ließ, ringelte sich ein einziges menschliches Haar um ihre Hand und ihren Arm. Sie nahm ein Ende des Haares, zog es gerade und fragte sich, von wem es wohl sein mochte. Von ihr selbst oder von ihrer Mutter konnte es nicht sein, dazu war es zu grob, von ihrem Vater auch nicht, dazu war es zu lang. Da aber sonst niemand aus der Familie in diesem Teich zu baden pflegte, konnte es nur von einem ihrer Brüder stammen.

Sie maß das Haar an ihren eigenen langen Haaren. Es hatte dieselbe Länge. Sie ließ das Haar durch ihre Finger gleiten. Der Tag verging. Die Sonne sank. Die Schatten wurden lang und länger. Ihre Mutter rief sie. Da wickelte sich Ishanihura das Haar um das Band, das ihr eigenes Haar hielt. Als sie aufstand, sah sie ihr Spiegelbild im Wasser, und seltsam erregt von dem, was sie sah, begann sie einen steifen Tanz zu tanzen, bei dem sie mit den Armen schlug und ihren Kopf bewegte, bis ihre Mutter sie noch einmal rief. Dann rannte sie rasch zur Hütte.

Nach dem Essen ging der Vater mit zwei von den älteren Jungen ins Schwitzhaus.

Makikirèn war zu dieser Zeit nie mehr daheim bei seiner Familie. So blieben Ishanihura, ihre Mutter und die jüngeren Brüder allein zurück. Sie setzten sich ans Fenster, und die Kinder baten die Mutter, sie möge ihnen eine Geschichte erzählen. Sie erzählte ihnen die lange Geschichte von der Erschaffung der Welt, wie die Täler und Berge entstanden, die Quellen und Flüsse, die Pflanzen und Bäume und endlich auch all die Tiere. Von hoch oben sah der Adler, der Schöpfer, auf alles herab, und alles schien gut, nur, daß es keine Menschen gab. Da rief der Adler seine beiden Kinder, einen Sohn und eine Tochter, und er befahl ihnen, auf die Erde hinabzusteigen, damit es dort Menschen gebe. Sie gehorchten, und sie waren ganz allein auf der Erde. Der Junge sagte zu seiner Schwester: »Komm, wir wollen miteinander schlafen!«

Sie antwortete nicht. Fünfmal fragte er sie, und nach der fünften Aufforderung sagte sie: »Warum schlägst du mir das vor? Du bist doch mein Bruder.«

Er sagte: »Wir sind einsam. Es gibt keine anderen Menschen. Wenn wir zusammen schlafen, werden Kinder geboren werden, und wir werden nicht länger allein sein. Deshalb hat uns Vater Adler auf die Erde geschickt.«

Da war die Schwester einverstanden, und sie zeugten Kinder. Und als die Kinder geboren waren, teilte der Adler seinen Enkeln besondere Orte zu, einem dieses Tal und dem anderen jenes Gebirge, und dort lebten sie und wurden zu verschiedenen Völkern, so wie die Menschen heute. Eine Heirat zwischen Bruder und Schwester aber, so schloß die Mutter ihre Geschichte, hat es nur einmal im Anfang der Schöpfung gegeben.

Während die Kinder gebannt der Mutter zuhörten, glättete Ishanihura das Haar ihres jüngsten Bruders. Sie saß halb im Dunkeln, holte das Haar hervor, das sie aus dem Teich gefischt hatte, und fühlte, daß es gröber war als das Haar ihres jüngsten Bruders. Sie rückte zu den anderen beiden Knaben und verglich auch ihr Haar mit dem Haar aus dem Teich. Nein, von ihnen stammte dieses Haar nicht. Vielleicht gehörte es einem der Jungen, die mit dem Vater im Schwitzhaus waren.

Sie würde sich etwas ausdenken müssen, um das nachzuprüfen, denn die beiden anderen Knaben waren älter und schliefen schon im Männerhaus. Sie sah sie nicht mehr so häufig, seitdem sie mit dem Vater in diesem anderen Haus wohnten, und gewiß würden sie sich auch nicht mehr die Haare glätten lassen wie die jüngeren Brüder.

Die Zeit kam wieder, zu der Ishanihura das kleine Mädchenhaus bewohnte, weil sie unrein war. Eines Abends, als sie in Gedanken verloren vor ihrer Hütte saß, hörte sie von fern her ihren Vater und ihre Brüder im Schwitzhaus singen und beten. Bald, das wußte sie, würden sie zum Teich gehen und dort baden. Die Nacht war klar, und nur die Sterne gaben Licht. Ishanihura schlich sich zum Teich und verbarg sich dort. Die Tür zum Schwitzhaus wurde aufgestoßen, aber nur ein Mann kam heraus. Sie hörte das Geräusch der nackten Füße, und die dunkle Gestalt lief so nahe an ihr vorbei, daß sie sie hätte berühren können. Der Mann hob seine Hände hoch über den Kopf, legte die Finger aneinander, daß sie einer Speerspitze glichen und sprang ins Wasser. Er tauchte, kam hoch und schwamm zwei-, dreimal im Kreis im Teich herum. Dann zog er sich ans Ufer, preßte sein langes Haar aus und ließ die glitzernden Tropfen über seine Arme und Beine rinnen. Darauf stand er mit einer raschen Bewegung auf, rannte den Hügel hinauf und verschwand in der Nacht.

Als er fort war, schlich sich Ishanihura vorsichtig zu der Stelle, an der er die Nässe aus seinem Haar gepreßt hatte – vorsichtig, weil sie damit rechnen mußte, daß die anderen Brüder ihm folgen würden. Und da... wie sie gehofft hatte, fand sie dort, wo er gesessen hatte, ein Haar. Immer noch ängstlich, daß ihr jemand begegnen könne, legte sie das eben gefundene Haar um ihren Hals, lief zu ihrer kleinen Hütte zurück und verglich dort die beiden Haare aus dem Teich miteinander. Sie waren gleich. Sie hielt sie hoch und ließ sie vor ihren Augen in der Luft schweben. Da überfiel sie Verlangen nach dem, dessen Haar sie zwischen ihren Fingern hielt.

Sie setzte sich ans Feuer und dachte nach. Welcher ihrer Brüder mochte es sein? Und warum war nur einer ihrer Brüder zum Teich gekommen? Bei diesen Gedanken flocht Ishanihura die kostbaren Haare in ihr eigenes Haar und legte sich dann schlafen. In ihren Träumen sah sie die jungen Mädchen aus den Geschichten, die ihre Mutter zu erzählen pflegte, Mädchen, die ihr kleines Haus entgegen Sitte und Gebot verlassen hatten. Einige waren von Schlangen gebissen worden und auf der Stelle gestorben, andere hatten Unglück und Schande über ihre Familie gebracht. Eine gab es, die hatte sich geschnitten und ihr eigenes Blut aus der Wunde gesaugt, und da sie den Geschmack so sehr liebte, saugte sie mehr und mehr davon, bis sie selbst schließlich nur noch ein Kopf war – ein Menschenfresserschädel, der über die Erde rollte mit einem unersättlichen Verlangen nach mehr und mehr Menschenblut. Als sie am Morgen erwachte, vergaß Ishanihura ihre Träume und erinnerte sich nur noch an ihr Verlangen. Als der Abend kam, verbarg sie sich wieder am Teich. Aber in dieser Nacht kamen zwei ihrer Brüder zusammen mit dem Vater, und keiner der drei tauchte oder schwamm wie jener, den sie in der ersten Nacht beobachtet hatte. Ishanihura konnte ihre Enttäuschung nur schwer verbergen. Sie war ruhelos und unglücklich und blieb es all die Tage, bis die Zeit wiederkam, da sie unrein wurde und wieder in das kleine Haus zog. Wieder verbarg sie sich am Teich, sobald es dunkel geworden war. Sie mußte lange warten. Sie sah den Mond über dem stillen Wald aufgehen, und als sie endlich das Geräusch von nackten Sohlen auf dem Waldboden näher kommen hörte, lag der Teich im vollen Licht des Mondes da.

Ishanihura kauerte sich im schmalen Schatten einer Kiefer zusammen. Wieder sah sie einen Mann ins Wasser schnellen, im Teich umherschwimmen, wieder zog er sich an Land und preßte am Ufer seine nassen Haare aus. Schattenlos und glitzernd fielen die Tropfen auf seine Haut. Da erkannte Ishanihura, daß der Schwimmer Makikirèn war. Makikirèn, der Schöne!

Als Ishanihura in das große Haus zurückkehrte, war sie fast glücklich, und der Vater und die Mutter glaubten schon, es werde mit ihr alles gut werden. Manchmal schlich sie sich fort. Fragte man sie, wo sie gewesen sei, so gebrauchte sie Ausreden, aber schließlich war sie doch damit einverstanden, flußabwärts zu reisen und sich im Unterland einen Mann zu suchen. Kleider wurden genäht, Lebensmittel zusammengetragen, und Ishanihura schien sich auf die Reise zu freuen.

Unterdessen hatte sie sich mit Makikirèns Gewohnheiten vertraut gemacht, mit den Zeichen, die dem Vater verrieten, daß er heimkam, mit den Geräuschen, die im Wald zu hören waren, wenn er sich näherte. Sie hatte in

Erfahrung gebracht, daß er jeden Monat mehrere Nächte im Männerhaus blieb und sich dort mit seinem Vater und mit seinen Brüdern unterhielt, mit ihnen sang und betete, um dann vor Tagesanbruch wieder fortzugehen.

Ein neuer Lederrock, neue Sandalen und die schönste Pelzweste der Mutter lagen für Ishanihuras Reise bereit. Ihr Vater erklärte ihr den Weg, den sie einschlagen sollte. Freilich müsse sie nach Westen laufen, sagte er ihr. Den Strömen zu folgen bedeute eine sichere, aber lange Reise. Die Abkürzung über das Gebirge hingegen sei steil und anstrengend.

»Aber ich kann nicht allein gehen«, unterbrach sie ihn, »jemand muß mich begleiten.«

»Natürlich. Wahrscheinlich möchtest du, daß dein Vater mitkommt«, sagte die Mutter.

»Nein«, antwortete Ishanihura, »nein, mein Vater wird nicht die rechten Worte finden, wenn ich einen jungen Mann gewählt habe.«

»Gut«, beruhigte sie der Vater, »ich werde hierbleiben. Deine Mutter wird mit dir kommen.«

»Meine Mutter kann mit fremden Leuten nicht reden. Ich will nicht, daß meine Eltern mitkommen.«

»Dann wird dich einer deiner Brüder begleiten.«

»Ja, einer meiner Brüder! Das ist gut.«

Die Jüngeren boten sich an. »Nimm uns mit, Schwester«, sagten sie, »wir werden für dich fischen und Kaninchen fangen.«

»Ihr seid noch zu jung«, sagte Ishanihura zu ihnen, »was sollen die Leute denken, wenn ich mit euch daherkomme?«

Die älteren Jungen schlugen ihr vor, sie zu begleiten. Sie hatte bei jedem einen neuen Einwand, bis schließlich der Vater sagte: »Aber wer soll dich dann begleiten, Ishanihura?«

»Ich möchte, daß Makikirèn mich in den Westen bringt.«

»Wir wissen nicht, wo Makikirèn sich aufhält...«

»Er ist manchmal krank...«

»Makikirèn ist weit fort...«

So redeten sie, bis Ishanihura ausrief: »Ihr lügt. Makikirèn ist im Schwitzhaus. Er ist hier. Er ist nicht krank, und er wird mich hinbringen, oder ich gehe nicht. Er wird mich begleiten, oder ich werde nie heiraten.«

Diese Worte hörte Makikirèn, der sich dem Haus genähert hatte, um seinen Vater zu suchen. Er kam herein und sagte: »Beruhige dich, Schwester«, und an seine Eltern gewandt, fügte er hinzu: »Macht euch keine Sorgen. Ich werde sie in den Westen bringen. Ich bin ihr ältester Bruder. Ist denn alles für die Reise bereit?«

»Alles ist bereit, Bruder.«

»Also werden wir morgen früh aufbrechen.«

So war denn alles besprochen, und die Familie legte sich schlafen, aber nur Ishanihura war glücklich über das, was an diesem Abend entschieden worden war. Beim ersten Licht des neuen Tages machten sich Makikirèn und Ishanihura auf den Weg. Ihr Tragkorb war schwer von Lachsmehl, Maisbrot und gestampften Manzanitabeeren, denn dies war eine lange einsame Reise.

Makikirèn ging voran, und als die Sonne hoch am Himmel stand, vermochte Ishanihura mit ihm nicht mehr Schritt zu halten. Sie setzte ihren schweren Tragkorb ab und sagte: »Laß uns rasten, Geliebter.«

Makikirèn blieb stehen: »Was hast du gesagt, Schwester?«

»Ich sagte, geh nicht so schnell, älterer Bruder.«

Makikirèn ging nun langsamer.

Ishanihura sagte nichts mehr, sie wiederholte nur bei sich selbst, während sie ging, einen geflüsterten Singsang:

»Oh, daß doch die Sonne bald versinken möge am Rand der Welt! Oh, daß doch die Dunkelheit bald kommen möge und lange bleibe, damit ich zärtlich spielen kann mit dem, wodurch sich mein Geliebter unterscheidet von mir, damit ich es küssen und liebkosen kann, bis es in meinen Leib fährt wie ein Blitzschlag.«

Dies ist der Gesang, den die Indianermädchen am Tag ihrer Hochzeit singen. Endlich sank die Sonne hinter den Rand der Welt herab. Über den Wald senkte sich Dunkelheit, und sie konnten nicht weitergehen. Schon am Nachmittag waren Wolken am Himmel gewesen, und nun, bei Sonnenuntergang, fielen einige Tropfen Regen. Sie stellten ihre Körbe auf den Boden, und rasch und geschickt baute Makikirèn aus Rinde ein Schutzdach; als es stärker zu regnen begann, hatte er schon ein Feuer angezündet, und Ishanihura kochte das Essen. Sie aßen und wärmten sich nahe dem Feuer, während draußen der Regen dichter und dichter in die Dunkelheit um sie fiel.

Nach dem Essen saß Makikirèn am Feuer, während Ishanihura Farne, die sie zuvor gepflückt hatte, auf dem Boden ausbreitete. Nachdem sie sich selbst ein weiches Lager in der Rindenhütte bereitet hatte, ging sie durch den Regen zu der Höhlung in einem Felsen, wo der Bruder schlafen wollte, und legte auch dort Farnblätter aus, und während sie dies tat, sprach sie leise gegen die Augen ihres Bruders hin einen Zauberspruch. »Hi-waa!« flüsterte sie, so sanft, daß er es nicht hören konnte. »Dein Schlaf sei schwer und fest. Hi-wa-aa-hi-waa!«

Als Makikirèn zu seinem Lager ging, fielen ihm schon fast die Augen zu, und sobald sein Atem gleichmäßig und schwer ging, schlich sich Ishanihura aus ihrer Rindenhütte zu ihm hinüber, beugte sich über ihn und flüsterte ihm zu: »Älterer Bruder, hier unter dem Felsen wirst du naß werden. Du kannst hier nicht schlafen. In meiner Hütte ist

Platz genug. Komm zu mir, du bist dann näher am Feuer. Es ist wärmer dort.«

»Nein«, antwortete er schlaftrunken, »geh du nur in die Hütte. Ich schlafe hier.«

Ishanihura sagte nichts mehr. Sie wartete, bis das Feuer ganz niedergebrannt war und es kein Licht mehr abgab. Dann schlich sie sich noch einmal zu Makikirèns Lager: Mit tiefer Stimme sagte sie: »Laß mich hier schlafen. Es regnet in meiner Hütte.«

Der Zauberspruch, den sie zuvor gemurmelt hatte, hielt ihren Bruder in tiefem Schlaf und ließ ihn willenlos alles tun, was sie sich wünschte.

Er rollte sich auf die Seite, so daß auch sie Platz fand auf dem Lager aus Farnblättern. Eine Weile lag sie regungslos neben ihm. Draußen war nur die Dunkelheit und das Geräusch des Regens, und hier war nur die Wärme ihrer beiden Körper. Als Makikirèn die Arme einer Frau um seinen Leib spürte, begann er zu träumen. Im Traum sah er das Himmelsmädchen, das seine Geliebte war, an der Himmelsstange zur Erde herabgleiten, um mit ihm in dieser Nacht im Wald zu schlafen.

Und so kam es, daß Makikirèn sich immer tiefer verlor in seinen Traum, während Ishanihura mit ihrer Lust allein, hellwach, stark und lebendig war in dem nächtlichen Wald... in einer Welt, die von Dunkelheit und Schlaf erfüllt war und über die der Regen sich ausschüttete. Wieder und wieder verstand sie es so einzurichten, daß die Schlange aus Makikirèns Leib mächtig aufwuchs und züngelte und der Blitzstrahl der Schlange ihren Leib traf. Unersättlich war Ishanihura in ihrer Freude und ihrer Lust, und jedesmal, wenn der Blitzstrahl sie durchzuckte, spottete sie dem Himmelsmädchen, das dieses Vergnügen vor ihr genossen haben mochte, und freute sich, daß in dieser Regennacht der Bruder nur ihr allein gehörte.

Als es hell wurde, hörte der Regen auf. Makikirèn erwachte und entdeckte, daß er in den Armen einer Frau lag. Es hatte ihm geträumt, er läge auf dem Himmelsboden bei dem Himmelsmädchen. Nun erhob er sich, betrachtete die Frau und sah, daß es seine Schwester war.

Er starrte sie fassungslos an, erinnerte sich an alles, was in dieser Nacht geschehen war, und Angst überkam ihn. Böses würde erwachsen aus dieser Nacht, das wußte er nur zu gut. Was sollte er tun? Im ersten Schreck wollte er fortrennen, aber er besann sich. Er beugte sich nieder und flüsterte gegen die Augenlider der Schlafenden hin: »Hiwaa! Schlaf lange und erwache langsam! Hi-wa-aa!«

Dann schlüpfte er aus der Höhle und suchte draußen, bis er ein Stück altes Erlenholz fand, das trocken geblieben war. Es war ein mittelgroßer Stamm, aber schon so alt, daß er leicht und weich war. Er preßte den Stamm an sich, bis er etwas von der Wärme seines Körpers angenommen hatte, trug ihn dann zu der Höhle und legte ihn Ishanihura in die Arme.

Wieder draußen im Wald, dachte er nach. Er erinnerte sich, daß seine Schwester zu den Menschen gehörte, von denen man sagt, daß sie ihr Herz an der Ferse tragen, womit gemeint ist, daß bei solchen Menschen selbst die kleinste Wunde zwischen Knöchel und Ferse tödliche Folgen hat. Sollte er sie töten, während sie schlief? Niemand würde etwas davon erfahren. Mit ihrem Tod würde auch das Böse sterben, das in dieser Nacht geschehen war. Aber dann brachte er es doch nicht übers Herz, denn er sagte sich: Was immer an Bösem geschehen ist, sie muß mich sehr geliebt haben. Also ging er eilig zurück zu dem Haus, in dem seine Eltern und seine Brüder lebten.

Es war noch nicht Mittag, da hörte der Vater draußen Schritte, die ihm bekannt vorkamen. Er trat aus dem Haus, und vor ihm stand Makikirèn.

»Wo ist deine Schwester?«

»Dort im Wald, wo wir gerastet haben. Ich habe sie dort zurückgelassen, wo wir übernachteten.«

»Aber ... warum?«

»Sie liebt mich, wie eine Frau einen Mann liebt ... heute nacht in der Dunkelheit hat sie das Lager mit mir geteilt. Ich konnte nicht aufwachen. Ich habe geträumt ... mir träumte, es sei jemand anderes. Und dann war es hell, und ich ging fort, ich rannte fort ...«

»Ach!« Der Vater sah aus wie ein sehr alter Mann. Er setzte sich auf einen Stein.

»Ich habe Angst!« sagte Makikirèn. »Ich weiß nicht, was sie jetzt tun wird.«

»Sie hat keinen Verstand. Großes Unglück wird über uns kommen.«

»Was können wir tun, Vater?«

»Ich weiß es nicht. Ich weiß nur, daß ich euch alle von hier fortbringen muß ... fort von ihr.« Die Mutter war aus dem Haus gekommen, und er wandte sich an sie: »Bist du anderer Meinung, Frau? Du kennst die Gebote?«

»Ich kenne die Gebote«, sagte die Mutter und bedeckte ihr Gesicht mit den Händen. »Dann ist es entschieden. Aber wohin sollen wir gehen?«

»Ich werde euch hinauf in den Himmel führen«, sagte Makikirèn.

Die Kinder hatten sich nun um die Mutter geschart und riefen: »O ja, laßt uns aufbrechen. Unser älterer Bruder soll uns in den Himmel führen.«

»Kommt mit mir in den Himmel«, wiederholte Makikirèn. »Dort sind wir sicher, und die Himmelsleute werden uns bei sich wohnen lassen.«

Sein Vater sprach: »Wir werden hinauf in den Himmel wandern, sobald wir hier mit allem ein Ende gemacht haben.«

Ohne ein weiteres Wort rissen der Vater und seine neun Söhne das Haus der Familie, das Männerhaus und Ishanihuras kleines Haus ein und legten Feuer an ihre ganze Habe.

Ishanihura schlief unterdessen weiter in der Höhle. Als der Zauber schließlich seine Kraft verlor, lag sie halb schlafend, halb wach da und dachte daran, was in der letzten Nacht geschehen war. In ihrer Schlaftrunkenheit meinte sie, seine Arme um ihre Schultern zu spüren, und sie bildete sich auch ein, es sei sein Körper, der da so schwer auf ihr liege. Sie streckte sich und etwas Schweres rollte zur Seite. Sie schlug die Augen auf. Da sah sie, daß sie den gegabelten Stamm eines Baumes in den Armen gehalten hatte. Sie sprang auf, und weinend lief sie zu der Feuerstelle, und dort zerzauste sie sich ihr Haar und begann einen seltsamen Tanz, bei dem sie schrie: »Oh, ich werde dich töten! Ich werde dich töten. Ich lasse mich nicht betrügen. Ich werde dich töten!«

Sie sah die frischen Fußspuren, die von dem Feuer weg nach Osten führten.

»Ah, du willst deine Brüder warnen«, schrie sie wieder, »aber ich werde dich finden.« Und weinend und rufend lief sie den Pfad zurück, auf dem sie am letzten Tag gegen Westen gezogen waren.

Auf der Lichtung im Osten rief Makikirèn seinen Verwandten zu: »Kommt. Es bleibt uns nicht mehr viel Zeit. Ich höre in der Ferne die Schritte meiner Schwester, und sie ruft nach mir. Wir wollen rasch fortgehen.«

Makikirén führte den Zug an, und als letzter ging sein Vater, der ihre Fußspuren verwischte, damit niemand sehen konnte, wohin sie gingen. Makikirèn führte sie zu der Himmelsstange. Mächtig und gerade stand sie unter den Bäumen unterhalb des Teiches.

»Laßt mich zuerst hinaufklettern, aber bleibt dicht hinter mir«, sagte er, »und ihr dürft nicht nach unten sehen, sonst werdet ihr schwindlig. Blickt hinauf zum Himmelsboden, und es wird euch nichts geschehen. Fertig?«

»Ja, ja. Klettern wir in den Himmel!« Die Jungen waren ungeduldig.

»Komm du als nächste hinter mir, Mutter. Setze deine Füße dorthin, wo auch ich meine Füße hingesetzt habe. Und ihr Jungen und du, Vater, ihr macht es genauso, dann werden wir bald im Himmel sein.«

Makikirèn begann zu klettern, langsam und vorsichtig. Seine Mutter folgte nach. Sie hielt sich dort fest, wo er sich festgehalten hatte. Und hinter ihr kamen die übrigen acht Söhne und zum Schluß der Vater. Der Himmelsboden war nicht mehr weit, und Makikirèn konnte schon die Öffnung im Himmel sehen, als das Geräusch, das rennende Fußsohlen machen, unter ihnen näher kam. Ishanihura war heimgekommen.

Sie hielt inne vor den verkohlten Trümmern der drei Hütten. Die Bäume rund um die Quelle brannten, und das Feuer breitete sich gegen den Teich hin aus.

Während ihres Heimweges hatte Ishanihura Zorn und Haß empfunden, aber nun, da sie auf die Trümmer starrte, überkam sie Angst und Schrecken. Wo waren Vater, Mutter und Brüder? Wohin konnten sie gegangen sein? Nicht eine Fußspur ließ sich entdecken. Waren sie im Feuer umgekommen? Sie nahm einen Stecken und stocherte in der Asche herum, und als die Funken flogen, verfolgte sie deren Weg, und da sah sie die Himmelsstange, wie sie gewaltig und gerade von der Erde in den Himmel ragte, und weit, weit oben an dem Mast sah sie Menschen klettern. Sie erkannte diese Menschen. Sie zählte; es waren elf, und eine Frau war darunter, ihre Mutter.

Das Feuer brannte rings um die Himmelsstange, so daß sich Ishanihura nicht dorthin wagte. Sie stand dicht bei den

Flammen und rief ihrer Familie zu: »O mein Vater, verlaß mich nicht. Ihr, meine kleinen Brüder, kommt doch zurück! Ich will mit dir kommen, älterer Bruder. Wartet auf mich! Wartet!«

Weit oben an der Stange sagte Makikirèn wieder und wieder: »Hört nicht auf sie... schaut nicht hinab. Wir haben es bald geschafft. Gleich sind wir in Sicherheit.«

Aber Ishanihuras Stimme drang wieder an das Ohr ihrer Mutter.

»O meine Mutter! Warum verläßt auch du mich?«

»Du hast recht, mein Kind, meine einzige Tochter. Was tue ich da. Wie kann ich dich allein lassen?«

Dies sprach die Mutter, und sie sah hinab zu Ishanihura. Mitleid überkam sie, und sie hörte nicht auf hinunterzuschauen, und schließlich vergaß sie, sich festzuhalten, glitt aus und stürzte. Im Fall riß sie ihren Mann und ihre acht Söhne mit. Makikirèn aber hatte unterdessen den Himmelsboden erreicht. Er wandte sich um und wollte der Mutter die Hand hinstrecken. Aber da war niemand. Doch unten, mitten im Feuer, sah er seine Brüder, seinen Vater und seine Mutter, und um den Flammenkreis tanzte schreiend seine Schwester.

Makikirèn wandte sich ab und lief in die Himmelswelt hinein mit Trauer und Bitterkeit im Herzen.

»Die Alten hatten recht«, sagte er zu sich, »ich hätte sie gleich töten sollen!«

Ishanihura umkreiste das Feuer und tanzte ihren seltsamen steifen Tanz. Wieder und wieder rief sie dabei im Rhythmus des Tanzes ihren Namen: »Ishanihura! Ishanihura! I-shan-i-hu-ra!«

Das Feuer brannte nieder, und sie fand die verkohlten Leichen ihrer Familie – alle waren umgekommen, alle außer Makikirèn. Sie stocherte und scharrte in der Asche, bis sie ganz sicher war, daß er nicht mit verbrannt sein konnte. Dann nahm sie die Herzen ihrer Eltern und Brüder und fädelte sie wie Perlen auf eine Schnur und hängte sich diesen Schmuck um den Hals.

Das Feuer war ausgebrannt, und Ishanihura sah sich um. Wo einst Bäume und Häuser und ein Teich gewesen waren, sah man nur noch Öde und Leere. »Was soll ich tun? Wohin soll ich gehen?« murmelte sie, und nach einer Weile fiel ihr die Antwort ein: »Ich muß nach Norden gehen. Makikirèn wird im Norden sein. Ich werde ihn suchen, bis ich ihn finde. Und dann werde ich auch ihm das Herz nehmen!«

Und Ishanihura, mit ihrer Kette aus Herzen um den Hals, wanderte nach Norden. Viele Winter kamen und gingen. Makikirèn heiratete sein Himmelsmädchen und kam mit ihr auf die Erde zurück, wo sie sich nahe einem See weit im Osten ein Haus bauten. Sie hatten zwei Söhne, und sie waren eine glückliche Familie.

Von Zeit zu Zeit ging Makikirèn nach Norden, um zu jagen oder um nach Schätzen zu suchen. Manchmal hörte er in den Wäldern einen seltsamen, unheimlichen Schrei. Die Leute sagten, das sei die Tauchervogelfrau, die einmal auf diesem, dann wieder auf jenem See lebe. Ein Fischer wollte sie gesehen haben. Er sagte, sie sei dünn und habe den Blick einer Wahnsinnigen, und um den Hals trage sie eine Kette mit Herzen. Die Leute hatten Angst vor ihr, und die meisten liefen fort, ehe sie nahe herankommen und mit ihnen sprechen konnte. Makikirèn dachte über sie nach. Dieser Schrei kam ihm vertraut vor.

Am Abend eines Frühlingstages kamen Makikirèns Söhne heimgelaufen. Sie schienen verängstigt, und der Vater befragte den Älteren, was geschehen sei. Sie hatten am Ufer des Sees gespielt, halb verborgen vom Schilf, das dort wuchs. Die Tauchervogelfrau war aus dem Wald gekommen und zu einem sandigen Stück des Strandes gelaufen.

Um den Hals hatte sie eine Kette getragen, die auf und nieder tanzte, während sie sich bewegte. Sie setzte sich dort nieder, wo sie ihr Spiegelbild im Wasser sehen konnte. Dann drehte sie den Kopf, schlug mit den Armen und begann mit schriller Stimme zu singen. Die Jungen hatten nicht verstanden, was sie da sang.

»Was hat sie gesagt?« fragte Makikirèn seine Söhne.

»Als sie sah, daß wir sie beobachteten, hörte sie auf zu singen und starrte vor sich hin, und dann sagte sie ›A-ah-h‹ und ›Ihr seid Makikirèns Söhne‹. ›Ja, die sind wir, aber woher weißt du das?‹ ›Weil ich eure Tante bin, und ich euren Vater seit langer, langer Zeit suche. Bringt mich zu eurem Vater‹, schrie sie. Da bekamen wir es mit der Angst zu tun und rannten fort. Sie versuchte, uns zu fangen, aber wir entwischten ihr. Wir haben Angst vor ihr. Sag, Vater, warum hat sie gesagt, sie sei unsere Tante? Ist sie wirklich unsere Tante?«

»Ich weiß es nicht«, sagte Makikirèn, »aber ihr habt ganz recht getan. Bleibt hier daheim bei eurer Mutter, bis ich die Tauchervogelfrau gefunden habe.«

Makikirèn ging kurz vor Tagesanbruch zum See. Er verbarg sich im Schilf an einer Stelle, von der aus er das Ufer des Sees überschauen konnte. Als die Sonne aufging, kam die Tauchervogelfrau von ihrem Schlafplatz an den See. Sie sah sich um und horchte, aber sie hörte nichts, und nichts regte sich. Sie schien allein zu sein. Makikirèn sah, wie sie mit ihrem steifen Tanz begann und dabei die Kette durch die Finger gleiten ließ. Er konnte sie genau beobachten. Er war sich sicher, daß es seine Schwester Ishanihura war und daß sie an ihrer Kette die Herzen seines Vaters, seiner Mutter und seiner Brüder trug. Makikirèn erhob seinen Bogen und zielte. In diesem Augenblick erkannte Ishanihura den Bruder und hob die Hand, aber es war zu spät. Der Pfeil traf sie zwischen Fußknöchel und Ferse. Sie stürzte vornüber ins Wasser, und als sie wieder an die Oberfläche kam, war sie tot.

Makikirèn zog die Leiche an Land, da kamen seine beiden Söhne angelaufen.

»Habt ich euch nicht gesagt, ihr sollt zu Haus auf mich warten?«

»Unsere Mutter hat geagt, wir dürfen jetzt gehen. Sie meinte, wir könnten dir vielleicht helfen.«

»Wenn sie es gesagt hat, dann dürft ihr mir helfen.«

»Das ist die Frau, die wir sahen.«

»Ihr habt sie gut beschrieben.«

»Ist es eine Tauchervogelfrau?«

»Ja.«

»Und war sie unsere Tante?«

»Sie war meine Schwester.«

»Warum hast du sie getötet?«

»Weil sie Böses tat und wieder getan hätte. Ich werde euch davon erzählen, wenn ihr alt genug seid, um im Männerhaus zu schlafen.«

»Was ist das für eine häßliche Kette, die sie trägt? Die Perlen sehen aus wie getrocknete Herzen.«

»Es sind getrocknete Herzen.« Makikirèn zählte sie. Es waren zehn. Er nahm die Kette und umwickelte sie sorgfältig mit sauberer Borke.

»Sollten wir nicht unsere Tante begraben?«

»Ja, auf der Stelle, hier im Wald.« Die Knaben halfen ihm, Ishanihuras Leiche weit in den Wald hineinzutragen, und dort, wo keiner hinkommt, wenn er Beeren oder Samen sammelt, brachten sie sie unter die Erde. Dann begrub Makikirèn die Herzen auf einem kleinen Friedhof neben seinem Haus, wo auch er und seine Frau einmal ruhen würden. Er führte für sich und die Knaben ein Reinigungsritual durch, und danach blieb er lange im Schwitzhaus und betete. Und während dieser Zeit des Gebets bestimmte

Makikirèn, daß der Tauchervogel seine Kinder und Kindeskinder immer an die Tauchervogelfrau erinnern sollte.

Und deswegen schießen noch heute die Jäger den Tauchervogel, wenn sie ihn bei seinem verrückten Tanz überraschen und seinen wahnsinnigen Schrei hören. Sie denken an Ishanihura und schützen ihr Volk vor dem Bösen, wie es Makikirèns Wille war.

Umai

YUROK

Der vollständige Name lautet Mer'wer-meris uma'i oder das »Mädchen flußaufwärts vom Ozean aus«. Die Geschichte spielt auf dem Klamath River auf der Strecke Bluff Creek (flußaufwärts) bis zur Küste. Die Wogè sind die Menschen eines Goldenen Zeitalters, Halbgötter, Unsterbliche, deren Wissen und Weisheit die Welt für die Yuroks vorbereitete.

Die ersten Menschen waren die Wogè. Die Welt zur Zeit der Wogè war dieselbe wie heute. Und Umai, ein Mädchen der Wogè, glich in vielem den Mädchen heute. Sie war jung und schön, und sie war einsam und ruhelos.

Umais Heimat lag am Rand der bekannten Welt am Upriver Ozean, wo der Fluß beginnt. Sie stand gern am Ufer und schaute über die Welt hin. Sie konnte den Fluß in seiner vollen Länge sehen, von der einen Seite der Welt hin zum Downriver Ozean, wo die Sonne untergeht. An klaren Abenden wartete sie auf den kleinen silbernen Blitz, der dem Untergang der Sonne folgt und einen kleinen Halbkreis von Licht entlang dem Horizont erscheinen läßt, nicht größer als der Halbkreis eines Fingernagels. Danach senkte sich Dunkelheit über die Erde.

Umai wandte sich vom Fluß fort und ging ins Haus. Sie dachte über den Halbkreis von Licht nach und fragte sich, was das sein mochte. Sie überlegte, daß sie gern den ganzen Fluß hinunterfahren würde, um herauszufinden, was es war.

Sie suchte hier und dort auf dem Anwesen herum, bis sie ein altes Spielzeugkanu fand, nicht länger als ihr Fuß und nicht breiter als ihre Hand. Sie nahm es mit zum Fluß und tauchte es ins Wasser. Dann berührte sie seine Seiten leicht mit der Hand und streckte das kleine Kanu, bis es zwei Hand breit war. Sie berührte es vorn und hinten und setzte ihren Fuß hinein und streckte es mit den Zauberkräften, die sie besaß, bis sie darin sitzen konnte.

Beim nächsten Sonnenuntergang stieg Umai in ihr Kanu und stieß sich vom Ufer ab. Erst jetzt dachte sie daran, daß sie kein Paddel mitgenommen hatte. Sie verlagerte nun im Kanu ihr Gewicht mal auf die eine Seite, mal auf die andere, und nach einer Weile begann das Boot den Fluß hinabzutreiben. Wenn sie in bewegtes Wasser kam oder zu Wasserfällen, saß sie ganz still, und das Kanu trieb sicher durch die gefährlichen Stellen.

Sie fuhr am Mittelpunkt der Welt vorbei. Hier münden die großen Nebenflüsse in den Strom, und das Wasser wird tiefer und fließt schneller. Umai trieb immer rascher dahin, und es dauerte nicht lange, da erreichte sie jenen Ort, an dem der Fluß in den Downriver Ozean mündet. Die Brandung brach sich an den Felsen entlang der Küste. Aber Umai schaute über die Brecher hinweg hinaus auf das blaue Meer und sah, wie dort das Himmelsgewölbe das Wasser berührte. Da überkam sie der Wunsch, über den Ozean zu fahren. So saß sie ruhig in ihrem Boot und zählte elf Wellen. Als die zwölfte – die immer die kleinste Welle ist – gegen das Land rollte, strich sie über die Seiten ihres Kanus und verlagerte ihr Gewicht mal auf diese Seite, mal auf die andere. Da ritt das Kanu über die zwölfte Welle, und sie erreichte sicher das offene Meer. Sie fuhr weiter und weiter fort von der Welt. Die Sonne stand niedrig am Himmel, als Umai endlich an den Rand der Welt gelangte. Sie saß da in ihrem Kanu und sah sich ruhig um. Sie sah, daß der Himmel nicht fest auf dem Ozean aufliegt, sondern daß er sich hebt und senkt und senkt und hebt in einem gleichmäßigen Rhythmus. Und sie erkannte, daß es der sich hebende und senkende Himmel ist, der macht, daß die Wellen des Downriver Ozeans ständig an die Küsten der Welt schlagen.

Die Sonne ging hinter dem Rand der Welt unter, und danach kam das vertraute silberne Aufblitzen. Aber aus der Nähe sah Umai, daß es keineswegs ein flacher Halbkreis war, sondern ein Winken, etwas, daß sich bewegte mit einem Mittelpunkt lebendiger Helle.

Umai überlegte: Ihr Boot hatte sie fast mühelos durch die Brandung auf den großen Ozean gebracht, warum sollte es sie nicht auch jenseits der Welt bis zu dieser Helligkeit bringen?

Sie tätschelte ihr Kanu und sang wieder, während sie elf Hebungen und Senkungen im Himmel zählte, und bei der zwölften Bewegung stützte sie sich abwechselnd fest auf die beiden Seiten des Bootes und drückte es mit dieser Bewegung vorwärts. Das Kanu fuhr schnell und gerade durch den Spalt, der da war. Und als der Rand des Himmels sich wieder auf die Wasserfläche senkte, war sie schon jenseits des Punktes, an dem sich dies ereignet, nämlich auf dem Meer-außerhalb-der-bekannten-Welt.

Sehr weit draußen hört der Ozean, der die Welt umgibt, auf, und man kommt in ein Meer voller Pech, und dahinter ist dann das Nichts. Aber dort, wo Umai unter dem Himmel dahinfuhr, war eine schmale Wasserstraße, und darauf näherte sie sich dem Land-jenseits-der-Welt.

Am Ufer dieses Landes stand ein junges Mädchen und winkte ihr zu. Es war Laksis, die Schimmernde. Und jetzt erkannte Umai, daß das silberne Leuchten, das auf den Untergang der Sonne folgte, in Wirklichkeit Laksis war, die von der fernen Küste her winkte. Sie hörte nicht auf damit, bis Umais Kanu auf den Sand lief. Sie half ihr, an Land zu steigen, und hieß sie in ihrem Haus und im Land-jenseits-der-Welt willkommen.

Laksis war ein junges Mädchen wie Umai, und wie diese war auch sie einsam. Keine von ihnen hatte einen Freund oder eine Freundin, ehe sie einander trafen. Sie liefen zusammen über das unfruchtbare und leere Land und redeten miteinander ... was eben junge Mädchen so reden. Umai erzählte Laksis, wie sie jeden Tag nach Sonnenuntergang den silbernen Halbkreis hinter dem herabtauchenden Himmel sah. Und Laksis erzählte Umai, wie sie jeden Abend an die Küste kam und der fernen Welt zuwinkte.

Als es Zeit wurde heimzufahren, sagten sie einander auf Wiedersehen wie Freunde, die sicher sind, sich wieder zu begegnen, ehe der Tag herum ist. Zusammen zählten sie elf Hebungen des Himmels. Bei der zwölften Hebung gab Laksis dem Kanu einen kräftigen Stoß und schickte Umai mit diesem wieder in ihre Welt zurück.

Die Reise heimwärts erschien Umai sehr kurz, weil sie mit ihren Gedanken so beschäftigt war. Sie sah, daß von der anderen Seite des Meeres die Erde viel weiter entfernt aussieht als Laksis Heimat von der ihren aus. Sie kam nahe zur Küste und erkannte die Felsen und die weite Mündung des Flusses. Es war gut, all dies wiederzusehen. Ohne Mühe, indem sie sanft das Boot schaukelte und ein wenig sang, ritt sie auf einer flachen Welle durch die Brandung und fuhr den Fluß hinauf, an seinen Wasserfällen und Untiefen vorbei in ruhigeres Wasser, weiter bis zur Quelle und in ihre Heimat.

Umai gehört dorthin, wo der Fluß entspringt, sie ist bekannt als das Upriver-Ozean-Mädchen. Sie unternahm keine Reisen mehr mit ihrem Kanu, denn es schrumpfte wieder zu einem Spielzeug zusammen, und Umai verwahrte es im Haus. Aber jeden Abend bei Sonnenuntergang geht sie ans Flußufer, und sie und Laksis sehen einander über die ganze Weite der Welt, und Laksis, die Leuchtende, schickt ihrer Freundin ein Zeichen von hinter dem sich hebenden und senkenden Himmel her. Wenn du nun auf dem Fluß unterwegs bist oder gar über das Meer fährst, dann tust du gut daran, für Umai am Upriver Ozean zu singen. Greife mit deinen Händen die Seiten des Kanus, berühre sie zärtlich und singe:

Umai!
Du hast die Stromschnellen überwunden.
Du hast den Ozean überquert.
Leih mir dein Kanu.
Ah, da ist es.
Nun werde ich auch keine Mühe mehr haben,
auf dem Fluß zu fahren,
keine Mühe,
den Ozean zu befahren.
Ich danke dir, Umai.

Du wirst sicher überall hingelangen: auf dem Fluß, durch die Brandung, draußen über die Weiten des Ozeans, selbst bis zum Rand der Welt, wenn dich das verlocken sollte. Es wird bei dir länger dauern als bei Umai, viele Tage statt weniger Stunden, und du wirst ein Paddel brauchen, denn wir leben nicht mehr in der Wogè-Zeit, und du bist kein Wogè. Aber du wirst sicher reisen und sicher heimkehren, wenn dein Herz rein ist, wenn du dich an die Sitten gehalten und die Regeln beachtet hast.

Vier Lieder der Chippeway

CHIPPEWAY

Am Himmel
geh ich spazieren.
Einen Vogel
begleite ich.

* * *

O
ich glaube
O
ich glaube,
Ich habe meinen Geliebten gefunden.
O
ich glaube so ist es.

* * *

Ich gehe umher,
versuche mich zu erinnern,
was du versprochen hast,
und es fällt mir nicht ein.

* * *

Ich hielt es für eine Taucherente.
Aber es war
meines Liebsten
Wasser spritzendes Ruder.

Bruder Schwarz und Bruder Rot

SENECA

Da gab es eine Hütte im Wald, an die nur sehr selten Leute kamen, und dort wohnte ein junger Mann mit seiner Schwester. Der Junge war nicht wie andere Menschen, denn auf der einen Seite seines Kopfes hatte sein Haar eine rötliche Färbung, und auf der anderen Seite war es schwarz.

Er pflegte seine Schwester in der Hütte zurückzulassen, wenn er auf seine langen Jagdzüge ging. Einmal bei einer solchen Gelegenheit schien es dem Mädchen, als komme ihr Bruder den Pfad zur Hütte entlang.

»Ich dachte, du seist fort, auf der Jagd«, sagte die Schwester.

»Oh, ich habe es mir anders überlegt, ich bin zurückgekommen«, sagte er. Dann setzte er sich mit seiner Schwester auf das Lager, und er umarmte sie und benahm sich wie ein Liebhaber. Die Schwester schalt ihn und sagte, sie habe Angst. Wieder streichelte er sie, und sie stieß ihn zurück. Darauf ging er fort.

Am nächsten Tag kam der Bruder zurück und seine Schwester war sehr zornig. Sie wollte kein Wort mit ihm reden, und bis dahin hatte sie immer viel mit ihm gesprochen.

»Schwester«, sprach er, »ich weiß gar nicht, warum du mich derart behandelst. Das war doch sonst nicht deine Art.«

»Du solltest wissen, daß du mich mißbraucht hast«, sagte das Mädchen.

»Ich ... dich mißbraucht, was redest du da«, sagte er.

»Oh, du weißt wohl nicht mehr, wie du dich gestern benommen hast«, sagte die Schwester.

»Ich bin gestern nicht hiergewesen«, erwiderte der

Junge, »vielleicht war es mein Freund, der mir so ähnlich sieht.«

»Fällt dir keine bessere Ausrede ein?« sagte die Schwester. »Ich hoffe, so etwas wird nicht mehr vorkommen.«

Bald ging der Bruder wieder fort und sagte, er werde diesmal drei Tage wegbleiben. Nach geraumer Zeit aber sah die Schwester eine Gestalt, die ihrem Bruder sehr ähnlich sah, im Unterholz kauern. Das Hemd und die Leggings waren die ihres Bruders, und auch das Haar war dasselbe. Da wußte sie, daß er zurückgekommen war und etwas Ungehöriges im Sinn hatte. Bald darauf betrat er die Hütte und umarmte sie, und diesmal fuhr sie ihm in ihrer Wut mit den Fingernägeln über die Wange und jagte ihn dann fort.

Nach drei Tagen kam der Bruder mit einem Reh, das er erlegt hatte, heim, aber seine Schwester mochte nicht mit ihm sprechen. Da sagte er: »Ich merke, du bist wütend auf mich, Schwester. Ist mein Freund wieder hiergewesen?«

Es dauerte einige Zeit, ehe die Schwester antwortete, aber dann sprach sie: »Bruder, du hast versucht, mich zu mißbrauchen und ich habe dir das Gesicht zerkratzt. Die Spur von meinen Fingernägeln ist immer noch zu sehen.«

»Ach was«, lachte der Bruder, »der Kratzer im Gesicht rührt von Dornen her. Den habe ich unterwegs abgekriegt, als ich das Reh jagte. Wenn du meinen Freund gekratzt hast, weiß ich endlich auch den Grund für meinen Kratzer. Was immer dem einen zustößt, geschieht auch mit dem anderen.« Aber die Schwester glaubte ihm nicht.

Nicht viel Zeit verging, und abermals gab der Bruder vor, auf einen Jagdzug zu gehen, und wieder sah sie seine vertraute Gestalt. Als er ihr diesmal Gewalt antun wollte, zerriß sie ihm sein Jagdhemd vom Hals bis zur Hüfte. Außerdem klatschte sie ihm einen Löffel voll heißem Bärenfett auf das Hemd. Da lief der Mann davon.

Als der Bruder zurückkam, brachte er Wild mit und legte es ab. Wieder war die Schwester zornig und beschuldigte ihn. Sie wies auf den Fleck von Bärenfett und sagte, daß sei schließlich Beweis genug.

»Nun, Schwester«, erklärte der Bruder diesmal, »mein Hemd habe ich an einem abgebrochenen Ast zerrissen, als ich auf einem Baum einem Waschbären nachstieg. Dann habe ich Suppe mit Bärenfleisch gekocht, und etwas davon ist auf mein Hemd gespritzt.«

Wieder weigerte sich die Schwester, ihm zu glauben.

»Ach, liebe Schwester«, rief er ganz traurig aus, »ich bin wirklich sehr betrübt, daß du mir keinen Glauben schenkst. Mein Freund sieht genauso aus wie ich, und was immer ihm zustößt, es geschieht auch mir. Du wirst mich doch nicht zwingen wollen, meinen Freund aufzuspüren und ihn herzubringen, vorher würde ich ihn nämlich töten, weil er dir zu nahe getreten ist. Wenn du mir geglaubt hättest, wäre nichts Böses geschehen. Jetzt aber werde ich sterben.«

Die Schwester sagte nichts, denn sie glaubte ihrem Bruder nicht.

Der Bruder begann, trocknes Fleisch aufzustapeln und die Hütte zu reparieren.

Dann ging er mit Pfeil und Bogen in den Wald und kehrte nach kurzer Zeit mit einem anderen Mann zurück, der ihm genau glich und dessen Kleidung auf dieselbe Art wie die seine zerrissen war. Er führte ihn zum Feuer in der Hütte und dabei schalt er ihn aus. »Du hast mich verraten und meine Schwester mißbraucht«, rief er, »nun ist es Zeit, daß du stirbst.«

Er nahm einen Pfeil aus seinem Köcher und schoß ihn seinem Doppelgänger ins Herz. So kam dieser ums Leben. Die Schwester sah den anderen zu Boden stürzen. Dann hörte sie ihren Bruder einen Kriegsruf ausstoßen. Auch er brach tot zusammen, und Blut quoll aus einer Wunde in seiner Brust über dem Herzen.

Der Klang der Flöte

Sioux

Nach der Liebe fragst du? Tja, die Liebe. Da ließe sich viel erzählen. Aber das Wichtigste, worüber man Bescheid wissen sollte, sind vielleicht unsere Flöten. Ohne Flöten keine Liebe, so könnte man sagen.

Nun, du kennst unsere Flöten, du hast ihren Klang gehört und hast gesehen, wie schön sie gefertigt sind. Diese unsere Flöte, die *siyotanka*, ist ein ganz besonderes Instrument. Sie wird hergestellt, um nur eine einzige Art von Musik zu machen – Liebesmusik. In den alten Tagen saßen die jungen Männer beieinander, oft lehnten sie im Dunkel der Nacht an einem Baum. Und dort dachten sie sich ihre eigenen Melodien aus.

Wir Indianer sind immer scheue Leute gewesen. Ein junger Mann scheute sich, zu einem schönen Mädchen, in das er sich verliebt hatte, zu sprechen. Es fiel ihm schwer, er mochte ein noch so tapferer Krieger sein, noch so vielen Feinden einen »coup« versetzt haben.

Es gab keine Privatsphäre im Dorf, das ja nur ein Kreis von Tipis war. Keine Privatsphäre in dem Familienzelt, immer waren viele Menschen anwesend. Natürlich konntest du auch nicht mit einem Mädchen Hand in Hand hinaus in die Prärie wandern und mit ihr Zärtlichkeiten austauschen. Zunächst einmal, weil man nicht Händchen hielt. Das wäre unmännlich gewesen. Man zeigte seine Zuneigung nicht, jedenfalls nicht, indem man Händchen hielt. Man ging mit einem hübschen Mädchen auch nicht hinaus in die Prärie, weil man dort nicht sicher war. In dem hohen Gras hätte einen ein Büffel angreifen können, oder plötzlich wäre ein Tomahawk der Pawnee angeflogen gekommen, oder die Kavallerie des weißen Mannes hätte eine Attacke geritten.

Die einzige Möglichkeit, das Mädchen, das man liebte, zu treffen, bestand bei Tagesanbruch, wenn die jungen Mädchen mit ihren Lederbeuteln zum Bach gingen, um dort Wasser zu schöpfen. Das war ihre Aufgabe. Also, wenn ein Mädchen, auf das du ein Auge hattest, den Pfad zum Wasser hinunterging, sprangst du hinter einem Busch hervor, so daß sie nicht umhin konnte, dich zu sehen, und das war auch schon alles, was du tun konntest, um ihr zu verstehen zu geben, daß du an ihr interessiert warst. Dastehen, dumm grinsen, die Spitzen deiner Mokassins betrachten, dich am Ohr kratzen und eine Melodie summen.

Das hübsche Mädchen hatte auch nicht viel mehr Ausdrucksmöglichkeiten. Sie konnte erröten, an dem Wasserbeutel herumspielen oder dir vielleicht noch eine wilde Rübe zuwerfen. Die einzige Möglichkeit, um dir zu verstehen zu geben, daß sie dich mochte, war, ihre Beschäftigung in die Länge zu ziehen und von Zeit zu Zeit hinter sich über die Schulter zu dir hin zu schauen.

So blieb alles der Flöte überlassen. Bei Nacht, wenn sie auf ihrem Büffelfell im Tipi ihres Vaters lag, hörte das Mädchen den unheimlichen Ton der *siyotanka.* Sie hörte ein Lied, das allein für sie gemacht war, und sie wußte, daß der junge Mann draußen in der Dunkelheit an sie dachte.

Nun, du hast gesagt, ich soll dir ein Märchen erzählen, statt dessen erzähle ich dir eine Liebesgeschichte. Verstehst du, bei allen Stämmen diente die Flöte den jungen Männern dazu, ihre Liebe auszudrücken. Bei den Stämmen der Prärie-Indianer war es immer so gewesen. Und ob du nun die Sioux, die Pawnee, die Cheyenne oder die Schoschonen nimmst, immer gab es die Flöte aus Zedernholz, und immer hatte sie einen langen Hals und einen Vogelkopf mit einem offenen Schnabel. Der Ton kommt aus dem Schnabel. Es gibt einen Grund dafür, und hier sind wir bei der Legende.

Vor langer Zeit, ehe der weiße Mann kam mit seinem Pferd und dem Feuerrohr, verfolgte ein junger Jäger ein Wild. Fleisch war rar, und die Menschen in seinem Dorf waren hungrig. Er stieß auf die Spuren eines Elchs und verfolgte sie lange Zeit. Der Elch ist ein schlaues und schnelles Tier. Er ist ein Tier, das Liebeszauber besitzt. Wenn ein Mann eine Elchmedizin hat, wird er die Frau, die er liebt, unbedingt gewinnen. Und er wird Glück bei der Jagd haben.

Der arme junge Mann besaß keine Elchmedizin.

Nach vielen Stunden erst sichtete er Wild. Der junge Jäger trug einen schönen neuen Bogen und einen Köcher aus Otterfell voller guter gerader Pfeile mit Spitzen aus Obsidian, scharf, schwarz und glänzend wie Glas, bei sich. Der junge Mann wußte seine Waffe zu nutzen. Er galt als der beste Schütze im Dorf – aber der Elch verstand es, immer außerhalb der Reichweite seiner Pfeile zu bleiben. Der Jäger verfolgte ihn immer weiter. So vertieft in diese Verfolgungsjagd war der junge Mann, daß er nicht mehr darauf achtete, wohin er gelangte.

Gegen Ende des Tages befand sich der Jäger in einem dichten Wald mit hohen Bäumen. Die Spuren waren verschwunden, und der Elch vor ihm tauchte nicht mehr auf. Dem jungen Mann war klar, daß er sich verlaufen hatte, und daß es schon zu dunkel war, um einen Weg aus dem Wald heraus zu finden. Der Mond, der ihm vielleicht hätte den Weg weisen können, schien nicht. Er war schon froh, als er einen Bach mit klarem kalten Wasser fand, um seinen Durst zu stillen. Dann erinnerte er sich daran, daß in seinem Jagdbeutel noch etwas zu essen steckte, Pemmican, getrocknetes Fleisch, unter das Beeren und Nierenfett gemengt war. Damit würde er sich einen Tag und länger ernähren können. Nachdem der junge Mann getrunken und gegessen hatte, rollte er sich in seinen Fellmantel, lehnte sich gegen einen Stamm und versuchte, sich etwas auszuruhen. Einschlafen konnte er nicht. Der Wald war voller merkwürdiger Geräusche. Da waren die unheimlichen Laute der Nachttiere, der Eulenruf, das Ächzen der Bäume im Wind.

Er hatte all diese Laute schon zuvor gehört, aber nun kam es ihm vor, als höre er sie zum allerersten Mal. Plötzlich drang ein Ton zu ihm, der ihm völlig fremd schien.

Er klang klagend und geisterhaft. Der junge Mann nahm die Decke fester um die Schultern und griff nach seinem Bogen, um zu prüfen, ob er auch ordentlich gespannt sei. Aber dieses Geräusch war auch wie ein Lied, ein Lied voller Liebe, Hoffnung und Verlangen. Und dann, ehe er es sich versah, war die Nacht halb herum, und plötzlich war er doch eingeschlafen. Er träumte davon, daß ein Vogel, den man Wagnuka, den rotköpfigen Specht, nennt, ihm erschiene, den merkwürdigen neuen Gesang anstimme und zu ihm sage: »Folge mir, dann will ich dich das Lied lehren!«

Als der junge Jäger wieder erwachte, stand die Sonne bereits hoch am Himmel, und auf dem Ast des Baumes, an dem er lehnte, saß tatsächlich ein rotköpfiger Specht. Der Vogel flog von Baum zu Baum, entfernte sich aber nie sehr weit und sah sich immer nach dem jungen Mann um. Und immer war es, als ob er ihn locke: »Nun komm ... komm ... komm schon!«

Dann hörte er plötzlich dieses wunderbare Lied, und es verlangte ihn von ganzem Herzen, den Sänger zu finden. Indem er dem Klang nachging, achtete er auch immer auf den Vogel, was wegen dessen rotem Kopfschmuck nicht weiter schwierig war. Schließlich leuchtete das rote Gefieder an einer Zeder auf, und der Vogel begann auf einen Ast einzuhämmern, als sei dies eine Trommel. Dann kam ein Windstoß, und wieder war das wunderbare Lied zu hören.

Dem jungen Jäger wurde klar, daß das Lied von dem abgestorbenen Ast kam, auf den der Specht mit seinem Schnabel geklopft hatte. Und er begriff jetzt auch, daß es der Wind war, der durch die Löcher fuhr, die der Vogel mit seinem Hämmern gebohrt hatte.

»Kola, Freund«, sagte der Jäger, »den Ast nehme ich mit nach Haus. Du kannst dir einen anderen machen.«

Er brach den Ast mit den Löchern ab, und dieser hatte in etwa die Länge seines Unterarms. Er lief zum Dorf zurück – ohne Fleisch, aber dennoch glücklich.

In seinem Tipi versuchte der junge Mann den Ast für sich singen zu lassen. Er blies hinein, er schwenkte ihn. Kein Ton kam heraus. Das machte ihn traurig. Es verlangte ihn so sehr danach, diesen neuen wunderbaren Ton wieder zu hören. Er reinigte sich in der Schwitzhütte. Er kletterte auf die Spitze eines einsamen Hügels. Er lehnte sich dort mit dem Rücken gegen einen großen Felsen und fastete. Vier Tage blieb er ohne Nahrung und Wasser, um eine Vision bittend, die ihm zeigen sollte, wie man den Ast zum Tönen bringt. In der Mitte des vierten Tages kam der *wagnuka*, der Vogel mit den roten Federn auf dem Kopf. Er sagte nur: »Schau mir zu!«

Er verwandelte sich in einen Menschen und zeigte dem Jäger, wie man blasen muß.

Und obwohl ja alles ein Traum war, sah der junge Mann doch sehr aufmerksam zu. Als er aufwachte, fand er eine Zeder. Er brach einen Ast ab und höhlte ihn mit seiner Bogenschnur aus. Genauso, wie er das im Traum den Vogel hatte tun sehen. Er bog den Ast in die Form eines Vogels mit einem langen Hals und einem offenen Schnabel. Er bestrich den Kopf des Vogels mit *washasha,* der heiligen roten Farbe. Er betete. Er rauchte über den Zweig Salbeikraut, Zeder und süßes Gras. Er legte seine Finger auf die Löcher, wie er das im Traum den Vogel hatte tun sehen, und blies gleichzeitig in das Mundstück. Und dann kam das Lied; geisterhaft, wunderbar, schöner als alle Worte zog es durch das Dorf hin, und die anderen Leute waren erstaunt und erfreut, es zu hören. Mit der Hilfe des Windes und des Spechtes hatte ihnen der junge Mann die erste Flöte gebracht.

Im Dorf lebte ein *itanchan,* ein großer Häuptling. Der Mann hatte eine Tochter, die sehr schön, aber auch sehr stolz war. Sie war davon überzeugt, keiner der jungen Männer aus dem Dorf sei gut genug für sie. Viele hatten um sie geworben, alle waren sie abgewiesen worden. Als nun der Jäger die Flöte gefertigt hatte, beschloß er bei sich, daß sie genau die rechte Frau für ihn sei. Er komponierte ein besonderes Lied, und eines Nachts stand er mit seiner *siyotanka,* der Liebesflöte, hinter einem Baum und spielte, in der Hoffnung, das Mädchen werde dem Zauber der Töne erliegen.

Das Mädchen hörte die Musik sofort. Sie saß im Tipi ihres Vaters, aß das Fleisch eines Büffelhöckers und Büffelzunge und ließ es sich gutgehen. Sie wollte im Tipi am Feuer bleiben. Sie wollte nicht hinausgehen. Sie lehnte sich zurück, aber ihre Füße zogen sie vorwärts, und die Füße gewannen. Ihr Kopf sagte: »Langsam, nur langsam!«, aber ihre Füße sagten: »Schneller, schneller!«

Ihr Kopf sagte: »Geh nicht zu ihm, er ist arm.« Ihre Füße sagten: »Renne!« Und wieder obsiegten die Füße.

Schließlich standen sie einander Angesicht zu Angesicht gegenüber. Der Kopf des Mädchens hieß sie still sein, die Füße aber hießen sie reden, und reden tat sie. »*Koshkalaka,* junger Mann, ich bin dein!«

So legten sie sich hin, der junge Mann und das schöne Mädchen ... unter eine Decke.

Später sagte sie zu ihm: »*Koshkalaka*, Krieger. Ich mag dich. Sag deinen Eltern, sie sollen meinem Vater, dem Häuptling, Geschenke schicken. Ein kleines Geschenk nur. Er wird es annehmen. Sag deinem Vater, er soll mit meinem Vater sprechen. Bald ... jetzt!«

Und so kamen die beiden Väter rasch überein, den Wünschen ihrer Kinder zu entsprechen. Das stolze Mädchen wurde die Frau des Jägers, und er selbst wurde ein großer Häuptling. Die anderen jungen Männer hatten gut aufgepaßt. Bald begannen auch sie, solche Flöten mit Vogelköpfen zu schnitzen. Die wunderbare Liebesmusik flog bei den Prärie-Indianern von Stamm zu Stamm und bewirkte, daß die jungen Mädchen mehr ihren Füßen gehorchten als ihren Köpfen. Und so geschah es, daß dank der Zeder und dem Specht die Menschen zu einer Flöte kamen und daß ein junger Mann keinen Elch schoß, sondern lernte zuzuhören.

Märchen, Sagen und Legenden der Indianer, in denen die Sexualität im Mittelpunkt steht, sind bei der Überlieferung indianischer Folklore durch die Weißen systematisch unterdrückt oder gesäubert worden. Das liegt nicht zuletzt daran, daß im nördlichen Teil des nordamerikanischen Kontinents, also im heutigen Kanada, es vor allem Missionare oder Angehörige anderer männergesellschaftlich fixierter Gruppen (Trapper, Bauarbeiter der Eisenbahn) die frühesten Sammler gewesen sind. Ihre bewußte oder unbewußte Sexualfurcht entstellte das Bild von diesem Bereich indianischen Bewußtseins. Die so geübte »zivilisatorische Zensur« ist, wenn man die späteren, mehr belletristischen Ausformungen mit den frühen Wort-für-Wort-Aufzeichnungen und Übersetzungen vergleicht, offensichtlich.

Als der Medizinmann der Sioux sich einmal über Liebe und Sex äußerte, erklärte er: »Die Liebe ist heilig und Sex ebenfalls. Man kann beides nicht trennen. Beides gehört zusammen.« Richard Erdoes und Alfonso Ortiz schreiben zu diesem Thema: »Die prüde Haltung der Missionare gegenüber Sex erstaunte Indianer, die von Kind auf ganz unterschiedliche Ausdrucksformen von Sexualität als selbstverständlich ansahen. Es gibt keine ›schmutzigen Worte‹ in den indianischen Sprachen und damit auch keine Abtrennung gewisser Vorgänge als Obszönitäten. Auf den großen Ebenen hatte die Verführung eines hübschen Mädchens etwa denselben Stellenwert wie die Sitte des ›counting a coup‹, also den Gegner mit der Kriegskeule zu berühren. Ein Mann malte auf das Gewand, welches er zur Brautschau trug, Figuren, die auf seine zurückliegenden Eroberungen hinwiesen, so, wie Taten im Krieg oder bei der Jagd auf dem Tipi, dem Stangenzelt, bzw. auf den Zeltbahnen dargestellt wurden. Das bedeutet nicht, daß die Indianer in höherem Maße als die Weißen zur Promiskuität geneigt hätten. Sie kannten lediglich nicht jene Verlogenheit in puncto Sex, die bei puritanischen Weißen die Regel war. Wenn ein Sioux-Mädchen zum Ausdruck bringen wollte, daß sie keine Lust hatte, sich mit einem Mann einzulassen, band sie einfach eine Haarschnur zwischen ihre Beine, und kein Mann hätte gewagt, sie zu berühren. (...) Treulosigkeit wurde nicht auf die leichte Schulter genommen. Der Loyalität des Ehepartners, selbst unter Belastung, wurde viel Bedeutung beigemessen.«

Die treue Frau, die ein Krieger wurde

TIWA PUEBLO-APACHEN

Es war einmal ein Apachen-Stamm, der lebte an einem Ort, der Namtsuleta genannt wurde, was »Gelbe Erde« bedeutet. In dieser Gruppe gab es zwei junge Männer. Blauer Falke, der mit der Tochter des Oberhäuptlings verheiratet war, und Roter Falke, sein Freund.

Der Stamm kämpfte gegen einen anderen Stamm, der weit entfernt lebte, und die beiden jungen Männer sattelten ihre Pferde und wollten dorthin reiten, um Skalpe zu erbeuten. Als sie in der Nacht kampierten, sprachen sie von dem, was vor ihnen lag, und von dem, was sie zurückgelassen hatten.

Roter Falke, der unverheiratet war, sagte zu seinem Freund: »Wie das bei den Frauen so geht... heute nacht schläft deine bestimmt mit einem anderen Mann.«

»Das magst du vielleicht denken«, sagte Blauer Falke, »aber ich weiß, meine Frau ist mir treu.«

»Mein Freund, reite zurück, und du wirst sehen, sie wird dich abweisen, weil sie schon mit einem anderen ein Treffen für die Nacht vereinbart hat.«

»Das würde sie nicht tun.«

»Und ich wette, sie würde...!«

»Gut, reite zurück, und sehen wir, wer die Wette gewinnt.«

Als Einsatz setzten sie ihren gesamten Besitz fest, das, was sie bei sich hatten, und das, was ihnen daheim gehörte.

Roter Falke kehrte also in das Dorf zurück und zeigte sich an dem Zelt des Freundes. Er sah dessen Frau draußen sitzen, aber sie würdigte ihn nicht eines Blickes. Er versuchte sie anzulächeln, sie nahm keine Notiz von ihm.

Ach, dachte er, es ist tatsächlich so, wie Blauer Falke behauptet hat. Ich werde die Wette verlieren. Aber so rasch wollte er nicht aufgeben, denn es stand immerhin seine gesamte Habe auf dem Spiel.

Er ging also zu einer jener schlauen alten Frauen, erzählte ihr alles, über die Wette, wie die Frau tatsächlich die Treue selbst zu sein schien und seine Schande.

»Gibt es denn keine Möglichkeit, sie nackt zu sehen?« fragte er, »wenigstens müßte ich herausfinden, wie ihr Körper aussieht. Wenn du mir dazu verhilfst, werde ich dich gut belohnen.«

»Schon recht, Enkel. Ich werde das für dich herausfinden.«

Die Alte nahm einen Stock, ließ ihre Zehen zum Schuh herausschauen und schlurfte an dem Zelt des Blauen Falken vorbei.

»Arme Alte«, sagte dessen Frau, als sie sie sah. Sie brachte die Alte ins Zelt und richtete ihr auf Fellen in der Ecke ein Lager. Nun war es nicht schwer: Durch ein Loch in ihrer Decke sah die Alte dabei zu, wie die junge Frau sich auszog.

Die Frau von Blauer Falke hatte einen langen Zopf, der ihr bis auf den Magen fiel, den öffnete sie, bürstete ihn, flocht ihn wieder und band ihn sich fünfmal um den Leib. Als die junge Frau sich bückte, sah die Alte, daß sie auf dem Rücken ein Muttermal hatte.

Bei Tagesanbruch stand die alte Frau auf. »Enkeltochter«, sagte sie, »ich muß jetzt heim, meine Truthähne füttern.«

Sie lief also zu ihrem Zelt, in dem Roter Falke die Nacht verbracht hatte, und sagte ihm, was sie in Erfahrung gebracht hatte.

Roter Falke ritt davon, und als er seinen Freund traf, sprach er zu ihm: »Ich habe mit deiner Frau geschlafen.«

»Das glaube ich nie und nimmer«, erwiderte Blauer Falke. »Du lügst.«

»Woher sollte ich dann wohl wissen, daß sie einen ganz langen Zopf und ein Muttermal auf dem Rücken hat. Ist das etwa auch gelogen ... he?«

Stumm senkte Blauer Falke den Kopf.

»Mein Freund«, sagte der andere, »wir haben gewettet, und du hast die Wette verloren.«

»Gut. Nimm mein Packpferd, mein Geld, alles, was ich bei mir habe. Nimm es. Dann reiten wir zurück, und im Lager bekommst du, was ich sonst noch besitze: Pferde, Vieh, das Zelt.«

Also ritten sie heim, und dort übereignete Blauer Falke dem Freund seine gesamte Habe, wie man das sonst in diesem Stamm beim Begräbnisopfer tut.

Seine Frau fragte ihn: »Warum tust du das? Warum gibst du alles dem Jungen?«

Er antwortete nicht, sondern ging weiter seiner Arbeit nach. Er verfertigte eine große Lederkiste, da hinein tat er etwas Geld, Lebensmittel und Kochgerät.

Schließlich sagte er zu seiner Frau, er wolle einen langen Ritt über die Prärien hin machen, eine Reise nur zu seinem Vergnügen. Er hieß sie ihre besten Kleider anlegen und befahl ihr, in die Kiste zu steigen.

»Ich habe diese Kiste gemacht«, erklärte er ihr, »damit du vor der Sonne geschützt bist und keinen Sonnenstich bekommst, wenn du mich begleitest.«

Blauer Falke spannte seine Pferde vor einen Karren, lud die Kiste auf und fort ging's. An dem ersten Fluß, an den er kam, kippte er die Kiste ins Wasser und kehrte dann zum Stamm zurück. Daheim fragten natürlich alle, wo seine Frau sei und warum er all seinen Besitz dem Roten Falken gegeben habe.

Auf diese Fragen gab er keine Antwort. Mit seinem

merkwürdigen Verhalten brachte er seinen Schwiegervater gegen sich auf. Der grub ein Loch, das bis in die Unterwelt reichte, und stieß seinen Schwiegersohn dann dort hinab.

Die Lederkiste wurde von einem Fischer aus dem Fluß gefischt. Er öffnete sie und fand darin zu seinem Erstaunen eine hübsche junge Frau. Er wollte sie mit ins Lager nehmen, aber ehe sie ihm folgte, bestand sie darauf, ihre Kleider zu wechseln.

Der Stamm der Apachen, bei denen der Fischer lebte, schickte sich an, auf Kriegspfad zu gehen. Die junge Frau, die jetzt Männerkleider trug, schloß sich den Kriegern an, als diese am nächsten Morgen aufbrachen. Unterwegs unterhielten sich die jungen Männer über den hübschen, gutgekleideten Fremden.

»Seine Augen sehen aus wie die eines Mädchens«, sagte einer der Krieger.

»Er bewegt sich auch wie ein Mädchen«, meinte ein anderer. Und als sie am Abend ihr Lager aufschlugen, sagte ein Junge: »Ich werde mich mit ihm anfreunden, um herauszufinden, ob er ein Mädchen oder ein Junge ist.«

Nun, die junge Frau sagte ihnen, sie sei ein Medizinmann, und stellte ihr Zelt etwas abseits auf. Sie erklärte, ihre Medizin sei die Sonne, deshalb trage sie eine weiße Adlerfeder. Der Junge, der sich mit ihr anfreunden wollte, kam zu ihrem Zelt und fragte sie, ob er mit im Zelt schlafen könne. Nachdem sie sich hingelegt hatten, blieb der Junge wach und wartete darauf, daß der Fremde einschlafen werde. Aber er schlief nicht ein. Wann immer er näher an ihn heranrückte und versuchte, den Arm um ihn zu legen, sagte er entschieden: »Laß das!«

Nach einer Weile versuchte es der Junge wieder und bekam zu hören: »Warum schläfst du nicht endlich?«

So verging die Nacht. Am Morgen mußte der Junge vor den anderen Kriegern eingestehen, daß er nichts hatte in

Erfahrung bringen können. In der nächsten Nacht versuchte es ein anderer, aber auch ihm ging es nicht besser. Was immer sie unternahmen, um herauszufinden, welchen Geschlechts der Fremde sei, sie hatten keinen Erfolg.

Dann erreichten sie das Gebiet des Feindes. Der Medizinmann befahl, sein Zelt weit entfernt von den anderen aufzustellen. Und die Krieger hieß er in ihren Zelten bleiben und sich still verhalten. Kaum war die junge Frau allein, da spie sie Medizin in die Richtung des Zeltplatzes der Feinde, und alle kamen ums Leben. Sie stieß ein Kriegsgeheul aus. Da kamen die Krieger ihres Stammes aus den Zelten. Und sie sagte: »Da seht. Es gab ein heftiges Gefecht. Ich habe sie alle getötet. Nun will ich den Toten ihre Ohren abschneiden und ihnen ihre Schilde, Pfeile und Bogen und ihre Kriegskeulen abnehmen.«

Das tat sie, und sie nahm ihnen auch die Skalps.

Als sie nun ins Dorf kamen mit allen Skalps und der reichen Beute, lobte der Häuptling den mutigen jungen Krieger und wollte ihn auszeichnen und belohnen. Der aber bat nur um ein gutes Pferd. Schließlich legte er die Männerkleider ab, und da stand die treue Frau, die der Mann in den Fluß geworfen hatte.

»Obwohl ich ein Mädchen bin«, sprach sie, »habe ich so tapfer gekämpft wie all die jungen Krieger zusammen. Ich habe eure Feinde vernichtet. Ich habe ihnen ihre Skalps genommen. Ich habe euch ihre Waffen gebracht. Blauer Falke war mein Ehemann. Ihr habt ihn in die Finsternis verbannt, nur weil Roter Falke ihn belogen hat. Nun bringt ihn mir wieder.«

Als Blauer Falke aus der Tiefe wieder ans Licht heraufgestiegen war, umarmte sie ihn. Sie weinte, denn er sah mager aus und traurig.

»Du hast die Wette nur deshalb verloren«, sagte sie zu ihm, »weil Roter Falke dich betrogen hat. Nie und nimmer hat er meinen nackten Körper zu sehen bekommen. Nur dich liebe ich von ganzem Herzen. Und nun, Häuptling, laßt den Roten Falken und die alte Frau herbeiholen.«

Die Übeltäter wurden vorgeführt, und die junge Frau sagte zu ihrem Vater, dem Häuptling: »Sag den Jungen, sie sollen die wildesten Ponys bringen, die wir in der Pferdeherde haben.«

Und als die Tiere zur Stelle waren, befahl sie, den Roten Falken an den Schwanz des einen und die Alte an den des anderen Pferdes zu binden. Dann ließen sie die Pferde frei. Fort rannten sie, ausschlagend und springend, und das war das Ende der Alten und des elenden Verleumders.

Die Welt der Tiere

»... denn wenn Bären getötet werden, ist es fast immer der Bär, der sich töten läßt, weil er ein Geschenk für sein Fleisch und seine Haut wünschte... und wenn später die Seele des Bären mit anderem Fleisch und anderer Haut aufersteht, nimmt sie die Geschenke mit.«

Aus einem Märchen der Eskimo

Magische Worte

Eskimo

In sehr früher Zeit,
als sowohl die Menschen wie auch die Tiere auf der Erde lebten,
konnte jemand ein Tier werden, wenn er das wollte,
und ein Tier konnte ein Mensch werden.
Manchmal waren die Wesen Menschen,
dann wieder Tiere.
Es gab keinen Unterschied.
Alle sprachen sie dieselbe Sprache.
Das war die Zeit, in der Worte wie Zauber waren.
Ein Wort, zufällig gesprochen,
konnte merkwürdige Folgen haben.
Es wurde plötzlich lebendig,
und was die Menschen wünschten, das geschah –
alles, was man tun mußte, war, es zu sagen.
Niemand kann das erklären:
So war es ganz einfach.

Das Mädchen, das einen Bären heiratete

TLINGIT

Die Sammlerin der folgenden Geschichte bemerkt zu ihr: »Alle Yukon-Indianer berichten von einer Zeit, in der es schwierig war, zwischen Tieren und Menschen zu unterscheiden, da jedes Tier als Mensch erscheinen oder seine Tiermaske und seine Tierkleider anlegen konnte. In seltenen Fällen kann Derartiges auch heute noch geschehen … Tatsächlich besteht die Hauptsorge der Yukon-Indianer darin, wie sie in bester Harmonie mit den Tieren leben, die grundsätzlich so viel mehr Kraft als die Menschen besitzen, besonders da die Indianer ständig mit Tieren konfrontiert sind, Tiere töten müssen und dabei selbst überleben wollen.«

Wenn man die anderen Versionen dieser Geschichte betrachtet, die Catherine McClellan notiert hat, wird klar, daß der Bär ein mächtiger Schamane ist, der das Mädchen verschleppt, aber auch durch seine Traumfähigkeit in der Lage ist, das Kommen seines Bruders und seinen eigenen Tod vorherzusehen. In einer Version heißt es: »Der Bär pflegte nachts zu singen. Wenn sie aufwachte, konnte sie ihn hören. Der Bär wurde zu einem Medizinmann, als er mit dieser Frau zusammenlebte. Es überkam ihn, wie es einen Heiler überkommt.«

Gerardo Reichel-Dolmatoff reflektiert in seinem Buch »The Amazonian Cosmos: The Sexual and Religious Symbolism of the Tukano Indians« über den Ursprung solcher Geschichten:

»Die Beziehung zwischen dem Menschen als Jäger und der Beute ist von einer erotischen Komponente bestimmt. Die Jagd ist praktisch eine Brautwerbung und ein sexueller

Akt, ein Ereignis, das mit großer Sorgfalt in Übereinstimmung mit strikten Normen vorbereitet werden muß. Der Autor dieser Sammlung setzt gern hinzu, daß er diese Geschichte für eine der eindrucksvollsten im gesamten Buch hält. Man achte auf den vom mündlichen Erzählen abgenommenen Erzählton und die in ihm verwendeten ungewöhnlichen Stilmittel von Aussparung, bewußtem Zeitenwechsel und Wiederholungen. Was zunächst vielleicht roh oder unbeholfen wirkt, erweist sich bei konzentriertem Hinhören und Hinsehen als eine verblüffend differenzierte Ausdrucksform, die den Zuhörer oder Leser dazu anstiftet, die ausgesparten oder nur knapp angedeuteten Handlungsteile durch eigene Vorstellungen zu ergänzen, und ihn so in den dramatischen Ablauf der Geschichte mit einbezieht.

Einige Leute lagerten eines Tages an der Mündung des Flusses und legten dort Fisch, nämlich Lachs, zum Trocknen aus. Nun, dann waren sie fertig. Sie sammelten den Fisch ein, verpackten ihn und wollten danach losziehen, um Beeren zu suchen. Die Frauen also, es waren ihrer zehn, wollten Beeren sammeln. Ein junges Mädchen geht mit ihnen. Es sind zehn Frauen, und das Mädchen ist noch sehr jung.

Sie füllt einen Korb so groß. (Der Erzähler macht eine entsprechende Geste.) Sie füllt zwei Körbe. Fünfzig Pfund hat sie schon. Sie stellt einen Korb auf den anderen. Als sie zum Lager zurückgingen, war es schon dunkel. Die junge Frau war müde. Die Körbe waren schwer. Plötzlich stolperte sie und verschüttete die Beeren aus dem oberen Korb. Sie wollte wissen, worüber sie gestolpert war. Es war eine Stelle, an der der Bär sich erleichtert hatte. Das Mädchen will wissen, was da an ihrem Fuß klebt. Bärenscheiße. Ihr versteht, wie unten am Salzwasser, wo die

Bären Beeren fressen und sich dann erleichtern. Viel Scheiße. So groß. (Zeigt die Größe mit einer Geste an.)

Da wurde sie zornig auf den Bären. Sie gab diesem Bären böse Worte, möglich, daß der Bär es hörte. Also sammelte sie die Beeren wieder ein, die aus dem Korb gefallen waren, und einige der Frauen halfen ihr dabei.

Sie läuft eine Weile mit dem einen Korb auf den anderen gestellt, da reißt plötzlich der Packriemen, der sich quer über die Schulter zieht. Diesmal fallen beide Körbe zu Boden, und die Beeren schütten sich aus.

Das geschah nur, weil der Bär es so wollte.

Aber wieder kamen die anderen Frauen und halfen ihr die Beeren einsammeln. Der eine Korb war halb voll, der andere bis zum Rand. Das Mädchen weinte fast. Sie lud sich die Körbe wieder auf, und die Frauen gingen weiter.

Es ist dunkel.

Es ist Herbst.

Alle gingen sie wieder.

Sie waren noch nicht viel weiter, als der Riemen an beiden Seiten riß.

Den anderen älteren Frauen war es kalt. Es regnete, regnete heftig. Eine der älteren Frauen sagte: »Ich gehe jetzt heim. Ich habe genug.«

Sehr bald waren alle Frauen fort, und das Mädchen mußte ganz allein all die Beeren wieder einsammeln. Sie hatte daheim einen Ehemann, und als die letzten Frauen gingen, sagte die junge Frau ihnen, sie sollten ihren Mann bitten zu kommen, um ihr zu helfen.

Als sich dann die junge Frau nach Haus auf den Weg macht, kommt ihr, nachdem sie ein kurzes Stück des Weges gegangen ist, jemand entgegen. Es war ein Mann. Er hatte ein kleines Stück Bärenhaut auf dem Rücken. Sie meinte, es wäre ihr Ehemann. Er pflegte ein Stück Bärenhaut auf dem Rücken zu tragen, wenn es regnete. Sie weinte immer noch. Und als er ihr entgegenkam, sagte er: »Warum weinst du denn? Ich bin ja hier.« Er wischte ihr die Tränen aus den Augen. »Hör auf zu weinen und laß uns gehen.«

Der Ehemann lud sich die Beeren auf. Und sie gingen. Es war ein Bär, der sie jetzt entführte. Sie gingen und gingen. Nach einer Weile heißt er die junge Frau rascher gehen. »Es wird sonst zu dunkel!«

Nach einer Weile sieht sie einen großen Windbruch. Ihr wißt, unten an der Küste gibt es sehr große Bäume. Sie gehen da hinein. Die junge Frau denkt: Es ist ein Windbruch. Aber der Bär weiß, daß es ein Gebirge ist. Sie gehen, und nach einiger Zeit gehen sie wieder irgendwo hinein. Wieder hält sie es für einen Windbruch. Dann kommen sie an den Abhang eines Gebirges und lagern dort.

»Wir haben uns verlaufen«, sagt er. »Wir sind den falschen Weg gegangen«, sagt er zu der Frau.

Am nächsten Morgen wacht sie auf. Sie hat gut geschlafen, aber am frühen Morgen wird sie munter, noch ehe ihr Mann aufwacht, und merkt, was geschehen ist. Sie schläft auf dem Erdboden, aber am Abend hatte sie gemeint, sie befänden sich in einem Haus, in ihrem Haus.

Als sie am Morgen die Augen aufschlägt, merkt sie, um sie ist ein Lager. Und sie sieht eine Kette aus Bärenklauen um ihren Hals. Nach einer Weile wacht auch der Bär auf. Sie schließt ihre Augen und wagt nicht sich zu rühren. Als der Bär aufsteht, betrachtet sie ihn. Er sieht aus wie ihr Mann. Er macht Feuer und kocht. Als das Essen fertig ist, steht sie auf und ißt. So geht es auch zu Mittag. Immer kochte der Mann. Sie sieht nicht, wo er kocht.

Am Morgen, nachdem sie gefrühstückt haben, sagt der Mann: »Ich gehe jetzt auf Jagd nach Erdferkeln. Bleib du daheim und mach Feuer.«

Dann geht er.

Am Abend kommt er heim. Er hat einen ganzen Sack voller Erdferkel und Erdhörnchen. Er kocht sie, und als sie fortgehen, packt er alles ein.

Als sie abends heimkommen, legen sie sich wieder schlafen. In der Nacht wacht die Frau auf. Sie möchte wissen, warum sie sich so unbehaglich fühlt. Dann merkt sie, es ist der Bär, der mit ihr schläft. Sie ist wieder still und schläft weiter.

Am nächsten Morgen wacht sie wieder auf. Am Abend hatte er alles zusammengepackt, was er erlegt hatte, und es fortgebracht. Nichts ist übrig. Alles fort. Sie sagt nichts. Sie sieht nichts, aber dennoch kocht der Mann irgendwo etwas. Dann stellt er es hin. Es ist schon gekocht. Sie nimmt es und ißt.

Darauf sagt er ihr wieder, sie solle daheimbleiben und Holz sammeln. »Ich gehe wieder ein Erdferkel töten.«

Am Abend kommt er wieder mit einem Sack voller Erdferkel und Erdhörnchen zurück. Und wieder kocht er, ohne daß sie etwas sieht.

So ging das etwa einen Monat. Spät im Herbst sagt der Mann: »Wir müssen uns um ein Winterlager kümmern und uns ein Heim bauen.«

Sie gehen und haben einen großen Packen mit getrocknetem Erdferkelfleisch bei sich. Nie hat sie gesehen, daß er welches getrocknet hat. Aber nun ist welches da. Sie kampieren an vier Tagen an vier verschiedenen Orten. Sie waren in einem hohen Gebirge. Es liegt nahe einem großen Fluß auf der Alaska zugewandten Seite des Chilkatlandes. Es hieß Tsum, was bedeutet: Dies ist der Höchste.

Ihr wißt, wo all der Schlamm und das Geröll aus dem Gebirge herabkommt. Dort grub sich der Bär ein Loch.

Als er mit dem Graben fertig war, hieß er seine Frau Zweige herbeitragen.

»Hol sie nicht dort, wo der Wind Äste und Gestrüpp

abreißt«, sagte er zu ihr, »hole sie ganz unten.« Also holt sie alles, wie er es verlangt hat. Der Bär kommt hervor und sagt zu seiner Frau, nachdem er daran gerochen hat: »Warum hast du es so weit oben abgebrochen. Sie werden das bemerken und uns aufspüren.«

Er wird böse. Er schlägt seine Frau, er geht jetzt selbst Zweige und Gestrüpp suchen. Als er am Abend heimkommt, will er essen. Er kocht etwas. Es ist wieder Erdschweinfleisch und Erdhörnchen, aber die Frau sieht nie eines dieser Tiere. Trotzdem kann der Mann sie kochen.

Dann kampieren sie drei Nächte. Es scheint ihr wie drei Nächte, in Wirklichkeit sind es drei Monate. Der Mann sagte zu ihr: »Fühl mal, ob der Schnee schon weich ist!«

Die Frau gewöhnte sich daran, mit dem Bären zu leben. Sie merkt, daß sie schwanger ist. Es schienen nur drei Monate vergangen. Aber das Kind in ihr war schon so groß, als trage sie es schon sechs Monate. Das kam daher, weil die Bären ihre Jungen rascher bekommen als die Menschen. Sie war schon sehr dick. Man konnte deutlich sehen, daß sie schwanger war.

Sie spürt, wie ihr Mann sie umarmt. Sie streichelt sein Fell.

Dann ging sie nach draußen und griff in den Schnee. Er ist weich. Sie macht einen großen Schneeball. Sie weiß, der Schneeball wird zu Tal rollen. Sie weiß, ihr Lager liegt über einer Schneerutsche. Sie wirft den Schneeball zum Fuß des Hügels hinab, zum Bach hin.

Das Mädchen hatte vier Brüder, die an der Flußmündung lebten.

Nach einer Weile, als der vierte Monat beginnt, ist dem Mädchen schlecht, denn sie wird das Kind bekommen. Mitten in der Nacht – in Wirklichkeit ist wieder ein halber Monat verstrichen – bringt sie zwei kleine Jungen zur Welt. Die Handflächen der Kinder sind glatt und weich wie bei Menschen, auf dem Rücken haben sie überall Fell. Ihre Bäuche waren die von Menschen und ihre Füße auch.

Im April, als sich eine Eiskruste auf dem Schnee bildete, wollten ihre Brüder mit den Hunden auf Bärenjagd gehen. Der älteste Bruder besaß zwei Hunde, Bärenhunde, große Hunde, gute Jagdhunde.

Seit langem wußten die Brüder und alle Leute, daß das Mädchen von einem Bären verschleppt worden war, als sie Beeren suchen war. Die vier Brüder zogen zusammen aus. Der Jüngste war noch ein Kind, die drei anderen hatten Frauen. Der älteste Bruder versucht es zuerst, aber er kriegt nie einen Bären. Dann versuchte es der zweitälteste. Er kommt am Abend zurück, er hat nichts gefunden. Am nächsten Tag ist der dritte Bruder an der Reihe. Auch bei ihm – nichts.

Der Jüngste schläft immerzu. Als der älteste Bruder zurückkam, hat er geschlafen und gesagt: »Du bist nicht gut. Glaubst du, so findest du die Schwester?«

Er wartet nur darauf, daß er endlich an die Reihe kommt. Er weiß, er wird die Schwester finden. Er geht und läuft geradewegs auf das hohe Gebirge zu. Er geht dorthin, wohin er im Sommer zu gehen gewohnt ist. Er hat zwei Hunde bei sich. Nach einer Weile sieht er diesen Schneeball. Die Hunde laufen hin und riechen den Bär. Er folgt ihnen dorthin, wo der Schneeball hergekommen ist. Die beiden Hunde rennen den Abhang hoch. Nach einer Weile hört er die Hunde oben bellen. Er geht ihnen nach. Nach einer Weile sieht er den Bär. Er sieht das Loch, und die Hunde sind drinnen. Er sieht zwei Hundeschwänze. Sie bellen und bellen.

Er hat keine Möglichkeit, den Bär zu treffen. Er hat Pfeil und Bogen bei sich, aber er kann nicht schießen, die Hunde sind ihm im Weg. Er versucht, sie herauszuziehen. Nach einer Weile spricht da jemand im Loch. Die Stimme sagt etwas zu den Hunden. Die Person sagt: »Nun seid doch mal still. Hört doch mal auf zu bellen!«

Sie kennt die Hunde ihres Bruders Sie ist da drinnen. Und dann kommen die Hunde heraus.

Der Bärenmann sagte zu seiner Frau. »Das sind deine Brüder. Sie werden mich töten, aber wenn sie mich erlegt haben, schau, daß du meinen Schädel bekommst.[1] Den ganzen Schädel. Wenn sie mein Fell strecken, dann mach dort, wo sie das tun, ein Feuer, wirf meinen Kopf ins Feuer und laß ihn verbrennen.«

An dem Tag, da die Brüder kamen, um ihn zu töten, kämpft er nicht. Er warf sie nicht in den Bach. Er stieß sie nicht den Abhang hinunter. Er lag nur ruhig da. Die drei anderen Brüder kamen, um den vierten zu treffen. Sie hatten im Gebirge die Hunde bellen hören. Sie zogen aus, um den jüngsten Bruder zu suchen.

Als sie den Bären abhäuteten, hieß der älteste Bruder den jüngsten in die Höhle kriechen und den Pfeil holen, den er dorthinein geschossen hatte.

Als er in das Bärenloch ganz hinten hineinschaute, saß da das Mädchen und hielt ihre beiden Jungen. Sie sagt zu ihm: »Häutet den Bären gut ab. Es ist euer Schwager. Behandelt ihn gut. Man kann sein Fleisch gut essen.«

Als sie ihn abgehäutet hatten, schnitten sie ein Stück von den Rippen heraus und rösteten es.

Als sie fertig sind, sitzt die Schwester immer noch im Bärenlager.

Als der jüngste Bruder sie dort sieht, kommt er heraus und sagt zu den anderen: »Ich habe unsere Schwester da in der Bärengrube gesehen.«

---

1 Es ist für die aussparende Erzählweise charakteristisch, daß später nichts darüber berichtet wird, daß das Mädchen dieser Anweisung Folge leistet.

Sie wollen ihm das nicht glauben.

»Das kann ja nicht sein.«

»Ist aber so. Sie hat zwei Babys. Ich habe es gesehen.«

Der Älteste sieht sich also da drinnen um, und als er seine Schwester entdeckt, fängt er an zu weinen.

»Sei ruhig, Bruder. Jetzt ist ja alles gut.«

Da hört der Mann auf zu weinen, und das Mädchen sagt zu ihm: »Wenn du heimkommst, Bruder, sagt der Mutter, sie soll mich holen kommen und für mich Schneeschuhe mitbringen.«

So als ob es gar nichts wäre, gehen sie rasch heim, ohne etwas zusammenzupacken. Sie haben es eilig heimzukommen.

Sobald sie das Lager erreichen, rufen sie: »Wir haben unsere Schwester gefunden!«

Keiner glaubt es ihnen. Sie sagen es ihrer Mutter. »Die Schwester sagt, du sollst sie mit Schneeschuhen abholen kommen.«

Als sie es sagen, will sie es nicht glauben. Dennoch zieht sie ihre Schuhe an und geht. Sie nimmt ein extra Paar Schneeschuhe mit. Sie geht dorthin, wo die Tochter ist.

Als das Mädchen aus dem Loch gekrochen kommt, fängt sie an zu weinen und weint, bis sie daheim sind. Sie sagt zu ihnen: »Jemand muß mir abseits ein Lager machen. Von den Stadtleuten entfernt.«

Sie will allein wohnen.

Und sie machen ihr dort ein Lager. Sie kam heim und blieb dort.

In diesem Frühjahr noch sagt sie zu ihrem jüngsten Bruder, dem, der sie aufgespürt hat, sie wolle auf Bärenjagd gehen.

»Ich wittere Bären«, sagte sie.

»Wo?« fragte der Bruder.

»Da draußen. Siehst du die Bäume dort? Genau da. Geh

und schau.« Er geht hin und tatsächlich, da steht ein Bär. Jedesmal, wenn sie es sagt, ist es so.

Nach einer Weile ist wieder Sommer, und sie fischen. Wieder vergeht Zeit. Es ist Herbst, und sie gehen wieder Beeren sammeln. Sie jagen auch den Bären im Herbst. Sie sehen am Abhang des Gebirges drei Grizzlybären, eine Familie. Es ist ein Weibchen mit zwei Jungen, eineinhalb Jahre alt. Sie sieht sie zuerst und sagt es dem Bruder: »Oben sind noch mehr Bären. Mindestens drei. Wenn du sie erlegen willst, spiel nicht mit ihnen herum. Wenn du mit ihnen herumspielst, holen sie mich wieder fort.«

Und dann gehen sie hinauf und töten die Bären – alle drei. Sie häuten sie ab und bringen ihre Füße und ihr Fell. Sie essen etwas von ihrem Fleisch am Abend. Ehe die Sonne untergeht, hören sie auf zu essen.

Dann sagen sie ihrer Mama: »Mama, rede mit unsrer Schwester. Wir wollen mit ihr spielen. Wir wollen, daß sie das Bärenfell anlegt, und die Felle von den Kleinen sind für die Söhne unserer Schwester!«

Und die Mutter weinte und weinte. Sie sagen ihr wieder, daß sie mit ihrer Schwester spielen wollen. Nur spielen. Nach einer Weile geht die Mutter und spricht mit ihrer Tochter.

Sie sagte: »Ich soll dir sagen, deine Brüder wollen mit dir spielen. Du sollst das Bärenfell anlegen und tun, als kämst du vom Gebirge herunter.«

Das Mädchen weint und weint. Nach einer Weile kommen die Männer und sagen: »Schwester, nur ein Spiel. Wir legen dir das Bärenfell an, und diese Felle hier sind für unsere Neffen.«

»Warum tut ihr das? Hab ich euch nicht gesagt, ihr sollt mit den Bären keinen Spott treiben. Jetzt zieh ich das Fell an. Kommt und bringt uns ins Gebirge.«

Sie nimmt die Bärenfelle mit sich. Sie nimmt die kleinen

Felle und legt sie ihren Kindern an. Sie dreht sie viermal, nachdem sie die Felle übergestreift haben. Da sind es wieder richtige kleine Bären. Jetzt legt sie das große Fell an und ist eine Bärin. Der älteste Bruder sagt: »Schwester, wir werden jetzt mit Pfeilen auf dich schießen. Aber die Pfeilspitzen sind nur aus Rinde und nicht aus Eisen.«

Als die Brüder sich anschleichen, dort, wo die Schwester Beeren ißt, meint der jüngere Bruder, das sei kein Mensch mehr, sondern eine Bärin. Als er das sieht, ersetzt er die Pfeilspitze aus Borke durch eine aus Eisen. Der älteste Bruder trifft sie zuerst. Sie stellt sich hinter einen Baum. Die anderen beobachten. Der jüngste Bruder hat einen guten Pfeil. Als sie wieder schießen, dreht sich die Bärin um und bekommt drei der Brüder zu fassen. Und die jungen Bären kommen hinterdrein und reißen die Brüder in Stücke.

Der jüngste Bruder, der etwas zurückhängt, trifft die Schwester gut, genau in den Hals. Er tut das, weil die Schwester sich in eine Bärin verwandelt hat. Der Pfeil schlägt durch bis auf den Schlüsselbeinknochen. Er reißt ein Loch, so dick wie ein Finger. Der jüngere Bruder hat den Bären erschossen.

Dann gingen die jungen Bären fort. Sie kamen nie mehr ins Lager zurück. Sie hatten drei Brüder getötet. Nur der jüngste Bruder blieb am Leben. Das ist das Ende der Geschichte.

Bemerkungen zum Trickster

Trickster ist ein aus dem Englischen stammender Fachausdruck der Anthropologie und Folklore, der sich auch in anderen Ländern für diesen Typ des Mythen- und Märchenhelden eingebürgert hat. Mit Schelm, Eulenspiegel,

Gaukler oder Betrüger ist das Wort nur unvollkommen übersetzt. Es ist abzuleiten von dem Wort »Trick«. Ein Trickster ist also jemand, der andere mit einem Trick hereinlegt. Trickster finden sich in der mündlichen Literatur der ganzen Welt, und zwar gibt es meist ganze Zyklen von Trickster-Geschichten. Sie variieren je nach der Fauna der betreffenden Gegend, aus der sie stammen. Die bekannteste Trickstergestalt der nordamerikanischen Indianer ist der Coyote. Psychologisch scheint es, daß die Rolle des Tricksters darin besteht, die Unzulänglichkeiten menschlicher Existenz auf ein kleineres, verachtetes, dem Menschen unterlegenes Wesen zu projizieren, das, indem es seine Feinde und Gegenspieler besiegt, überwindet oder zum besten hält, jene, die solche Geschichten erzählen oder ihnen zuhören, eine gewisse Genugtuung nacherleben läßt. Der Trickster ist häufig eine Person aus der heiligen Mythologie und oft eine besondere Spezies des kulturvermittelnden Helden, der die Menschheit die Kunst zu leben lehrt, indem er uns über typische Mißlichkeiten und Unzulänglichkeiten unseres eigenen Lebens lachen oder schmunzeln macht. Die meisten Trickstergestalten der nordamerikanischen Indianer stehen auf der Grenze zwischen Mensch und Tier. Typische Eigenschaften des Tricksters sind Ungeschicklichkeit, Gier in jeder Form (Nahrung, Sex), Nachahmungslust, Einfältigkeit. Der Trickster ist oft auch der betrogene Betrüger.

An der nordpazifischen Küste ist der Trickster als Rabe, Nerz oder Eichelhäher auch eine Gestalt der Verwandlung und besitzt damit eine elementar künstlerisch-poetische Eigenschaft. Im Südwesten ist der typische Trickster der Coyote. Auf den großen Ebenen wird er von Wesen ersetzt, die ähnliche Eigenschaften, aber andere Namen haben: Es sind manchmal Wesen zwischen Mensch und Coyote oder zwischen Spinne und Mensch, manchmal einfach mytholo-

gische Personen, wie Sendeh oder Sendeh der Alte Mann bei den Kiowa Blackfoot und Crow, Inkotomi bei den Stämmen der Sioux-Nation, Sitkonsky bei den Assiniboin, Nanabozho oder der Hase und Wisakejak (Whiskey Jack) bei den Waldindianern des Ostens. Besondere Bedeutung kommt auch den Begleitern des Tricksters (Fuchs, Wolf, Wildkatze, Luchs) zu, sie sind Handlanger bei seinen Taten, überlisten ihn ein andermal, stehlen Fleisch, das er versteckt hat, müssen den Kopf für ihn hinhalten.

Trickstergeschichten werden hauptsächlich zum Vergnügen und zur Unterhaltung erzählt und sind bei indianischen Zuhörern äußerst beliebt. Viele Stämme haben entschiedene Tabus im Zusammenhang mit dem Erzählen von Trickstergeschichten entwickelt, besonders während des Sommers. Als Erklärung wird angeboten, daß das Wetter kalt werden und es regnen könnte. Der Coyote ist in der Nähe, hört die Geschichten und wird böse.

Es gibt keineTabus gegen das Erzählen der nicht selten erotischen oder obszönen Trickstergeschichten vor einem Publikum beiderlei Geschlechts. Die Situation ändert sich aber sofort, wenn Weiße unter den Zuhörern sind. Dann übernimmt der indianische Erzähler – warum auch immer – die Scham- und Anstandsregeln der weißen Gesellschaft und weigert sich entschieden, solche Geschichten zu erzählen.

Iktome und das törichte Mädchen

Brûlé-Sioux

Iktome, der Spinnenmann, ist der Trickster der Sioux.

Da war einmal ein hübsches Mädchen bei diesem Stamm, das noch nie mit einem Mann zusammengewesen war. Iktome war begierig darauf, mit ihr zu schlafen. Also verkleidete er sich als Frau und ging zu ihr. Sie war gerade dabei, einen Fluß zu überqueren.

»Hou mashkie, wie geht's, meine Liebe«, sprach er. »Laß uns zusammen hinüberwaten.«

Sie hoben den Saum ihrer Kleider und platschten durch das Wasser.

»Du hast aber viel Haar an den Beinen«, sagte das Mädchen zu Iktome.

»Ach weißt du«, sagte er, »das kommt, weil ich etwas älter bin als du. Wenn Frauen älter werden, ist das so.«

Das Wasser wurde tiefer, und sie mußten ihre Röcke noch mehr lupfen.

»Auch auf dem Rücken hast du viele Haare«, wunderte sich das Mädchen.

»Bei manch einer von uns ist das eben so«, sagte Iktome.

Das Wasser wurde abermals tiefer, und nun mußten sie ihre Kleider ganz hochnehmen.

»Was ist denn das für ein merkwürdiges Ding, das da zwischen deinen Beinen baumelt?« fragte das Mädchen, das noch nie einen nackten Mann gesehen hatte.

»Ach«, meinte Iktome, »das ist eine Art Geschwür. So etwas wie eine Warze, weißt du.«

»Für eine Warze ist es aber ziemlich groß.«

»Ja weißt du, ein böser Zauberer hat es mir auf den Hals gewünscht. Es ist hart und fest, und es schmerzt. Es ist im

Weg. Ach, was gäbe ich dafür, wenn ich es loswerden könnte.«

»Meine ältere Schwester«, sagte das Mädchen, »du tust mir leid. Wir könnten doch das Ding vielleicht einfach abschneiden.«

»Nein, nein, jüngere Schwester. Ein Zauberer hat es wachsen lassen. Es gibt nur eine einzige Möglichkeit, um es loszuwerden.«

»Und die wäre?«

»Ach, meine Liebe, diese einzige Möglichkeit bestünde darin, wenn du es zwischen deine Beine nähmst.«

»Wenn das so ist. Nun, ich denke, wir Frauen müssen einander helfen.«

»Ja, meine Liebe. Danke, das ist wirklich sehr freundlich, daß du es so siehst. Warte, bis wir durch den Fluß gewatet sind, und dann laß uns dort hinübergehen, wo das Gras weich ist.«

Der Spinnenmann, der sich verstellte, hieß also das Mädchen sich ins Gras legen, streckte sich über ihr aus und drang in sie ein.

»Ach«, sagte das Mädchen, »es ist wirklich eine gar zu große Warze. Es schmerzt auch ein wenig bei mir.«

Iktomes Gemächte hatte sich entladen, und er stieg von dem Mädchen. Das Mädchen schaute die Warze an und sagte dann: »Aber es ist viel kleiner geworden.«

»Gewiß, aber noch längst nicht klein genug«, erwiderte der Spinnenmann. »Das ist harte Arbeit. Laß mich Atem schöpfen. Dann können wir es noch einmal versuchen.«

Nach einer Weile bestieg er das Mädchen abermals.

»Es ist merkwürdig«, sagte das törichte Geschöpf, »aber mir scheint, nun ist es schon wieder größer geworden. Wirklich, das ist Magie.«

Iktome antwortete nicht. Er war beschäftigt. Er schüttete sich abermals aus und rollte sich zur Seite.

»Kaum Besserung«, sagte das Mädchen.

»Wir müssen geduldig sein und Ausdauer haben«, antwortete Iktome.

Also versuchten sie es nach einer Weile abermals.

»Tut es wirklich so weh, meine Liebe?« fragte das Mädchen Iktome.

»O ja, aber ich versuche ganz tapfer zu sein«, erwiderte Iktome, »ich beiße auf die Zähne und ertrage ganz einfach den Schmerz.«

»Ich kann es auch ertragen«, sagte das Mädchen und nach einer Weile, bei ihrem vierten Heilungsversuch: »Eigentlich ist es gar nicht so unangenehm. Aber ich glaube, ältere Schwester, ganz und gar wirst du dieses merkwürdige Ding da nicht mehr los!«

»Ich habe auch meine Zweifel«, erwiderte Iktome.

»Nun«, sagte das törichte Mädchen altklug, »man kann sich an alles gewöhnen.«

»Ja, Liebe«, antwortete der Spinnenmann, »man muß einfach damit leben und das Beste daraus machen. Na, komm, versuchen wir es einfach noch einmal.«

Wie der Coyote auf Wachteljagd ging

Navajo

Es waren einmal ein Kaninchen und ein Coyote. Sie waren Mann und Frau. Sie hatten auch nicht einen Bissen mehr im Haus. Da sprach der Coyote: »Ich schau mal, ob ich etwas zu essen auftreiben kann. Stell du derweil schon mal die Töpfe und Pfannen bereit und hole Feuerholz.«

Die Frau des Coyoten machte alles bereit, aber als er zurückkam, hatte er nichts dabei.

Am nächsten Tag sagte er wieder: »Liebe Frau, stell schon mal die Töpfe und Pfannen bereit.«

Sie tat wie ihr geheißen, aber er brachte wieder nichts heim.

Den Tag darauf sagte er: »Kümmere dich nun bitte darum, daß in der Küche alles bereit liegt. Mach ein Feuer.«

Aber die Frau antwortete: »Das hast du schon gestern und vorgestern gesagt.«

»Vorgestern und gestern sind nicht heute, liebe Frau. Heute habe ich so das Gefühl, daß ich etwas besonders Gutes zum Essen auftreiben werde.«

Er ging und sah sich um. Da entdeckte er eine Wachtel. Die Wachtel rannte fort, aber der Coyote rannte schneller, holte sie ein und fing die kleine Wachtel.

Der Coyote sprach zu ihr: »Erst einmal will ich dir alle Federn ausreißen. Dann befehle ich dir, zu meiner Frau zu laufen. Sie hält schon alles bereit, um dich in der Pfanne zu schmoren. Folge nur dieser Spur, und du kommst an mein Haus. Sag meiner Frau einen schönen Gruß von mir, und sie soll dich zum Mittagessen braten.«

Er riß der Wachtel die Federn aus, und das arme Tier lief in seiner Spur davon. Als der Coyote der Wachtel nachsah, war er ganz mit sich zufrieden, die Wachtel aber überlegte, während sie so rannte: »Ich will nicht in die Pfanne. Ich muß mir etwas ausdenken.«

Als sie im Haus des Coyoten ankam, sprach sie zu dessen Frau, dem Kaninchen: »Dein Mann läßt dir sagen, du sollst sofort Popcorn machen.«

Das Kaninchen dachte: »Mein Mann muß verrückt geworden sein, daß er eine Wachtel zu mir schickt, um mir das ausrichten zu lassen.« Aber sie machte Popcorn.

Dann sagte die Wachtel: »Weiter hat dein Mann mir aufgetragen auszurichten: Sag meiner Frau, sie soll auch noch eine Soße machen, und damit die Soße auch einen guten Geschmack hat, soll sie meine alten Schuhe nehmen und sie in das kochende Wasser hängen.«

Das Kaninchen murmelte vor sich hin: »Ich glaube wirklich, er ist verrückt geworden.« Aber dann tat es, wie ihm geheißen. Die Wachtel ging, Popcorn essend, lachend davon.

Bald kam der Coyote heim.

»Ist das Essen fertig, Frau?«

»Ja, aber ich fürchte, es wird dir nicht recht schmecken.«

Zu jener Zeit benutzten die Leute noch keine Löffel. Also fuhr der Coyote mit dem Finger in den Topf und leckte den Finger ab.

Dann fuhr er mit der ganzen Hand hinein und zog den Schuh heraus.

»Wie kommt denn mein Schuh hier in deinen Topf?«

»Die Wachtel kam und hat mir ausgerichtet, du wolltest, daß ich ihn für dich koche.«

»Wo ist die Wachtel hin?« fragte der Coyote zornentbrannt und sprang auf.

»Die Straße hinunter«, sagte das Kaninchen. »Sie war recht vergnügt. Sie aß Popcorn, das ich ihr auf deinen Befehl hin gemacht hatte!«

»Ist das so!« rief der Coyote.

Er rannte, so schnell er konnte, der Wachtel nach. Er kam an einen Teich. Er war so wütend, daß er gar nicht merkte, daß die Wachtel dort auf einem Baum saß, Popcorn aß und verschmitzt lachte. Er sah nur die Spiegelung des Vogels im Wasser und meinte, die Wachtel schwimme da auf dem Teich.

»Ich muß sie kriegen«, rief der Coyote.

Er sprang ins Wasser und versuchte, die Wachtel zu fassen. Als ihm das nicht gelang, dachte er, die Wachtel sei untergetaucht.

Der Coyote lief heim, holte seine Frau und sagte: »Hilf mir! Nimm eine Decke, den Mahlstein und dann beeil dich.«

Am Teich angekommen aber sprach er zu seiner Frau: »Nun wickle mich zusammen mit dem Stein in die Decke und wirf mich ins Wasser. So werde ich tief genug sinken und die Wachtel doch noch zu fassen kriegen.«

»Mein Mann ist wirklich und wahrhaftig übergeschnappt«, dachte das Kaninchen, tat aber wie ihm geheißen. Sie wickelte ihn zusammen mit dem Stein in die Decke und warf ihn in den Teich.

Der Coyote ist nie mehr herausgekommen.

Der Coyote und die Hummel

Apachen

Der Coyote trifft eine Hummel. Die Hummel hat etwas in der Hand.

Fragt der neugierige Coyote: »Was hast du denn da in der Hand, Alter?«

Sagt die Hummel: »Das geht keinen etwas an.«

Der Coyote will es unbedingt wissen, aber die Hummel bleibt dabei: »Das geht dich gar nichts an.«

Der Coyote muß es einfach wissen: »Sag es mir doch, guter Freund. Bitte ...!«

Endlich spricht die Hummel: »Also gut. Hier auf freiem Feld kannst du es dir nicht anschauen. Du mußt es mit heim nehmen, dort mußt du zusammen mit deiner Familie eine neue Hütte bauen. Die Hütte mußt du mit Häuten so abdichten, daß keiner hinein- oder herauskann. Die Hütte darf auch oben keine Öffnung haben. Dann geh in die Hütte und schließe von innen die Tür. Deiner Familie sage, sie soll draußen rings um die Hütte Steine aufhäufen, damit du nicht herauskannst, denn du wirst herauswollen. Ist das geschehen, dann öffne das Paket, das ich dir mitgebe.«

»O danke … vielen Dank«, sagte der Coyote, nahm das Paket und rannte eiligst heim. Dort tat er alles genauso, wie die Hummel es ihm aufgetragen hatte, und öffnete dann in der neuen Hütte das Paket.

Heraus flogen viele, viele Hummeln. Sie stachen den Coyoten. Er schrie um Hilfe, so laut er konnte. Aber die Tür war zu. Und außen um die Hütte war eine Wand aus Steinen aufgeschichtet. Er mochte schreien, so laut er konnte. Niemand hörte ihn. Armer Coyote.

Der Coyote im Hagelschauer

NAVAJO

Wann immer er konnte, ärgerte der Coyote die Krähen.

Einmal kam der Coyote seines Weges und traf drei von ihnen.

»Gleich wird es einen großen Hagelschauer geben«, sagte eine der Krähen und schaute zum Himmel.

Der Coyote fürchtete sich vor dem Unwetter.

»Hör mal, Coyote, besser du läufst heim und holst einen Sack. Wir helfen dir dann, in den Sack zu steigen. Dort bist du sicher vor dem Hagel.«

Der Coyote rannte nach Hause, griff sich einen Sack und kam, so schnell er konnte, wieder zurück.

»Nun steig in den Sack, und wir binden ihn dann zu«, sagten die Krähen.

Der Coyote tat wie ihm geheißen, und die Krähen besorgten das Zubinden.

Dann nahmen die drei Krähen Steine, flogen hinauf in den Himmel und ließen sie aus geringer Höhe auf den Coyoten herunterplumpsen.

Er meinte, daß sei der schlimmste Hagelschauer, den er je erlebt habe. Er starb fast, als es Steine auf ihn hagelte.

Endlich kamen die Krähen und schnürten den Sack wieder auf. Der Coyote sah, daß sie ihn auslachten. Er lief eilig fort, und seither hat er sich nie mehr mit den Krähen angelegt.

Der Coyote und der Truthahn

Der Coyote sah den Truthahn auf einem hohen Baum sitzen. Nichts leichter, als den Truthahn zu fangen, überlegte der Coyote. Er würde einfach den Baum fällen. Der Coyote hackte und hackte an dem Baum herum.

Gerade als der Baum im Begriff stand umzustürzen, flog der Truthahn auf den nächsten Baum.

Der Coyote wußte sich Rat. Er machte sich daran, auch diesen Baum zu fällen. Er hackte und hackte. Und als der Baum im Begriff stand umzustürzen, flog der Truthahn weiter.

So ging das den ganzen Tag. Am Abend lag der Coyote da und keuchte. Er streckte alle viere von sich. Der Truthahn flog nach Hause.

Saynday und die kleine Rote Ameise

Kiowa

Saynday kam daher, und als er kam, sah er eine kleine Rote Ameise mit einem großen Sack auf der Schulter. Die kleine Rote Ameise sah zu diesen Zeiten ganz anders aus als heute. Ihr Kopf und ihr Körper waren aus einem Stück, und kein Hals saß dazwischen. Als sie mit dem großen, schweren Sack daherkam, sah es aus, als trage ein Ball einen anderen und als rollten beide durch das Gras.

»Hallo«, sagte die kleine Rote Ameise, »ist das ein heißer Tag heute.«

»Setz dich zu mir und ruhe dich aus«, sagte Saynday, »wir wollen etwas miteinander besprechen.«

»Gut«, sagte die kleine Rote Ameise.

Sie setzten sich in den Schatten eines Baumes, und Saynday machte sich so klein, daß er bequem mit der kleinen Roten Ameise sprechen konnte.

»Ich habe viel nachgedacht«, sagte Saynday.

»Worüber hast du nachgedacht?« fragte die kleine Rote Ameise.

»Ich habe über den Tod nachgedacht«, sagte Saynday, »mein Volk lebt nun schon eine ganze Zeit in dieser Welt, und manche Leute werden alt und sterben.«

»Was ist daran auszusetzen?«

»Die Menschen sterben nicht gern«, sagte Saynday.

»Gegen den Tod läßt sich nichts ausrichten«, sagte die kleine Rote Ameise.

»Das stimmt«, sagte Saynday, »aber vielleicht könnte man die Menschen, die sterben müssen, nach dem Tod wieder zurückbringen. Darüber habe ich lange nachgedacht, und ich glaube, ich weiß jetzt, was geschehen muß, damit die Toten wieder lebendig werden, wenn vier Tage vergangen sind.«

»Nun«, sagte die kleine Rote Ameise, »wenn du gestattest, daß ich etwas dazu sage: Mir scheint das ein recht törichter Einfall ...«

»Was soll daran töricht sein?«

»Überleg doch einmal«, sagte die kleine Rote Ameise. »So, wie es jetzt ist, sterben jene Menschen, die alt sind. Wenn sie sterben, müssen sie nicht länger leiden, und dann gibt es Platz für einen neuen Menschen, der geboren wird und sich des Lebens freut. Ich meine: Die Neugebornen sollten auch eine Chance haben.«

»Was du über die Alten sagst«, erwiderte Saynday, »trifft schon zu, aber nicht immer ist es so. Hin und wieder werden auch junge Menschen bei einem Unfall oder durch eine Krankheit getötet. Dann sollte es eine Möglichkeit geben, sie zurückzuholen, damit sie ein volles Leben genießen können.«

»Ich denke da anders«, sagte die kleine Rote Ameise, »wenn sie so dumm sind und sich töten lassen ... wenn sie nicht besser auf sich und ihr Leben aufpassen, ist das schließlich ihre eigene Schuld.«

»Nun ja«, sagte Saynday, »ich wollte wissen, wie du darüber denkst. Jetzt, da ich es weiß, will ich das Sterben für immer regeln. Wenn Dinge und Menschen sterben, sollen sie nie mehr in diese Welt zurückkehren. So, und nun muß ich weiter und mich in meiner Welt umsehen. Auf Wiedersehen.«

Da gingen die kleine Rote Ameise und der Saynday in verschiedene Richtungen von dannen.

Vier Tage später kam Saynday wieder an dem Baum vorbei, unter dem das Gespräch mit der kleinen Roten Ameise stattgefunden hatte. Da war Trauer und Klagen überall. Er sah zu Boden und entdeckte dort die kleine Rote Ameise. Sie saß im Schatten des Baumes und weinte. Saynday machte sich ganz klein und setzte sich neben sie.

»Was ist geschehen?« fragte er.

»Oh, es ist mein Sohn«, stieß die Rote Ameise hervor.

»Was ist mit deinem Sohn?«

»Ein Büffel ist auf ihn getreten«, klagte die kleine Rote Ameise, »nun ist er tot.«

»Das ist schlimm«, sagte Saynday, »aber so ist nun einmal der Lauf der Welt.«

»Es ist schrecklich«, rief die kleine Rote Ameise.

Und noch ehe Saynday etwas antworten konnte, zog sie ihr Messer aus dem Gürtel und versuchte, sich in zwei Teile zu trennen. Saynday, der meinte, es habe an diesem Morgen schon genug Sterben gegeben, nahm ihr das Messer aus der Hand, ehe sie ihren Leib ganz durchgeschnitten hatte.

»Siehst du«, sagte er, »so schmerzt es die Menschen, wenn jemand stirbt, den sie lieben. Sie wollen dann auch sterben. Hättest du mich machen lassen, wie ich es im Sinn hatte, so würde dein Sohn nach vier Tagen zurückkommen. Aber du warst ja der Meinung, es werde zu viele Menschen auf dieser Erde geben, wenn ich es so eingerichtet hätte. Jetzt weißt du, warum ich die Toten nach vier Tagen zurückholen wollte. Für alle Zeiten werden nun die Toten für immer tot sein. Und für alle Zeiten sollst du so fast in zwei Teile geschnitten herumlaufen, damit du dich daran erinnerst, was du den Menschen angetan hast.«

Und so war es, so ist es, und so wird es immer sein.

Geheimnis, Spuk und Geister

Die verlorene Frau

Blackfoot

I.

Vor langer Zeit einmal lagerten die Blackfoot am Backfat Creek. Da gab es in dem Lager einen Mann, der hatte eine Frau, die er sehr liebte. Er mochte nie zwei Frauen haben. Zeit verging, und sie bekamen ein Kind, ein kleines Mädchen.

Gegen Ende des Sommers wollte die Frau Beeren pflükken gehen, und sie bat ihren Mann, sie zu einer bestimmten Stelle zu bringen, an der die Beeren wuchsen. Der Mann sagte zu seiner Frau: »Um diese Zeit gehe ich nicht gern zu dieser Stelle. Es treiben sich dort immer Krieger der Snake und der Crow herum.«

Aber die Frau bat wieder und wieder, und nachdem sie ihren Mann lange genug bedrängt hatte, willigte er schließlich ein.

Sie brachen auf, und viele andere Frauen gingen ebenfalls mit.

Als sie nun in diese Gegend kamen, in der die Beeren wuchsen, sagte der Mann zu seiner Frau. »Dort unten in dieser Schlucht gibt es viele Beeren. Steig jetzt hinunter und pflücke sie. Ich will auf jenen Hügel dort klettern und Wache halten. Wenn ich jemanden kommen sehe, werde ich euch rufen, dann müßt ihr schnell bei euren Pferden sein und davonreiten.«

Also machten sich die Frauen an die Arbeit. Der Mann bezog seinen Posten und sah über das Land hin. Nach einer Weile blickte er zufällig zu einer andern Schlucht, nicht weit entfernt, hinüber und sah, daß dort viele Krieger ritten. Sie hielten auf ihn zu, und er rief, so laut er konnte, um die Frauen zu warnen: »Lauft zu euren Pferden und rettet euch, der Feind will uns überfallen.«

Die Frauen begannen zu rennen, und er warf sich auf sein Pferd und folgte ihnen. Der Feind setzte ihnen nach. Der Mann machte sich bereit, um die Frauen zu verteidigen. Nachdem sie ein Stück geritten waren, hatte der Feind so weit aufgeholt, daß er nun den Blackfoot und die Frauen mit Pfeilen beschießen konnte. Der Mann ritt hin und her, hinter der Gruppe der Frauen. Er schlug auf ihre Pferde ein, mal auf dieses, mal auf jenes, damit sie rascher liefen. Der Feind kam immer näher, und endlich war er so nahe, daß er nun mit seinen Lanzen zustoßen konnte. Der Mann versuchte, den Stichen auszuweichen, indem er sich mal auf diese, dann wieder auf die andere Seite seines Pferdes fallen ließ.

Schließlich wurde ihm klar, er werde auf die Dauer nicht alle Frauen verteidigen können. Also entschloß er sich, jene, die die langsamsten Pferde ritten, den Feinden zu überlassen, um mit jenen, die auf guten Pferden saßen, davonzukommen.

Nachdem er diesen Entschluß gefaßt hatte, war er sehr erregt und ritt voraus, aber wie er an der Gruppe der Frauen vorbeikam, hörte er eine neben sich rufen: »Bitte, laß mich nicht zurück!« Er sah hin und erkannte, daß es seine Frau war. Er sagte zu ihr: »Für mich ist kein Leben mehr. Aber du bist eine hübsche Frau. Dich werden sie nicht töten.«

Sie antwortete: »Nimm mich mit, ich bitte dich. Laß mich nicht zurück. Mein Pferd ist erschöpft. Nimm mich auf dein Pferd, und wenn wir gefangen werden, wollen wir zusammen sterben.«

Als er das hörte, rührte es ihn im Herzen, und er sagte: »Gut, Frau, ich werde dich nicht zurücklassen. Spring hinter mir auf.« Der Feind war nun schon nahe heran. Er hatte schon einige Frauen getötet und andere gefangen. Die Krieger der Snake waren so nahe bei dem flüchtenden Mann, daß sie ihn mit ihren Keulen treffen konnten. Sein Pferd war von Pfeilen getroffen worden, aber es war ein gutes, starkes und schnelles Pferd.

Seine Frau, die knapp hinter ihm ritt, sprang also bei ihm auf. Als dies geschehen war, hatten die Feinde vollends aufgeschlossen. Sie ritten nun nicht nur hinter ihm her, sondern auf gleicher Höhe neben ihm, aber sie wagten es nicht, ihn mit Pfeilen zu beschießen, weil sie fürchteten, ihre eigenen Leute zu treffen. Also hieben sie auf den Mann mit ihren Kriegskeulen ein. Aber da sie die Frau nicht töten wollten, verletzten sie auch ihn nicht ernstlich. Sie beugten sich vielmehr weit vor und versuchten, die Frau vom Pferd zu zerren, die aber hatte ihren Arm um den Leib ihres Mannes gelegt, hielt sich fest, und es gelang ihnen nicht, sie vom Pferd zu reißen, wohl aber zerfetzten sie ihre Kleider. Da sie sich an ihrem Mann festhielt, konnte der nicht nach seinen Pfeilen greifen und sich verteidigen. Sein Pferd wurde nun auch immer langsamer, und die Feinde hatten weiter aufgeholt und umkreisten sie.

Da sagte der Mann zu seiner Frau. »Fürchte dich nicht, sie werden dich gefangennehmen. Aber sie werden dich gewiß nicht totschlagen. Du bist zu hübsch, als daß sie dich töten würden.«

Seine Frau erwiderte: »Hast du nicht immer gesagt, wir wollten zusammen sterben?«

Als der Mann einsah, daß er seine Frau nicht würde bewegen können, sich vom Pferd fallen zu lassen, sagte er: »Sieh mal, du drängst mich ganz und gar an den Hals des Pferdes. Rutsch etwas nach hinten.«

Sie tat so, und als sie ziemlich weit hinten auf dem Pferd saß, versetzte er ihr einen Stoß, und sie fiel hinunter.

Nun lief das Pferd auch immer schneller. Der Mann

konnte seinen Bogen gebrauchen, und bald hatte er wieder einen Vorsprung. Auch wenn der Feind jetzt nahe herankam, konnte er sich verteidigen, und als seine Verfolger sahen, daß auch sie ihr Leben aufs Spiel setzten, ließen immer mehr von ihm ab. Nur zwei seiner Feinde vermochte er nicht abzuschütteln. Alle anderen waren weit zurückgefallen. Sie ritten nun zu der Stelle, an der die anderen die Frauen getötet oder gefangengenommen hatten. Nach einer Weile sprang der Mann von seinem Pferd, um zu Fuß zu kämpfen, und auch seine beiden Verfolger stiegen nun ab. Der Mann sah, daß der eine von links, der andere von rechts auf ihn zukam. Er griff sich eine Handvoll Pfeile und wollte zuerst den einen, dann den anderen der feindlichen Krieger stellen.

Der eine der Snakes war ein Feigling und lief davon. Der zweite aber war ein tapferer Mann, der nicht müde wurde, seinerseits Pfeile gegen ihn abzuschießen. Der Blackfoot wartete, bis sein Gegner ganz nahe an ihn herangekommen war. Dann stürzte er sich auf ihn und tötete ihn mit seiner Steinaxt. Darauf rannte er dem Feigen nach, holte ihn ein und tötete auch ihn.

Nun skalpierte er beide, nahm ihnen die Pfeile, ihre Pferde und ihre Steinmesser ab und ritt heim.

Als er aber ins Lager eintritt, weinte er über den Verlust seiner Frau.

Als er vor seinem Zelt vom Pferd gestiegen war, fragten ihn seine Freunde, was geschehen sei. Er erzählte ihnen, wie alle Frauen getötet oder gefangengenommen worden seien, wie zwei der Feinde ihn verfolgt hätten, wie er mit ihnen gekämpft und sie getötet habe, und dann zeigte er ihnen die Pfeile, die Pferde und die Skalps. Den Verwandten der Frauen berichtete er von ihrem Tod, und es erhob sich ein großes Wehklagen.

Am nächsten Morgen wurde Rat gehalten, und man

beschloß, eine Abteilung Krieger auszusenden, die nachforschen sollten, was aus den Frauen geworden sei.

Als sie zu der Stelle kamen, an der der Kampf stattgefunden hatte, fanden sie tatsächlich alle Frauen erschlagen, bis auf das Weib des Mannes. Diese Frau konnten sie nicht finden. Sie stießen auch auf die Leichen der zwei Krieger, die der Mann getötet hatte, und außerdem noch auf mehrere andere, die er bei der Verfolgungsjagd erschossen hatte.

II.

Als er ins Lager zurückgekommen war, hatte der Mann sein Kind aufgenommen und es sich auf den Rücken gelegt. Er lief im Lager herum, klagend und schreiend, und auch das Kind weinte vier Tage und vier Nächte. Dann war der Mann völlig erschöpft und schlief ein.

Als die anderen Leute sahen, wie er da ging und trauerte, nichts aß und nichts trank, hatten sie großes Mitleid mit ihm und dem Kind, denn er war ein beliebter Mann.

Der Häuptling des Lagers kam und sprach so: »Nun Freund, wie hast du dich entschieden? Was wirst du tun?«

Der Mann antwortete: »Mein Kind ist einsam. Es mag nicht essen. Es ruft nach seiner Mutter.«

Der Häuptling sagte: »Ich weiß dir auch keinen Rat.«

Dann gingen sie herum zu allen Zelten, und der Mann entschloß sich, fortzugehen und seine Frau zu suchen.

Nun lebte im Lager ein starker Medizinmann, der nicht verheiratet war und auch nicht heiraten mochte. Er hatte gesagt: »Ich hatte einen Traum, und darin wurde mir befohlen, ich dürfe nie eine Frau nehmen.«

Der Mann aber, der seine Frau verloren hatte, besaß eine sehr schöne Schwester, die auch nicht verheiratet war. Sie war stolz und recht hübsch. Viele Männer hatten sie heiraten wollen, sie aber wollte nichts mit Männern zu tun haben. Als er nun vom Mißgeschick des Mannes erfuhr, ließ der Medizinmann ihm ausrichten: »Ich habe versprochen, nie eine Frau zu nehmen, aber wenn du mir deine schöne Schwester gibst, mußt du nicht selbst fortgehen und nach deiner Frau suchen. Ich werde durch einen geheimen Helfer nach ihr suchen lassen.«

Als das das junge Mädchen hörte, ließ sie dem Medizinmann ausrichten: »Ja, wenn du meines Bruders Frau wieder heimbringst und ich sie neben ihm sitzen sehe, werde ich dich heiraten, aber nicht eher.«

Aber sie meinte nicht, was sie sagte. Sie wollte ihn täuschen. Sie dachte gar nicht daran, ihn zu heiraten.

Nachdem der Medizinmann diese Nachricht von ihr erhalten hatte, ließ er sie und ihren Bruder in sein Zelt kommen und sagte zu dem Mann: »Wenn ich deine Frau zurückbringe, gibst du mir deine Schwester zum Weib?«

Der Mann antwortete zustimmend. Das Mädchen sagte nichts. Darauf sprach der Medizinmann zu ihnen: »Geht jetzt. Um Mitternacht werdet ihr mich singen hören.«

Er schickte alle Leute aus seinem Zelt fort und sagte: »Ich schließe jetzt die Tür. Ich will nicht, daß jemand heute nacht hereinkommt oder ins Zelt schaut. Heute nacht kommt ein Geist zu mir.«

Dann zündete er ein Feuer an und begann, all seine Medizinen hervorzuholen. Er wickelte seine Bündel auf, nahm seine Pfeile heraus, seine Rasseln und die anderen Utensilien. Als das Feuer heruntergebrannt war und nur noch Glut glomm, warf er duftende Kräuter ins Feuer, süßes Gras, süße Kiefern, um so die Traumhelfer herbeizulocken. Um Mitternacht hörte man ihn singen, und dann vernahmen die Leute plötzlich eine seltsame Stimme im Zelt, die sprach: »Hier, mein Gebieter, ich bin gekommen. Was ist zu tun?«

Der Medizinmann sagte: »Ich will, daß du mir hilfst.«

»Ja, das weiß ich, und ich weiß auch, was ich tun soll.«

Der Medizinmann sprach: »Ja, und das Mädchen, das nie heiraten wollte, wird mir zur Frau gegeben werden, wenn du mir hilfst.«

Da sagte die Stimme: »Oh!«, und für einen Moment war es still. Und weiter redete die Stimme: »Wir sind dir gewogen. Du bist lange Zeit nicht verheiratet gewesen. Also werden wir dir helfen. Du sollst dieses Mädchen bekommen. Ja, wir haben Mitleid mit dir. Wir werden nach dieser Frau suchen, aber ich kann nicht versprechen, daß wir sie hierherbringen können. Versuchen werden wir es. Wir werden gehen, und in vier Nächten werden wir zur selben Zeit zurück sein, und ich hoffe, ich habe dann die verschleppte Frau bei mir. Während ich fort bin, laß niemanden wissen, was hier vorgeht. Jetzt gehe ich.«

Darauf hörten die Leute, die draußen lauschten, ein Geräusch wie von einem starken Wind und dann nichts mehr. Der Geist war verschwunden.

Einige Leute gingen und erzählten der Schwester, was der Medizinmann und die Geisterstimme besprochen hatten. Das Mädchen war sehr niedergeschlagen. Es weinte, weil es sich fürchtete, nun doch heiraten zu müssen, aber dann tröstete es sich mit dem Gedanken, daß es dem Geisterwesen vielleicht doch nicht gelingen werde, seinen Auftrag auszuführen.

III.

Die Traumgestalt des Medizinmannes lief spätnachts noch bis zum Lager der Snake, des Feindes. Die Frau, die dort gefangen saß, weinte über den Verlust ihres Ehemannes und ihres Kindes. Sie hatte jetzt einen anderen Mann: jenen Mann, dem sie in die Hände gefallen war.

Als sie nun des Nachts in dem Zelt des Snake-Mannes lag und vor Kummer nicht aus noch ein wußte, kam die Traumgestalt zu ihr. Der Snake-Mann schlief. Die Traumgestalt stieß sie an. Sie sah auf und erkannte, daß da jemand vor ihr stand, aber sie wußte nicht, wer das war. Die Traumgestalt flüsterte ihr ins Ohr: »Steh auf, ich bringe dich heim.«

Die Frau drehte sich von dem Snake-Mann fort. Die Traumgestalt schlich unterdessen schon zur Tür. Die Traumgestalt war schon aus der Hütte. Die Frau ging hinterdrein. Sie wies den Weg, und die Frau ging mit ihr. Sie kamen rasch voran.

Nachdem sie ein Stück des Weges zurückgelegt hatten, bat die Frau die Traumgestalt stehenzubleiben. Sie war müde. Als sich die Frau hinsetzte, setzte sich auch die Traumgestalt, aber sie sprach nicht mit der Frau. Sie zogen dann weiter, und nach einer Strecke Weges wollte sich die Frau wieder ausruhen. Sie war erschöpft, und nachdem sie sich hingesetzt hatte, schlief sie ein.

Als sie aufwachte und sich umschaute, bemerkte sie, wie die Traumgestalt von ihr wegging. Sie sprang rasch auf und folgte ihr.

Wenn der Tag begann, war die Gestalt ihr weit voraus, aber bei Nacht blieb sie immer nahe. Wenn die Frau mit der Traumgestalt sprach, nannte sie diese »junger Mann«.

Einmal sagte sie: »Junger Mann, meine Mokassins sind durchgelaufen. Meine Füße werden wund. Ich bin müde und hungrig.«

Als sie das gesagt hatte, setzte sie sich wieder und schlief ein.

Die Traumgestalt schlich sich davon.

Sie ging zur Hütte des Medizinmannes.

In dieser Nacht hörten die Leute den Medizinmann wieder singen. Da war ihnen klar, daß die Traumgestalt wieder erschienen war. Der Medizinmann hatte sein Bündel geöffnet, hatte seine Utensilien herausgenommen. Er hatte wieder Kräuter und Harz auf die Glut geworfen. Die da lauschten, hörten eine Stimme sagen: »Nun, mein Häuptling. Ich bin zurück. Ich bringe die Frau, nach der du mich ausgeschickt hast. Sie ist sehr hungrig, und ihre Mokassins sind zerschlissen. Gib mir, was sie braucht, und ich werde es ihr bringen.«

Der Medizinmann rief den Mann, der um seine Frau trauerte. Der kam mit dem Kind auf dem Rücken, und der Medizinmann sagte zu ihm: »Besorg mir rasch ein Paar Mokassins, die deiner Frau passen, und dazu auch etwas zu essen. Ich will ihr beides schicken. Sie kommt jetzt bald.«

Der Mann ging zu seiner Schwester und ließ sich von ihr neue Mokassins und etwas Pemmikan geben. Sie schnürten ein Bündel und brachten es dem Medizinmann. Der gab es der Traumgestalt, und wieder verschwand diese aus der Hütte mit dem Geräusch des Windes.

IV.

Als die Frau am Morgen erwachte und aufstehen wollte, stieß sie mit dem Gesicht gegen das Bündel, das vor ihr lag. Sie zog sich die Schuhe an und aß und sah sich nach der Traumgestalt um. Diese saß da, das Gesicht von ihr abgewandt. Als die Frau fertig geworden war mit dem Essen, stand die Traumgestalt auf. Auch die Frau erhob sich und folgte ihr. Sie gingen und gingen, und die Frau dachte jetzt: Nun sind wir schon zwei Tage und zwei Nächte zusammen unterwegs, und ich weiß immer noch nicht, was das eigentlich für ein Mann ist. Er scheint sich überhaupt nicht um mich zu kümmern. Sie entschloß sich, rascher zu gehen, und versuchte, ihn zu überholen. Aber wie sehr sie sich auch anstrengte, das schaffte sie nicht. Ob sie schnell oder langsam lief, es war immer derselbe Abstand zwischen ihnen.

Sie reisten, bis es Nacht wurde, und dann legte sie sich wieder hin, um zu schlafen. Sie träumte, der junge Mann habe sie wieder verlassen.

Tatsächlich war die Traumgestalt fortgegangen, nämlich wieder zum Zelt des Medizinmannes, und dort sagte sie: »Mein Herr und Gebieter, da bin ich wieder. Ich bringe die Frau. Sag dem Ehemann, er soll ein Pferd nehmen und zum Teton River zurückreiten. An dem hohen Hügel gegen den Muddy hin soll er warten, bis es hell geworden ist. Wenn die Sonne aufgeht, wird er eine Herde Antilopen sehen, die auf ihn zugerannt kommt. Seine Frau hat diese Antilopen aufgescheucht Er soll dann noch etwas warten. Er wird dann jemanden kommen sehen. Seine Frau wird des Weges kommen. Sie hat die ganze Zeit um ihn geweint. Sie wird sich freuen, mit ihm wieder vereint zu sein.«

Der Ehemann schwang sich, nachdem er dies vom Medizinmann gehört hatte, auf sein Pferd und ritt zu der bezeichneten Stelle. Er konnte es gar nicht glauben, daß er seine Frau tatsächlich wiederbekommen werde. Aber er ritt dorthin. Als er schließlich kurz nach Sonnenaufgang eine Herde Antilopen auf sich zukommen sah, wußte er, daß man ihn nicht zum Narren gehalten hatte. Er saß da eine Weile, aber etwas anderes als die Antilopen zeigte sich nicht. Da wurde er zornig und dachte: »Es wird wohl alles nur ein Schwindel sein!«

Er wollte gerade wieder sein Pferd besteigen und heimreiten, da sah er ganz weit fort auf der Prärie einen kleinen, dunklen Punkt. Er schien sich kaum zu bewegen, so weit entfernt war er. »Vielleicht ein Felsen«, sagte er sich. Er setzte sich wieder und beobachtete den Punkt durch ein paar Grashalme hindurch. Da erkannte er, daß sich der Punkt bewegte. Er bestieg sein Pferd und ritt in diese

Richtung, um nachzusehen, was es sei. Er ritt eine Schlucht hinauf. Er kam näher, und dann erkannte er, daß es jemand war, der zu Fuß ging. Er nahm seinen Bogen hoch und machte ihn schußbereit. Als die Gestalt noch näher herangekommen war, sah er, daß es tatsächlich seine Frau war. Als er sie erkannte, mußte er weinen. Die Frau erkannte zuerst das Pferd, dann erst den Mann, der es ritt. Sie freute sich so sehr, daß sie halb ohnmächtig zu Boden sank und gar nichts mehr wußte.

Nachdem sie wieder zu sich gekommen war und die beiden miteinander gesprochen hatten, stiegen sie auf das Pferd und ritten ins Lager. Als sie auf das ebene Feld vor dem Dorf kamen und die Leute des Stammes sie erkannten, riefen sie: »Hier kommt der Mann, und er hat seine Frau wieder!«

Sie waren froh, daß er sie heimbrachte, denn der Mann war sehr beliebt. Sie hielten alle viel von ihm. Sie mochten auch seine Frau und die Art, in der er mit ihr umging.

Dann wurde das hübsche Mädchen mit dem Medizinmann verheiratet. Zuerst war sie noch traurig und ängstlich. Aber als er erst einmal mit ihr geschlafen hatte, fand sie es dann doch ganz angenehm, mit einem Mann verheiratet zu sein.

Schwerer Kragen und die Geisterfrau

BLACKFOOT

Das Dorf lag am Old Man's River, dort, wo Fort McLeod heute steht. Eine Gruppe von sieben Männern zog ins Gefecht gegen die Zypressenhügel hin.

Schwerer Kragen war ihr Anführer. Sie umgingen die

Zypressenberge und fanden keinen Feind. Darauf kehrten sie um.

Auf dem Heimweg ging Schwerer Kragen den anderen voran. Er ging weit voraus in die höheren Berge hinein und schaute über das Land hin als Späher dieser Gruppe. Schließlich kamen sie an den südlichen Arm des Saskatschewanflusses, oberhalb von Seven Persons Creek. In jenen Tagen zogen viele Trupps dort umher, und deswegen hielt sich die Gruppe, wenn möglich, immer in Senken und Niederungen. Als sie nun dem Fluß aufwärts folgten, sahen sie in einiger Entfernung drei alte Büffelbullen, die nahe einem Einschnitt am Ufer lagen.

Schwerer Kragen verließ die Gruppe, schlich sich an, und als er zum Schuß kam, tötete er eines der Tiere auf der Stelle. Er brach es auf, denn er war hungrig. Dann ging er in eine Schlucht, um sich ein Stück Fleisch zu braten. Die Gruppe der anderen Krieger war noch weit zurück, und es begann dunkel zu werden.

Als er nun das Fleisch röstete, überlegte er: »Schade eigentlich, daß ich nicht einen der jungen Männer bei mir habe. Den könnte ich noch einmal hinaufschicken, damit er das Haar, das auf dem Schädel des Büffels wächst, holt. Um das Gewehr auszuputzen, könnte ich es gut gebrauchen.«

Während er so mit sich selbst sprach und darüber nachdachte, kam ein Büschel Haare angeweht und fiel unmittelbar vor ihm nieder. Als das geschah, wurde ihm angst, denn er meinte, daß vielleicht der Feind in der Nähe sei und das Haarbüschel herabgeworfen habe.

Nach einer Weile nahm er die Haare auf und säuberte damit sein Gewehr. Dann lud er es, setzte sich ins Gras und wartete. Es war ihm unbehaglich, und endlich beschloß er, weiter flußaufwärts zu gehen und sich dort umzusehen.

Er lief, bis er an die Mündung des St.-Mary-Flusses

kam. Es war schon spät in der Nacht, und er war recht müde geworden. Also kroch er unter ein Büschel Gerstengras und machte es sich dort für die Nacht bequem.

Im Sommer zuvor hatten die Blackfoot in dieser Schlucht kampiert, und eine Frau war eben an der Stelle, an der sich Schwerer Kragen zur Ruhe legte, getötet worden. Er wußte das nicht, aber etwas beunruhigte ihn. Er konnte nicht einschlafen. Er hörte immerfort irgend etwas, aber er konnte nicht herausfinden, was es war. Er versuchte zu schlafen, aber als er dann tatsächlich einschlief, war es ihm wieder, als höre er in einiger Entfernung ein Geräusch. Er verbrachte die Nacht also dort, und am Morgen, als es hell wurde, sah er unmittelbar neben sich das Skelett der Frau, die im Sommer zuvor dort ums Leben gekommen war.

Am Morgen ging er weiter. Er folgte dem Flußlauf zum Belly River. Den ganzen Tag war er unterwegs und dachte daran, daß er auf den Knochen der toten Frau geschlafen hatte. Gleichzeitig war er sehr müde, weil er so lange gelaufen war und schlecht geschlafen hatte. Als die Dunkelheit fiel, ging er hinüber auf eine Insel und beschloß, dort über Nacht zu bleiben. Am oberen Ende der Insel lag ein großer Baum, der angetrieben worden war. In die Gablung der großen Äste setzte er sein Feuer und wärmte sich, als es brannte. Die ganze Zeit über mußte er an die Frau denken, neben deren Gerippe er in der letzten Nacht geschlafen hatte. Als er da so saß, hörte er plötzlich auf der anderen Seite des Feuers ein Geräusch. So, als ob sich jemand zu ihm hinschleppe, hörte es sich an. Das Geräusch kam immer näher. Schwerer Kragen war beunruhigt. Er wagte nicht, seinen Kopf zu wenden und nachzuschauen, was da komme. Er hörte, wie das Geräusch sich dem Baum näherte, in dem er sein Feuer gemacht hatte, und dann war es still, bis man schließlich jemanden eine Melodie pfeifen hörte.

Er wandte sich nun doch um und blickte in die Richtung des Pfeifens. Da saß in der Gabel des Baumes, ihm genau gegenüber, ein Haufen Knochen.

Das Gespenst trug eine Zeltverkleidung. Den Strick, der sonst am Pfahl befestigt wird, hatte es um den Nacken geschlungen, und hinter dem Geistwesen sah man das Zelt aufgestellt, aber es verblaßte in der Dunkelheit. Die Erscheinung saß auf dem alten toten Ast, pfiff eine Melodie und schlenkerte dazu mit den Beinen.

Als Schwerer Kragen es sah, sprang ihm fast das Herz aus dem Hals. Endlich faßte er wieder Mut und sagte: »Fort mit dir. Ich bin müde. Ich will meine Ruhe.«

Aber je inständiger er bat, desto lauter pfiff die Geisterfrau. Es schien ihr zu gefallen, sie schwang ihre Beine und wandte den Kopf mal auf die eine, dann wieder auf die andere Seite. Sie sah den Mann an, blickte dann wieder hinauf zu den Sternen, und immer pfiff sie dabei. Als der Mann nun sah, daß die Geisterfrau sich um sein Bitten nicht kümmerte, wurde er ärgerlich und sagte: »Nun, Geisterweib, wenn du auf meine Bitten nicht hören willst, werde ich dich erschießen müssen.«

Er griff nach seinem Gewehr und gab einen Schuß ab.

Die Geisterfrau stürzte rückwärts in die Dunkelheit und schrie auf: »Weh dir, Schwerer Kragen, du hast mich erschossen, du hast mich getötet. Du Hund. Es soll keinen Platz auf Erden geben, an dem du dich verstecken kannst, ohne daß ich dich finden werde.«

Als sie nach hinten kippte und dies rief, sprang Schwerer Kragen auf und rannte fort, so schnell er konnte. Sie rief ihm nach: »Ich bin schon einmal getötet worden, und nun hast du versucht, mich abermals zu töten. Weh dir, Mann!«

Während er rannte, hörte er an ihrem Fluchen, daß sie immer noch hinter ihm her war. Er rannte die ganze Nacht hindurch, und wann immer er stehenblieb, vernahm er in einiger Entfernung das Echo ihrer Stimme. Er brauchte nur zu hören »Weh dir, Mann«, und schon stürzte er weiter. Er rannte, bis er völlig erschöpft war.

Unterdessen war es auch hell geworden. Er befand sich nun in einer ganz anderen Gegend, unterhalb von Fort McLeod. Er war todmüde, aber er wagte einfach nicht, sich hinzulegen, denn er erinnerte sich nur zu genau daran, daß die Geisterfrau ihm angedroht hatte, sie werde ihm überallhin folgen. Er ging für einige Zeit etwas langsamer. Schließlich mußte er sich setzen. Er war so müde, daß er einschlief. Ehe er die Abteilung der Krieger verlassen hatte, mit denen er unterwegs gewesen war, hatte er zu den jungen Männern gesagt: »Schärft euch das ein: Wenn einer von uns von der Gruppe getrennt werden sollte, geht er zu den Belly-River-Hügeln und wartet dort. Das ist ein guter Treffpunkt.«

Als ihr Anführer sich nicht mehr sehen ließ, hielt die Gruppe folglich auf diese Stelle zu, quer durch das Land hin.

Schwerer Kragen war flußaufwärts gelaufen und weit vom Weg abgekommen. Als er nun erwachte, schlug er sofort die Richtung gegen den Höhenzug am Belly River hin ein, wie es abgesprochen war.

Als die Gruppe die Berge erreicht hatte, stieg einer von den Männern hinauf, um Ausschau zu halten.

Nach einiger Zeit, als er in die Richtung des Flusses blickte, erkannte er, daß von dort her zwei Personen herankamen. Der Späher rief den anderen Männern zu: »Da kommt unser Häuptling. Er hat Glück gehabt. Er bringt eine Frau mit. Wenn er sie mit ins Dorf nimmt, wollen wir sie ihm ausspannen.«

Alle lachten. Sie vermuteten, der Häuptling habe die Frau gefangen. Sie gingen also ins Lager und amüsierten sich bei der Vorstellung, daß ihr Häuptling eine Frau mitbringe. Als die beiden Personen näher kamen, konnte man erkennen, daß Schwerer Kragen rasch lief. Die Frau versuchte offenbar, mit ihm Schritt zu halten. Manchmal fiel sie etwas zurück, aber immer holte sie wieder auf.

Ehe die beiden nun das Lager erreichten, mußten sie durch eine tiefe Schlucht. Zusammen stiegen sie hinab, aber auf der anderen Seite tauchte nur Schwerer Kragen wieder auf. Allein kam er ins Lager. Die jungen Männer begrüßten ihn, lachten und fragten: »Wo hast du denn diese Frau gelassen?«

Er sah sie einen Moment lang an. Dann antwortete er: »Wieso? Was für eine Frau? Ich weiß gar nicht, wovon ihr redet.«

Einer sagte: »Ach, er hat sie in der Schlucht versteckt. Er hat sich nicht getraut, sie mit ins Lager zu bringen.«

Und wieder ein anderer: »Wo hast du sie gefangen? Zu welchem Stamm gehört sie denn?«

Schwerer Kragen sah einen nach dem anderen an und sagte dann: »Ich glaube, ihr seid verrückt. Ich habe keine Frau gefangen.«

Ein junger Mann sprach: »Aber vorhin war doch eine Frau bei dir. Wo kam sie her? Wo ist sie geblieben? Ist sie noch in der Schlucht? Wir haben sie doch alle gesehen. Ach, nun komm schon und gib zu, daß da eine Frau war.«

Als er die anderen reden hörte, wurde Schwerer Kragen bange ums Herz, denn er wußte wohl, daß sie die Geisterfrau meinten, und schließlich wußte er sich keinen anderen Rat, als ihnen geradeheraus zu erzählen, was er erlebt hatte.

Einige der jungen Männer wollten es nicht glauben, und sie rannten hin zu der Stelle, an der sie die Frau zuletzt gesehen hatten. Im Staub zeichneten sich deutlich die Fußspuren von Schwerer Kragen ab, aber andere Spuren waren nicht zu entdecken. Als sie nun davon überzeugt waren, daß Schwerer Kragen es mit einer Geisterfrau zu tun gehabt hatte, beschlossen sie, ins Hauptlager zurückzukehren. Die Krieger waren schon so lange unterwegs gewesen, daß ihre Mokassins ganz zerfetzt waren. Einige von ihnen hatten auch Blasen an den Füßen und konnten unbeschwert nicht mehr gehen.

Endlich erreichten sie das Lager.

An jenem Abend, an dem sie heimgekommen waren, feierten sie miteinander. Es war schon ziemlich spät, und der Mond schien hell, als einer Schwerer Kragen einlud, zu ihm zu kommen und noch etwas zu essen.

»Ich komme gleich«, antwortete Schwerer Kragen.

Er stand auf und verließ das Zelt. Er tat ein paar Schritte und setzte sich dann hin. Während er nun dort saß, kam ein großer Bär aus dem Gestrüpp. Schwerer Kragen suchte nach einem Stein, um ihn nach dem Bären zu werfen und das Tier zu verscheuchen. Als er mit der Hand auf dem Erdboden tastete, geriet er an ein Stück Knochen, und da er gerade nichts anderes fand, warf er es dem Bären an den Kopf. Da begann der Bär zu sprechen und sagte: »Was fällt dir ein, Schwerer Kragen! Einmal hast du mich getötet, und jetzt wirfst du etwas nach mir. Es gibt keinen Ort auf der Welt, an dem du mir entgehst. Ich finde dich überall.«

Als Schwerer Kragen das hörte, wußte er, daß es wieder die Geisterfrau war. Er sprang auf, rannte auf sein Zelt zu und schrie: »Lauft fort! Die Geisterfrau hat die Gestalt eines Bären angenommen.«

Alle Leute des Dorfes rannten zu seinem Zelt, so daß es dort ein großes Gedränge gab.

Im Zelt brannte ein großes Feuer, und der Wind blies hart von Westen. Männer, Frauen und Kinder standen eng zusammengedrängt, denn sie fürchteten sich vor der Geisterfrau. Man hörte, wie sie umherging und murmelte:

»Ich werde all diese Hunde töten. Keiner wird mir entkommen.«

Die Laute kamen näher und näher, bis sie unmittelbar vor dem Zelteingang gesprochen wurden. Dort sagte Geisterfrau: »Ich werde euch ausräuchern, bis ihr alle tot seid.«

Und dabei bewegte sie die Zeltstangen derart, daß der Wind durch das Rauchloch hereinblies. Weiter stieß sie die ärgsten Verwünschungen aus. Das Zelt füllte sich mit Rauch. Die Kinder weinten und mußten husten und waren dem Ersticken nahe.

Also sprachen die Leute: »Laßt uns einen Mann hochheben, damit er das Rauchloch wieder in die richtige Lage bringt.«

Aber alle Versuche schlugen fehl. Der Rauch im Zelt wurde immer dichter.

Da sprach Schwerer Kragen: »Ist's denkbar, daß sie uns alle vernichtet? Ist denn niemand hier, der eine starke Traumkraft hat, um den Geist dieser Frau zu besiegen?«

Seine Mutter sagte: »Ich werde es versuchen. Ich bin älter als jeder andere unter euch. Ich will sehen, was sich tun läßt.«

Also holte sie ihr Medizinbündel hervor, bemalte sich, nahm die Pfeife, stopfte sie, zündete sie an und steckte den Stiel durch den Eingang des Zeltes nach draußen. Dann flehte sie die Geisterfrau an: »Hab doch Mitleid mit uns und geh fort. Was haben wir dir denn getan, daß du unseren Kindern einen solchen Schrecken einjagst? Nimm, was wir dir anbieten, und laß uns dann in Frieden.«

Plötzlich kam die Stimme von der Rückseite des Zeltes: »Nein, nein, nein. Ihr Hunde, ihr müßt alle sterben!«

Die alte Frau wiederholte ihre Bitte: »Geisterfrau, hab Mitleid mit uns! Nimm diesen Rauch als Zeichen der Versöhnung und zieh fort.«

Darauf antwortete die Geisterfrau: »Wie könnt ihr erwarten, daß ich vor dem Zelt rauche, da ich doch hinter dem Zelt bin. Bringt mir die Pfeife hier heraus. Ich habe keinen so langen Arm, um rund um das Zelt zu greifen.«

Also ging die alte Frau hinaus und hielt den Pfeifenstiel, soweit sie nur konnte, gegen die Rückseite des Zeltes hin.

Doch die Geisterfrau war immer noch nicht zufrieden.

»Ich habe keine Lust, erst lange herumrennen zu müssen. Wenn ihr wollt, daß ich mit euch Versöhnung rauche, müßt ihr mir die Pfeife schon in die Hand drücken!«

Die alte Frau ging um das Zelt herum.

Die Geisterfrau wich plötzlich zurück und rief: »Nein, eine solche Pfeife rauche ich nicht.«

Die alte Frau aber blieb der Geisterfrau immer auf den Fersen, doch plötzlich hörte man sie schreien: »Helft mir, meine Kinder, die Geisterfrau schleppt mich fort.«

Schwerer Kragen stürzte aus dem Zelt, und zu den anderen sagte er: »Kommt, helft mir, meine Mutter aus den Klauen des Geisterwesens zu befreien.«

Er faßte die Mutter um die Hüfte und hielt sie fest, und ein anderer Mann faßte sie um die Beine, und so bildeten sie eine lange Kette, aber alle riß die Geisterfrau mit sich fort, während sie da draußen herumfuhrwerkte.

Plötzlich hatte die alte Frau keine Kraft mehr. Da ließ sie die Pfeife los.

Sofort brach sie tot zusammen.

Die Geisterfrau aber verschwand, nachdem sie sich ein Opfer geholt hatte, und ließ sich nie mehr blicken.

Wie man dreimal stirbt

Chinook

Es waren einmal ein Blauhäher[1] und seine Schwester, die hieß Ioi. Einst zogen in der Nacht die Geister aus, um eine Frau zu kaufen. Sie kauften Ioi. Als Kaufpreis gaben sie den Verwandten Muscheln. Die Hochzeit fand noch in der Nacht statt, und am folgenden Morgen waren Ioi und die Geister verschwunden.

Der Blauhäher wartete ein Jahr lang, dann sagte er: »Besser, ich gehe meine Schwester suchen.«

Er fragte alle Bäume und alle Vögel: »Wohin gehen die Menschen, wenn sie sterben?«

Niemand konnte es ihm sagen. Endlich fragte er ein altes Stück Holz, und das antwortete: »Gib mir etwas, und ich werde dich hinbringen.«

Da bezahlte es der Blauhäher, und das Stück Holz trug ihn zu den Geistern.

Sie kamen zu einem großen Dorf. Nirgends stieg Rauch aus den Dächern auf, außer im letzten Haus, das sehr groß war. Der Blauhäher trat ein und fand dort seine Schwester: »Ach, lieber Bruder«, sprach sie, »wie kommst du denn hierher? Bist du denn gestorben?«

»O nein, ich bin nicht tot. Das Holzstück hat mich auf seinem Rücken hierhergetragen.«

Darauf ging er durch das Dorf und öffnete die Türen aller Häuser. Sie waren alle voller Menschenknochen. Auch neben seiner Schwester lagen ein Schädel und Knochen.

---

1 Der Blauhäher (Cyanocitta Stelleri) ist der Trickster bei den südlichsten Stämmen der Nordwestküste, den Quinasult, Chehalis und Chinook.

»Was machst du denn mit diesen Knochen und dem Schädel da?« fragte der Blauhäher, und seine Schwester erwiderte kopfschüttelnd: »Das ist doch dein Schwager.«

»Komm, Ioi, das soll ich dir glauben? Du kannst mich nicht an der Nase herumführen.«

Als es dunkel wurde, erhoben sich die Knochen, und das Haus war voller Menschen; es war zehn Klafter lang.

Da sagte der Blauhäher zu seiner Schwester: »Wo kommen denn all diese Leute her?«

Sie sagte: »Meinst du etwa, das seien Menschen? Geister sind das!«

Er blieb lange Zeit bei seiner Schwester, und sie riet ihm: »Mach es so wie sie und geh mit einem Handnetz fischen.«

Als es dunkel wurde, machte sich der Blauhäher bereit. Die Geister unterhielten sich immer im Flüsterton, so daß er sie nicht verstand.

Seine Schwester sagte: »Am besten, du gehst mit dem Knaben da. Er ist ein Verwandter deines Schwagers. Sprich aber nicht, sondern verhalte dich still.«

Sie brachen auf und begegneten einer Gruppe junger Leute, die singend mit ihren Booten den Fluß hinabfuhren. Der Blauhäher stimmte in ihren Gesang ein; da verstummten sie plötzlich alle. Er blickte sich um und sah, daß an der Stelle des Knaben ein Haufen Knochen im Heck des Bootes lag.

Sie fuhren weiter flußabwärts, und der Blauhäher schwieg. Als er sich abermals umsah, saß der Junge wieder im Boot. Da fragte er ihn mit leiser Stimme: »Wo liegt euer Fischwehr?«

Der Knabe erwiderte: »Unten am Fluß.«

Als der Blauhäher dann aber mit lauter Stimme die Frage wiederholte, lag wieder ein Skelett im Heck des Bootes, bis er nur noch mit leiser Stimme redete.

Sie begannen nun mit ihren Handnetzen zu fischen. Der

Blauhäher fühlte, daß etwas in seinem Netz war; er hob es, fand aber nichts als zwei Baumzweige darin. Da drehte er es um und warf die Zweige ins Wasser. Als er bald darauf wieder sein Netz ins Wasser tauchte, füllte es sich mit Blättern. Er drehte das Netz wieder um und schüttete die Blätter ins Wasser zurück. Dabei fiel ein Teil von ihnen ins Boot. Der Junge las sie auf. So ging das ein paarmal. Schließlich begnügte sich der Blauhäher mit zwei großen Ästen und dachte bei sich: »Ich werde sie Ioi mitnehmen. Sie kann sie zum Feueranzünden gebrauchen.«

Sie kamen zu Hause an; der Blauhäher war ärgerlich, weil er nichts gefangen hatte. Der Junge aber brachte auf einer Matte Forellen herein, und diese rösteten die Geister am Feuer. Dabei erzählte ihnen der Junge: »Der Blauhäher hat alles, was er gefangen hat, aus dem Boot geworfen, sonst wäre es voller Fische gewesen.«

Ioi fragte ihren Bruder: »Warum hast du denn alles, was du gefangen hast, wieder fortgeworfen?«

»Ich hielt es für Äste und Blätter«, sagte er.

»Genau das ist unsere Nahrung«, sagte die Schwester. »Die Blätter waren Forellen, die Äste waren Lachse.«

Der Blauhäher antwortete: »Zwei Äste habe ich mitgebracht, weil ich mir sagte, du könntest sie zum Feuermachen brauchen.«

Die Schwester ging ans Ufer, und wirklich, statt der Äste lagen da zwei prächtige Lachse im Boot, und sie trug sie hinauf zum Haus.

Der Blauhäher fragte sie: »Wo hast du die Lachse her?«

»Du hast sie gefangen«, sagte sie.

»Daß du einen auch immer zum besten haben mußt«, sagte der Blauhäher.

Am nächsten Morgen ging der Blauhäher wieder zum Ufer. Dort lagen die Boote der Geister; sie waren alle leck und zum Teil mit Moos überwachsen. Er kehrte nach

Hause zurück und sagte zu Ioi: »Das sind ja schöne Boote, die dein Mann besitzt.«

»Sei still«, sagte sie, »sonst werden die Geister deiner bald überdrüssig sein.«

»Aber die Boote haben doch alle ein Leck!«

»Keine Ahnung hast du. Diese Leute sind alle Geister.«

Als es dunkel wurde, gingen sie wieder fischen.

Der Blauhäher konnte es nicht lassen, die Geister ständig zu ärgern.

Er schrie laut, sobald er einem ihrer Boote begegnete, und sofort lagen nur noch Knochen im Boot.

Am nächsten Abend rief einer der Geister: »Ein Walfisch ist angeschwemmt worden!«

Ioi gab ihrem Bruder ein Messer und sprach zu ihm: »Nun beeil dich. Ein Walfisch ... so etwas passiert nicht alle Tage.«

Der Blauhäher rannte zum Ufer, traf dort einen der Geister und fragte. »Wo ist denn der Wal?«

Da lag wieder nur ein Skelett. Er gab dem Schädel einen Fußtritt, rannte weiter und trieb so seinen Schabernack bei noch mehreren anderen. Endlich kam er zu einem großen Baumstamm, bei dem Geisterleute damit beschäftigt waren, die Rinde abzuschälen. Der Blauhäher schrie, und lauter Skelette lagen da. Er schälte zwei Stücke Rinde ab, die voller Harz waren, nahm sie auf die Schulter und ging heim. Dabei überlegte er: Ich dachte wirklich, es sei ein Wal, dabei war es nur eine Tanne.

Daheim warf er die Rinde vor dem Haus auf den Boden, ging hinein und sagte zu seiner Schwester: »Ich dachte wirklich, es sei ein Wal, und dann war es nur Rinde.«

»Nein, es ist Walfischfleisch«, antwortete die Schwester, ging hinaus und fand zwei Streifen Walfleisch am Boden liegen. »Es ist sogar ein besonders schöner Wal. Der Speck ist sehr dick.«

Der Blauhäher sah hinaus, und jetzt sah er wieder einen Wal am Ufer liegen. Da kehrte er zurück und traf einen Geistermann, der Rinde auf dem Rücken trug; diesen rief er so laut an, daß er zu einem Skelett wurde, nahm ihm dann die Rinde fort. So trieb er es mit mehreren anderen Geistern und legte sich auf diese Weise einen beträchtlichen Fleischvorrat zu.

Der Blauhäher blieb immer noch bei den Geistern und ließ weiter seinen Mutwillen an ihnen aus. Einmal nahm er den Schädel eines Kindes und vertauschte ihn mit dem eines Erwachsenen. Als es dunkel wurde und das Kind mit dem Schädel des Erwachsenen sich aufrichten wollte, fiel es hin, weil der schwere Schädel es zu Boden zog.

Am nächsten Morgen setzte der Blauhäher dann wieder beiden die richtigen Köpfe auf die Schultern. Bisweilen machte er es ebenso mit den Beinen der Geister. Kurze Beine gab er alten Leuten und lange den Kindern, oder er vertauschte die Beine von Männern und Frauen. Im Lauf der Zeit brachte er nahezu alle Geister gegen sich auf, und endlich sagte Iois Ehemann: »Meine Leute sind ihm böse, weil er ihnen ständig solche Streiche spielt. Sag ihm, er solle sich fortmachen. Wir Geister wollen nichts mehr von ihm wissen.«

Ioi versuchte, ihrem Bruder ins Gewissen zu reden, aber er hörte nicht auf sie.

Als er am nächsten Morgen erwachte, sah er, wie seine Schwester einen Schädel in den Armen hielt. Er schleuderte ihn fort und rief: »Was für ein Schädel ist das nun wieder, Schwesterchen?«

»Vorsicht, du brichst deinem Schwager das Genick!« antwortete die Schwester.

Und tatsächlich, als es dunkel wurde, lag der Schwager krank da. Ein Geistermann kam und kurierte ihn.

Nun wollte sich der Blauhäher doch auf die Heimreise

machen. Seine Schwester gab ihm fünf Eimer Wasser und sagte zu ihm: »Paß gut auf unterwegs, du wirst durch brennende Prärien kommen; leere die Eimer nicht aus, bis du die vierte erreicht hast.«

Der Blauhäher versprach's ihr, aber als er die erste Prärie erreicht hatte, goß er, da es heiß war und er rote Blumen auf der Prärie leuchten sah, das erste Wasser aus, so daß der erste Eimer halb leer war. Er kam dann zu einer zweiten Prärie, die an einem Ende brannte, und dann zu einer, die schon halb in Flammen stand.

»Das ist die, von der meine Schwester sprach«, sagte er und leerte auf seinem Weg den Rest des ersten Eimers aus.

Als er die dritte Prärie erreicht hatte, leerte er den zweiten Eimer und den dritten halb. Bei der vierten Prärie, die schon fast ganz brannte, leerte er wieder einen halben Eimer und einen ganzen, ehe er zu den Wäldern am anderen Ende der Prärie gelangte. Nun blieb nur noch ein Eimer übrig. Er kam zu der fünften Prärie, die über und über in Flammen stand, und dort goß er auch noch den letzten Eimer aus. Er hatte sie noch nicht ganz durchquert, da war der Eimer leer, und er mußte seine Bärenfelldecke abnehmen und damit die Flammen niederschlagen. Die ganze Felldecke wurde versengt, und schließlich fingen auch Kopf und Haare des Blauhähers Feuer, so daß er verbrannte und starb.

Nun war der Blauhäher tot. Als es eben dunkel wurde, kam er zu seiner Schwester ins Geisterland.

»Kukukukuku, Ioi«, rief er, und seine Schwester murmelte unter Tränen: »Nun ist mein Bruder wirklich tot.«

Sein Weg hatte ihn bis zum jenseitigen Fluß geführt. Sie schob ihr Boot ins Wasser, um ihn herüberzuholen.

Das Boot sah hübsch aus, und sie sagte zu ihm: »Siehst du! Und dabei hast du immer behauptet, das Boot sei ganz moosüberwuchert.«

»Ach, Ioi, du hältst mich immer noch zum besten. Die anderen waren tatsächlich leck und mit Moos bewachsen.«

»Du bist jetzt tot«, erwiderte sie, »da sieht alles anders aus als früher.«

Sie fuhren über den Fluß, und der Blauhäher bemerkte, wie die Geister sangen, sich mit Spielen vergnügten und tanzten. Er versuchte auch zu singen und zu schreien, wurde aber überall ausgelacht. Dann betrat er das Haus seines Schwagers, der ein Häuptling war und recht stattlich wirkte. Ioi sagte zu ihrem Bruder: »Siehst du! Und ihm hast du einmal das Genick gebrochen!«

Der Blauhäher versuchte wie früher, die Geister anzurufen, erntete aber wiederum nur Spott und Gelächter. Da schickte er sich drein und verstummte. Seine Schwester vergaß ihn einen Augenblick. Als sie wieder nach ihm sah, stand er bei den Tänzern. Erst nach fünf Nächten kam er wieder in das Haus der Schwester. Ioi öffnete die Tür – da sah sie ihn auf dem Kopf, mit den Beinen nach oben tanzen. Sie drehte sich um und weinte, denn jetzt war er tatsächlich tot. Er war zum dritten Mal gestorben.

Der Besuch im Geisterland

PAWNEE

Da war einmal ein Dorf, und unter den Leuten gab es einen Mann mit einer Frau, die sehr schön war. Er dachte viel an sie und verbrachte seine Zeit auf der Jagd, damit sie immer genug zu essen hätten.

Nach einiger Zeit bekamen sie einen Sohn, und er wuchs heran. Als er um die zwölf Jahre alt war, starb die Mutter. Der Mann trug dem Kind gut Sorge, denn es war sein einziger Sohn. Der Sohn wurde krank und starb.

Der Mann wußte nicht, was er tun sollte, ob er sich

umbringen oder fortgehen sollte. Er beschloß zu wandern. Er trauerte vier Tage am Grab des Kindes, und dann streifte er durch das Land. Er lief viele Tage, und nach einiger Zeit kam er in eine bewaldete Gegend. Er hatte Pfeil und Bogen bei sich. Als er da in dem Wald war, hörte er plötzlich Leute in seiner Sprache reden. Da blieb er stehen. Einer kam zu ihm und sprach: »Was ein wunderschöner Baum. Kommt alle her. Er sieht aus wie ein Mensch.«

Der Mann blieb stehen, und die anderen kamen und sagten: »Wirklich, das ist ein prächtiger Baum. Schaut, er hat Augen, Nase und Haar! Und auch einen Köcher mit Pfeilen und einen Bogen hat er.«

Als der Mann das hörte und jene, die so sprachen, anschaute, erschrak er und sagte: »Ich meinte, ihr wäret alle tot. Jetzt wandert ihr hier durch das Land.«

Kaum hatte er das gesagt, da rannten sie alle davon. Er konnte gerade noch hören, wie der eine sagte: »Er hat mich gefangen!«

Und ein anderer, der im Gestrüpp hängengeblieben war, rief: »Er hat meinen Fuß erwischt.«

Sie rannten ein ganzes Stück, und dann begannen sie sich darüber zu unterhalten, wie knapp sie dem Mann entkommen seien.

Während sie so redeten, holte sie der Mann wieder ein. Und wieder rannten sie vor ihm davon. Der Mann ging ihnen nach. Diesmal verschwanden sie in einem Hügel, und da es schon spät war am Tag, entschloß sich der Mann, ihnen zu folgen und zu versuchen, bei ihnen zu bleiben. Er dachte, wie er so ging: »Warum sollte ich mich ihnen nicht anschließen?«

Er kam zu der Stelle, an der sie verschwunden waren, und unter dichtem Gestrüpp fand er einen Eingang, um hindurchzukriechen. Drinnen kam er in eine Höhle. Der

Mann kannte den Anführer. Er hatte das heilige Bündel getragen und die Krieger angeführt. Wie der Mann die Gruppe genauer betrachtete, erkannte er, daß sie verloren waren, der Feind mußte sie angegriffen und sie skalpiert haben. Er saß da und starrte sie an. Sie redeten wieder über ihn. Der Mann ging nicht ganz in die Höhle hinein, denn er hatte Angst. Während sie redeten, rief jemand erschrokken: »Da ist er!«

Dann schienen sie sich einer auf den anderen hinzulegen... übereinander! So, wie man Felle übereinandergelegt. Der Anführer saß mit dem heiligen Bündel da und rief: »Jungen, nur ruhig Blut. Dieser Mann ist von unserem Stamm. Steht auf und macht Feuer, und jeder geht zu der Stelle, an die er im Kreis hingehört.« Dann fragte der Anführer den Mann, was ihn denn hierherführe.

»Nava«, sagte der Mann, »ich habe meine Frau verloren. Wir hatten einen Sohn, und er ist auch gestorben. Ich allein bin übriggeblieben. Ich habe um beide lange getrauert. Ich habe darum gebeten, dorthin zu kommen, wo meine Frau und mein Sohn sich aufhalten. Ich bin von daheim fortgelaufen, bis ich hierherkam. Ich wäre froh, wenn ich bei euch leben könnte, meine Brüder. Denn mein Volk kümmert mich nicht mehr.«

Der Anführer sagte: »Ich verstehe dich, aber bei uns kannst du leider nicht bleiben. Wir sind tot, verstehst du. Wir sind Geister. Wir sollten längst im Geisterland sein. Daß wir noch hier sind, hat mit dem Bündel zu tun. Es gehört unserem Volk, und Tirawa hat unsere Geister freigelassen, damit wir zurückwandern können, um ihnen das Bündel auszuhändigen. Bruder, ich bin froh, daß du zu uns gekommen bist. Wir werden dich die Zeremonie des Bündels lehren. Dann gehst du heim und sagst deinem Volk, das Bündel sei wiedergefunden worden.«

Der Mann blieb eine lange Zeit sitzen, denn er wußte,

wenn zutraf, was der Anführer da gesagt hatte, würde er zu einem mächtigen Mann werden in seinem Stamm und einer der Anführer. Schließlich sagte er: »Liebe Leute, ich bin arm im Herzen. Ich kann nicht annehmen, was mein Bruder da angeboten hat, denn ich werde nie zu meinem Volke zurückkehren. Wenn ich meinen Sohn nicht wiedersehe, habe ich nur einen Wunsch: selbst auch zu sterben.«

Hierauf stand er auf und fuhr fort: »Meine Brüder, habt doch Mitleid mit mir. Nehmt mich mit in das Geisterland, damit ich meinen Sohn sehe. Ich kann das Bündel nicht zu meinem Volk bringen. Ich bin nicht glücklich.«

Er strich mit seinen Händen dem Anführer über den Kopf und dann über beide Arme. »Habe Mitleid«, sagte er noch einmal.

Der Anführer saß da mit gebeugtem Kopf. Dann stand er auf, nahm das Bündel, holte süßes Gras hervor und warf es ins Feuer. Er nahm alle Dinge, die sich im Bündel befanden, und legte sie offen hin, damit die Götter, die sie gegeben hatten, sie auch sähen. Nun sprach er: »Meine Brüder, ich muß diesem Mann helfen hierzubleiben. Ich will zu den Göttern im Westen gehen und sie bitten, mit diesem Mann Mitleid zu haben. Ich habe Mitleid. Ich denke, sie werden es auch haben. Jetzt gehe ich.«

Im Augenblick war er verschwunden. Die anderen schauten und schauten.

Schließlich hörten sie, wie sich ein Wind herabsenkte. Der Anführer war zurückgekommen. Er ging zu dem Bündel, nahm Tabak heraus und verbrannte ihn als Opfer an die Götter. Dann sprach er. »Mein Sohn, die Götter im Westen haben deine Bitte vernommen. Alle Götter haben bei Tirawa vorgesprochen, und dieser hat zugestimmt, daß die Leute aus dem Geisterland zu den Lebenden kommen dürfen. Sie werden bei ihnen vier Tage und vier Nächte lagern. Aber die Lebenden und die Toten dürfen nicht miteinander sprechen. Man erlaubt dir auch, nahe deinem Sohn zu sein. Du darfst nicht mit ihm reden, ihn nicht berühren ... jenen, die bei ihren Verwandten bleiben oder ins Geisterland gehen wollen, ist dies erlaubt. Nun denn, mein Sohn, sage deinen Leuten Bescheid und heiße sie, in der Nähe ein Lager aufschlagen.«

Der Mann ging noch in derselben Nacht fort. Er merkte, daß er sehr rasch gehen konnte. Wie das zuging, begriff er nicht. Endlich erreichte er das Dorf. Der Ausrufer rief ihn an und hieß ihn schließlich durch das Dorf gehen und den Leuten sagen, sofern sie ihre toten Freunde wiedersehen wollten, müßten sie sich zu besagter Stelle begeben. Am nächsten Tag brach der Stamm das Lager ab und zog nach Süden, bis er das Waldland erreichte. Der trauernde Mann ging ins Lager der Geister.

Man sagte ihm, die Toten seien auch schon unterwegs, am nächsten Morgen würden sie ankommen. Der Mann verständigte die Lebenden von dem, was ihm die Toten gesagt hatten. Einige rauchten, aber viele waren mißtrauisch.

Am nächsten Tag trafen die Lebendigen ihre Vorbereitungen, um ihre toten Bekannten und Verwandten zu treffen. Medizinsalbe strichen sie sich auf Kopf, Gesicht und Hände. Irgendwann am Nachmittag sahen sie eine Staubwolke, die bis an den Himmel reichte. Die meisten der Lebendigen bekamen Angst, andere freuten sich, weil sie nun ihre Freunde und Verwandten wiedersehen würden. Dann kamen die Geister vorbei. Die Leute sahen ihre toten Verwandten und Freunde, wagten aber nicht, mit ihnen zu sprechen oder sie auch nur anzufassen. Auch der Sohn des trauernden Mannes war dabei. Der Mann griff nach seinem Sohn. Er konnte nicht anders in seiner Liebe und seiner Sehnsucht. Man befahl ihm, nicht mit dem Kind zu reden noch es zu berühren. Er kümmerte sich nicht darum. Er umarmte seinen Sohn und rief: »Jetzt laß ich dich nicht mehr gehen!«

Kaum geschehen, da waren alle Geister verschwunden. Der Sohn mit ihnen. Der Mann ging fort mit gebrochenem Herzen. Er kam nie mehr zurück. Im Stamm hieß es: »Er ist bei den Skalpierten!«

Einmal wurde er noch gesehen. Er hatte eine Pferdedecke um. Er sah verwahrlost aus und kümmerte sich nicht mehr um die Leute. Danach geriet er mit der Zeit in Vergessenheit. Hätte er seinen Sohn nicht angerührt, so könnten Geister und Lebendige heute noch einander besuchen, und es gäbe keinen Tod.

Zeremonien, Rituale, heilige Geschichten

»So liegt der Hauptwert der Mythen und Riten darin, Beobachtungs- und Denkweisen, wenn auch nur als Restbestände, bis heute zu erhalten, die einer bestimmten Art von Entdeckungen angemessen waren (und ohne Zweifel bleiben werden): jenen Entdeckungen, die die Natur zuließ, unter der Voraussetzung der Organisation und der spekulativen Ausbeutung der sinnlich wahrnehmbaren Welt in Begriffen des sinnlich Wahrnehmbaren. Diese Wissenschaft vom Konkreten mußte ihrem Wesen nach auf andere Ergebnisse begrenzt sein als die, die den exakten Naturwissenschaften vorbehalten blieben; aber sie waren nicht weniger wissenschaftlich, und ihre Ergebnisse waren nicht weniger wirklich. Zehntausend Jahre von den anderen erworben und gesichert, sind sie die Grundlage unserer Zivilisation ...«

LEVI-STRAUSS, *Wildes Denken*

»Ihr könnt den Pflanzen das Leben nehmen,
aber ihr könnt ihnen kein Leben geben.«

OJIBWA

Das Große Geheimnis

SIOUX

Von Wakan'tanka, dem Großen Geheimnis, kommt alle Macht. Es ist von Wakan'tanka, daß der heilige Mann seine Weisheit hat, die Kraft zu heilen und heiligen Zauber zu machen. Die Menschen kennen all die Heilpflanzen durch Wakan'tanka, deswegen sind diese Pflanzen heilig. Deswegen sind auch die Büffel heilig: weil sie ein Geschenk Wakan'tankas sind.

Das Große Geheimnis gab den Menschen alle Dinge, die sie brauchen, um sich zu ernähren, um sich zu kleiden und um gesund zu bleiben. Und es gab den Menschen auch das Wissen, wie diese Geschenke benutzt werden müssen, wo man die heiligen Pflanzen findet, wie man jagt, wie man die Büffel umstellt und wie man weise wird. Das alles kommt von Wakan'tanka. Alles.

Dem heiligen Mann wird in der Jugend das Wissen zuteil, daß er heilig sein wird. Das Große Geheimnis läßt es ihn wissen. Manchmal sind es auch die Geister, die es ihm sagen. Die Geister kommen nicht immer im Schlaf. Sie kommen manchmal auch, wenn der Mensch wach ist.

Wenn ein Geist kommt, scheint es, als ob ein Mensch dort stehe, aber wenn der Mensch gesprochen hat und fortgeht, sieht keiner, wohin er geht. Daran erkennt man die Geistwesen. Der heilige Mann steht immer mit den Geistern in Verbindung. Sie lehren ihn die heiligen Dinge.

Der heilige Mann geht allein zu einem einsamen Zelt. Er fastet und betet dort. Oder er geht hinauf auf die Hügel, in die Einsamkeit. Wenn er dann zurückkehrt, lehrt er die Menschen, was das Große Geheimnis ihm offenbart hat. Er berät, er heilt und macht heiligen Zauber, um die Leute vor dem Bösen zu bewahren. Groß ist seine Macht. Er ist hoch geschätzt. Im Zelt erhält er den Ehrenplatz. Und jetzt werde ich erzählen, wie ein heiliger Mann, der Größte im Stamm in den alten Tagen, Zauberkraft machte. Der Stamm lagerte im Kreis, der nach Osten geöffnet war.

In der Mitte des Kreises errichteten sie ein großes Zelt, das aus mehreren Zelten zusammengesetzt war.

Auf der einen Seite des Zeltes saßen die Frauen, auf der anderen Seite die Männer. Dann machten sie sich bereit für ein großes Fest.

Auf der anderen Seite des mittleren Feuers, gegenüber dem Eingang, machte der heilige Mann das Geheimnis.

Mit einem Stock, der aussah wie ein Pfeil, bohrte er eine Reihe von Löchern in den Boden, alle fingertief. Dann ging er hinaus und berührte draußen die Erde, kam wieder ins Zelt und setzte sich. Jetzt forderte er die Leute auf, rasch das Geheimnis zu bereiten. Also nahmen sie Ton, füllten damit die Löcher und deckten sie dann mit Erde ab. Wenn das geschehen war, ging der heilige Mann abermals nach draußen, um die Erde zu berühren. Er kam ins Zelt und begann zu singen. Die Leute schauten gebannt auf die Stelle, an der der Ton eingegraben war. Und siehe da: Junge Pflanzen begannen zu keimen.

Dann, ehe er sang, sprach der heilige Mann:

Weit im Westen
fern am Himmel
steht ein blauer Elch.
Dieser Elch wacht.
Dieser Elch wacht
über alle Frauen der Welt.

(Von dem Elch nimmt man an, daß er die Macht besitze, die Frauen zu schützen. Deswegen beschwört der Heilige die Kraft des Elches, der über die Frauen wachen soll, ehe er das Geheimnis macht, das den Männern in der Schlacht helfen soll.)

»Jetzt will ich singen«, sagte er darauf, und indem er dazu seine Trommel schlug, sang er das heilige Lied. Danach forderte er die Leute auf, die Keime herauszuziehen. Und Achtung! In den Wurzeln saß die Zauberkraft. Und sie nahmen die Zauberkraft und legten sie auf die Sprossen von Salbeizweigen, denn diese Pflanze ist heilig. Der Zauber aber schützt die Krieger. Kein Pfeil kann sie treffen, unverletzt schreiten sie durch die Gefahr.

Ich habe euch gesagt, daß ein heiliger Mann den Zauber schafft.

Mag Wakan'tanka mir beistehen, denn ich habe wahrheitsgetreu berichtet, wie Wakan'tanka den Indianern gebot, Zauber zu schaffen in alter Zeit.

Ein Indianer erzählt Sindbad, was Glück ist

KALIFORNISCHE STÄMME

Der Indianer sagt: »Ein Mann muß Glück haben. Spielt keine Rolle, wozu. Ob zum Spielen oder für die Jagd oder für die Liebe. Für alles braucht er Glück, wenn er nicht ein ganz gewöhnlicher Indianer bleiben will, so wie ich einer bin, du verstehst?«

Er lacht leise in sich hinein. Sie liegen auf dem Rücken unter einem Huckleberrystrauch und blinzeln in die Sonne. Sindbad findet, es sei gut, nur so dazuliegen und dem Indianer zuzuhören. Ab und zu sieht er Tiere durch das Gras schwirren, Heuschrecken, mit rötlichen, blauen und gelben Flügeln. Nach einem Augenblick des Schweigens beginnt der Indianer wieder: »Wenn bei uns einer jung ist, setzen sie ihm zu, er soll doch ins Gebirge gehen und sich einen *dinihawi,* einen Glücksbringer, besorgen. Die älteren Leute liegen dem Jungen in den Ohren: Du wirst es nie zu etwas bringen, wenn du jetzt nicht endlich losgehst und dir einen *dinihawi* fängst. Und dann hört der Junge vielleicht, daß die anderen Burschen prahlen ... über ihr Glück beim Spiel, oder damit, daß sie einen *dinihawi* für die Jagd besitzen.

Also, dann kommt die Zeit, da es dem jungen Spund ganz unbehaglich wird. Er ist bedrückt, macht sich Sorgen. Das ist auch so etwa die Zeit, da aus ihm ein erwachsener Mann wird. Dann fängt er an zu wandern Sie nennen es ›wandern‹, verstehst du. Sie sagen: Laßt ihn in Ruhe, er wandert.

Der Junge geht hinauf in die Berge. Er kommt nicht heim. Er ist hungrig. Er bleibt die ganze Nacht fort. Er kriegt Angst. Er weint. Zwei, drei Tage ist er hungrig. Die anderen Leute fangen schon an, sich um ihn Sorgen zu machen. Sie gehen ihm nach. Aber wenn sie ihn endlich aufgestöbert haben, wirft er Steine nach ihnen.

›Verschwindet, ihr blödes Pack!‹ ruft er. ›Ich will, daß man mich in Ruhe läßt!‹

Er kommt nahezu um vor Hunger. Aber Hilfe von seinen Leuten will er nicht annehmen. Es wird ihm ganz komisch. Er kriegt Angst vor Grizzlybären. Irgendwann schläft er endlich ein. Etwas kommt und weckt ihn. Vielleicht ist es ein Wolf, der ihn mit seiner Pfote gegen den Kopf stößt. Vielleicht pickt ihm ein Eichelhäher ins Gesicht. Oder eine Fliege kriecht ihm ins Ohr und surrt: ›He, wach auf. Was treibst du denn hier? Deine Leute machen sich Sorgen um dich. Besser, du gehst heim. Ich habe dich wandern sehen. Ich habe dich hungern sehen. Ich habe dich weinen sehen. Ich habe dich im Trotz gesehen. Ich habe Mitleid mit dir. Ich mag dich. Ich werde dir helfen. Dies ist mein Lied. Erinnere dich an dieses Lied. Ich höre dich. Ich werde dasein. Ich werde dir helfen. Wenn ich dir nicht helfen kann, werde ich immerhin bei dir sein.‹

Siehst du ... wenn das geschehen ist, hat man Glück gewonnen. Und Glück, weißt du, Glück hat jeder von Zeit zu Zeit verdammt nötig.«

Was ist *wakan*?

mitgeteilt von Sword, Teton-Sioux

Die religiösen Vorstellungen der Indianer werden häufig mit Worten aus der Welt des weißen Mannes übersetzt. Es werden so Analogien hergestellt, die mehr Mißverständnisse heraufbeschwören, als daß sie zu gegenseitigem Verständnis führten. Wie kompliziert metaphysische Vorstellungen eines Naturvolkes sein können, wird deutlich, wenn man die nachstehenden Aussagen von Medizinmännern bzw. Scharlatanen aus der Nation der Sioux liest.

Wakan bedeutet sehr viele Dinge. Die Lakota begreifen seine Bedeutung durch die Dinge, die als *wakan* betrachtet werden, doch manchmal müssen auch sie die Bedeutung erklärt bekommen. Es ist etwas, das schwer zu begreifen ist. So bedeutet *wasica wakan* ein weißer Medizinmann, aber ein Lakota-Medizinmann wird *pejuta wacasa wakan* genannt, *wicasa wakan* ist die Bezeichnung für einen Priester der alten Religion. Die Weißen nennen unseren *wicasa wakan* Medizinmann. Das ist falsch. Dann sagen sie auch, ein *wicasa wakan* mache Medizin, wenn er Zeremonien ausführe. Das ist auch falsch. Die Lakota nennen etwas nur Medizin, wenn es dazu benutzt wird, einen Kranken oder Verwundeten zu heilen.

Wenn nun ein Priester einen Gegenstand bei einer Zeremonie benutzt, wird der Gegenstand mit einem Geist erfüllt. Es ist nicht genau ein Geist, sondern etwas, was die Priester *towan* oder *ton* nennen. Nicht alles, was *ton* hat, ist *wakan*, denn es ist die Kraft des Geistes, dessen Qualität, die darin steckt. Ein *wicasa wakan* hat die Kraft der *wakan*-Wesen.

Die Wurzeln bestimmter Pflanzen sind *wakan*, weil sie

giftig sind. Genauso sind bestimmte Reptilien *wakan*, denn wenn sie beißen, töten sie. Dann sind die Vögel *wakan*, denn sie tun sehr merkwürdige Dinge, und einige Tiere sind *wakan*, weil die *wakan*-Wesen sie schufen. Mit anderen Worten: Alles kann *wakan* werden, wenn ein *wakan*-Geist hineinfährt. Auch ein Verrückter ist *wakan*, weil in ihm ein böser Geist sitzt.

Dann, wenn jemand sich nicht verständlich machen kann, ist das auch *wakan*. Getränke, die einen betrunken machen, sind *wakan*, weil man davon außer sich gerät.

Jedes Ding auf der Welt hat einen Geist, und dieser Geist ist *wakan*. So ist auch der Geist der Bäume, obwohl er anders ist als der Geist der Menschen, *wakan*.

Wakan kommt von den *wakan*-Wesen. Sie sind den Menschen auf die gleiche Art überlegen, wie es die Menschen den Tieren gegenüber sind. Sie wurden nie geboren und sterben nie. Sie können vieles, was die Menschen nicht können. Die Menschen können zu den *wakan*-Wesen beten. Es gibt viele solcher Wesen, aber jedes gehört einer der vier Arten an. Das Wort *wakan tanka* bezieht sich auf alle *wakan*-Wesen, weil sie alle wie eines sind. *Wakan tanka kin* meint den Häuptling oder das oberste *wakan*-Wesen, und das ist die Sonne. Das mächtigste *wakan*-Wesen jedoch ist *nagi taka*, der Große Geist, der auch *taku skanskan* genannt wird; das bedeutet »Das Blau«, mit anderen Worten, den »Himmel«. *Iya* ist ein *wakan tanka*, aber er ist ein böser *wakan tanka*. Die Menschen können zu den *wakan*-Wesen beten.

Wakan tanka mag Musik. Er mag die Trommeln und Rasseln. Wenn die *wakan*-Wesen die Trommeln und Rasseln hören, merken sie auf.

Wakan tanka mag auch den Rauch von Süßgras, und der böse *wakan* fürchtet sich vor dem Rauch von Salbei. Alle *wakan*, die guten wie die bösen, haben den Rauch der

Tabakpfeife gern. Die *wicasa wakan* oder *Priester* sprechen für alle *wakan*-Wesen. *Wakan tanka* gibt ihnen Kraft, die sie *wakan* macht und wodurch sie auf alles *ton* übertragen können. Das heißt man *wasicun.* Ein *wasicun* ist eines der *wakan*-Wesen. Es ist das geringste unter ihnen, aber wenn sein *ton* von einem machtvollen Wesen stammt, kann es dennoch anderen *wakan*-Wesen überlegen sein. *Wasicun* sind die Gegenstände, dic Priester bei ihrer Arbeit benutzen, aber die Weißen nennen das den Medizinbeutel, das ist wieder falsch, denn darin ist keine Medizin. Ein Medizinbeutel ist ein Beutel, in dem der Arzt seine Medikamente verwahrt. Wenn ein Mann ein *wasicun* hat, kann er zu ihm beten, denn es gleicht dem *wakan*-Wesen, dessen Geist es enthält.

Die Erde und der *wakan*-Fels und das Gebirge gehören dem großen *wakan.* Wir sehen nicht die wirkliche Erde, den wirklichen Fels, sondern nur deren *tonwampi.*

Wenn ein Lakota zu *wakan tanka* betet, betet er zur Erde und zu all den anderen guten *wakan*-Wesen. Wenn ein Mensch Böses tut, betet er zu dem bösen *wakan.*

Was ist *sicun*?

mitgeteilt von Sword, Teton-Sioux

Walker lebte als Arzt viele Jahre unter den Oglala, einer Abteilung der Teton-Sioux, er freundete sich mit Sword, Finger, Ein Stern, Tyon und anderen Schamanen an und wurde in ihre Praktiken eingeweiht.

Das Wort *sicun* stammt aus der heiligen Sprache der Schamanen. Es bedeutet »der Geist des Menschen«. Der Geist wird ihm bei der Geburt verliehen, um ihn gegen böse Geister zu schützen und ihn nach dem Tod ins Land der

Geister zu begleiten. Aber der Geist selbst geht nicht dorthin. Im Lauf seines Lebens kann der Mensch auch einen anderen Schutzgeist wählen. Er kann so viele wählen, wie er will, aber solche *sicun* begleiten ihn nicht nach dem Tode. Wenn er ein schlechtes Leben geführt hat, dann geht überhaupt kein *sicun* mit ihm.

Ein Schamane sollte eine Person bei der Wahl seines *sicun* beraten. Wenn der Lakota einen *sicun* wählt, ist dies der *ton* eines *wakan*[1], oder es kann der *ton* von allem möglichen sein. Wenn er sich einen *sicun* wählt, sollte er ein Fest geben, und ein Schamane sollte dabeisein und die Zeremonie leiten, denn niemand hat das Wissen, welches nötig ist, um seine eigene Zeremonie zu leiten, ehe er sie nicht in einer Vision kennengelernt hat. Jemandes *sicun* kann ein Gegenstand sein. Wie eine Waffe oder etwas, das man bei Spielen setzt, um eine Medizin zu bekommen. Aber der *sicun*, den ein Mensch bei seiner Geburt bekommt, findet sich immer nur in seinem Körper. Der *sicun* ist wie unser Schatten.

Nie hat jemand die Energie der Sonne als *sicun* gehabt, denn die Sonne weigert sich, für irgendwen *sicun* zu sein. Andererseits kann der *sicun* des Himmels, der auch ein sehr energiegeladener *sicun* ist, sehr wohl durch alte und weise Schamanen erworben werden. Der nächststärkere *sicun* ist der der Erde, dann kommt der *sicun* des Felsen. Auch die *sicun* des Büffels und des Bären werden oft gewählt. Der *wakan*-Beutel eines Schamanen ist sein *sicun*,

1 Eine Erklärung für *ton* lautet: »Wenn die Menschen von *ton* sprechen, meinen sie etwas, das aus dem Lebendigen kommt, wie die Geburt von etwas, das, was aus einer Wunde fließt, oder ein Übel, das von einer Pflanze herrührt. Die Leute reden über solchen *ton* nicht, denn das kommt von *wakan*. Etwas Spirituelles ist *wakan*, aber nicht unbedingt *wakan tanka* (die mächtigste Kraft, stärkste Essenz, das höchste Wesen).

und alle *sicun* enthalten *wakan*. Die Medizin eines Arztes ist *sicun* und die Mittel, die ein Schamane anwendet, sind ebenfalls *sicun*. Jemand kann einem anderen seinen *sicun* leihen. Der Ausdruck *wasicun* wird für alles verwendet, was als *sicun* gebraucht werden kann. Ein böser Mensch kann keinen *sicun* erlangen, oder er bekommt einen bösen *sicun*. Wenn die Zeremonie richtig ausgeführt wird, bekommt man den *sicun*. Danach muß der *sicun* dem gehorchen, der ihn sich gewählt hat. Der Betreffende muß aber auch das dazugehörige Lied kennen.

Die Zahl Vier

mitgeteilt von Tyon, Teton-Sioux

In früheren Zeiten regelten sich alle Tätigkeiten der Lakota um die Zahl Vier. Das kam daher, weil sie an vier Himmelsrichtungen glauben, an eine Vierteilung der Zeit – Tag, Nacht, Mond und Jahr – und daran, daß das Jahr in vier Jahreszeiten unterteilt ist. Vier Teile hat alles, was aus der Erde wächst: die Wurzeln, der Stengel, die Blätter, die Frucht, vier Arten von Wesen, die atmen: jene, die kriechen, jene, die fliegen, jene, die auf vier Beinen gehen, jene, die auf zwei Beinen gehen. Vier Dinge sind über der Welt: die Sonne, der Mond, der Himmel und die Sterne. Vier Arten von Gottheiten gibt es: der Große, die Helfer des Großen, die Götter unter ihm und die Geistwesen. Abschnitte des menschlichen Lebens: Kleinkindalter, Kindheit, Erwachsensein, hohes Alter. Menschen haben vier Finger an jeder Hand, vier Zehen an jedem Fuß, die Daumen und großen Zehen zusammen sind wiederum vier. Da der Große Geist alles in der Vierzahl gab, sollten die Menschen nach Möglichkeit auch alles nach dem Vierzahlmaß gestalten.

Der Kreis

mitgeteilt von Tyon, Teton-Sioux

Die Oglala halten den Kreis für heilig, weil der Große Geist alles in der Natur, außer den Steinen, rund gemacht hat. Der Stein ist das Werkzeug der Zerstörung. Die Sonne und der Himmel, die Erde und der Mond sind alle rund wie ein Schild, wenngleich der Himmel tief ist wie eine Schüssel. Alles, was atmet, ist rund wie der Körper des Menschen. Alles, was aus dem Boden aufwächst, ist rund wie der Stengel einer Pflanze. Da der Große Geist alles rund geschaffen hat, sollen die Menschen den Kreis als heilig ansehen, als Symbol aller Dinge in der Natur außer dem Stein. Es ist auch der Kreis, der das Symbol für den Rand der Welt und für die vier Winde dort darstellt. Folglich ist er auch das Symbol für das Jahr. Der Tag, der Mond, die Nacht gehen im Kreis über den Himmel. Deswegen ist der Kreis das Symbol für die Teilung von Zeit und Zeit überhaupt.

Deswegen machen die Oglala ihre Tipis rund. Rund ist ihr Lagerkreis, und bei den Zeremonien sitzen sie in einem Kreis. Der Kreis ist auch das Symbol für das Tipi und für Schutz. Wenn jemand einen Kreis als Ornament macht und dieser nicht auf irgendeine Weise geteilt ist, stellt er ein Symbol für Welt und Zeit dar. Ist der Kreis jedoch rot ausgefüllt, steht er als Symbol für die Sonne, mit Blau für den Himmel. Ist der Kreis viermal unterteilt, steht er für die vier Winde, ist er mehr als viermal unterteilt, weist er auf irgendeine Vision hin. Ist es ein Halbkreis, rot ausgefüllt, so steht er für den Tag, schwarz ausgefüllt für die Nacht, gelb ausgefüllt für einen Monat. Ist ein Halbkreis aber mit vielen Farben ausgefüllt, so steht er für den Regenbogen.

Manche Leute malen einen Kreis auf ihr Tipi, auf ihr Schild oder ihr Gewand. Das Mundstück der Pfeife sollte immer erst einen Kreis beschreiben, ehe man zu rauchen beginnt.

Anrufung

mitgeteilt von Sword, Teton-Sioux

Ehe ein Schamane eine Zeremonie ausführt, an der geheime Wesen teilhaben, sollte er eine Pfeife stopfen, sie anzünden und sagen: »Freund des Wakinyan, ich reiche die Pfeife dir zuerst. Indem ich sie einen Kreis beschreiben lasse, gehe ich zu dir, der beim Vater wohnt. Kreisend beginne ich den Tag. Kreisend gehe ich zum Schönen. Kreisend vollende ich die vier Abteilungen und die Zeit. Ich gebe die Pfeife weiter an den Vater im Himmel. Ich rauche mit dem Großen Geist. Möge der Tag blau sein!«

Die Pfeife wird deshalb benutzt, weil ihr Rauch, in Gemeinschaft mit anderen geraucht, die Kraft des weiblichen Gottes besitzt, der zwischen Gottheit und Menschheit vermittelt und der Gottheit wohlgefällig ist. Wenn der Schamane die Pfeife Gott anbietet, so raucht sie Gott, und das stimmt ihn wohltätig. Bei seiner Anrufung, wenn der Schamane die Pfeife angezündet hat, soll er mit dem Mundstück nach Westen weisen und sprechen: »Freund von Wakinyan, ich gebe dir die Pfeife zuerst.« Damit bietet er die Pfeife dem Wind an, weil dieser in der Wohnung von Wakinyan wohnt und sein Freund ist. Die Pfeife sollte dem Westwind zuest angeboten werden, weil das Geburtsrecht des Ältesten, also des Erstgeborenen, dem Nordwind genommen und auf den Zweitgeborenen, den Westwind, übertragen wurde. Die Götter aber sind, was diese Rechte angeht, sehr eifersüchtig.

Sobald er dieses Opfer vollzogen hat, soll der Schamane die Pfeife dann in die rechte Hand nehmen und mit dem Mundstück gegen den Horizont hin deuten, bis es nach Norden weist. Dann soll er sagen: »Kreisend komme ich zu dir, der beim Großvater wohnt.«

Auf diese Weise bietet er die Pfeife dem Nordwind an, denn wegen seines Vergehens gegen die weibliche Gottheit verdammte der Große Geist den Nordwind, für alle Zeiten bei seinem Großvater Wazi, dem Zauberer, zu wohnen. Dann wird der Schamane die Pfeife in der gleichen Weise drehen, bis deren Mundstück nach Osten weist, und wird sagen: »Kreisend gebe ich sie dem neubeginnenden Tag.«

Dies ist das Opfer an den Ostwind, denn seine Hütte steht dort, wo der Tag beginnt, und als beginnenden Tag sollte man ihn auch anreden. Nun sollte der Schamane das Mundstück so bewegen, bis es nach Süden weist, und sprechen: »Kreisen lasse ich dich jetzt zu der Schönen.«

Dies ist das Opfer für den Südwind, denn die Schöne ist die weibliche Gottheit und die Gefährtin des Südwindes, und sie wohnen in einer Behausung, die dort steht, wohin die Sonne am Mittag gelangt. Es gefällt dem Südwind, wenn man seine Gefährtin anredet und sich nicht direkt an ihn wendet. Die vier Winde sind die *akicita* oder Botschafter der Götter. Bei allen Zeremonien haben sie den Vorrang vor allen anderen Göttern, und deshalb sollten sie auch als erste angerufen werden.

Ist das Rauchopfer an den Südwind vollzogen, dann sollte das Mundstück kreisen, bis es wieder nach Westen zeigt, und der Schamane sollte sagen: »Kreisend vollende ich die vier Viertel und die Zeit!« Das sollte er tun, weil die vier Winde die vier Viertel des Kreises sind und die Menschheit nicht weiß, wo die Zeit sich befindet und woher sie kommt. Die vier Viertel umfassen alles, was es in der Welt und im Himmel gibt. Deswegen richtet sich dieses Opfer an alle Götter. Der Kreis ist das Symbol für die Zeit, für die Tagzeit, die Nachtzeit und die Mondzeit, die über der Welt kreisen, und für die Jahreszeit, die als Kreis über den Rand der Welt hinaussteht. Deswegen wird die angezündete Pfeife immer, einen vollständigen Kreis beschreibend, als Opfer dargebracht.

Sobald der Schamane die vier Viertel und die Zeit bedient hat, soll er das Mundstück der Pfeife gegen den Himmel richten und sprechen: »Jetzt reiche ich die Pfeife dem Vater im Himmel.« Dies ist ein Opfer an den Wind, denn als die vier Winde die Hütte ihres Vaters verließen, wohnten sie hinfort im Himmel. Und der Wind beherrscht die Jahreszeit und das Wetter und sollte günstig gestimmt werden, wenn man gutes Wetter wünscht.

Dann sollte der Schamane eine Weile rauchen, und während er dies tut, sollte er sagen: »Ich rauche mit dem Großen Geist. Möge der Tag, den wir haben, blau (glücklich) sein.«

Ein Kachina-Lied

ZUNI

Die Kachinas (oder Katcinas) sind übernatürliche Wesen, die mit dem Tod und manchmal auch mit den Wolken und dem Regen in Zusammenhang gebracht werden. Die Zuni glauben, daß sie auf dem Boden eines Sees in der Nähe ihres Dorfes wohnen und dieses von Zeit zu Zeit besuchen. Sie werden von Menschen, die Masken tragen und tanzen, während der Kachina-Zeremonie dargestellt, deren Zweck es ist, den für das Gedeihen der Ernten notwendigen Regen zu erbitten. Itawana ist das Reich der Toten.

Im Westen des Flowergebirges
sitzt ein Regenpriester,
sein Federschmuck sind Kumuluswolken.
Seine Worte versammeln Wolken über Itawana.
»Kommt, setzt euch in Bewegung.«
So reden entlang der Küsten des umfassenden
Ozeans
die Regenmacher miteinander.
Aha ehe.
Aha ehe.
Im Süden am Salt-Lake-Gebirge
sitzt ein Regenpriester,
sein Kopfschmuck ist Nebel.
Seine Worte lassen es in Itawana regnen.
»Kommt, setzt euch in Bewegung.«
So sprechen in allen Quellen
die Regenmacher miteinander.
Aha ehe.
Aha ehe.
»Die Schönheit der Welt sprießt.
Die Sonne, die gelbe Morgendämmerung keimt.«
So reden die Maispflanzen miteinander.
Sie sind mit Tau bedeckt.
»Die schöne Welt sprießt.
Die Sonne, die gelbe Morgendämmerung keimt.«
So sagen die Maispflanzen zueinander
und gebären Kinder.

Der Mann, der Manitou Vorwürfe machte

Fox

Nun, dies ist eine alte Geschichte über das, was das Volk vor langer Zeit tat, zu einer Zeit, ehe die Weißen hier auf diese Insel (Erde) kamen:

Nun, es gab da wohl einen jungen Mann, der heiratete. Er war ein netter Kerl. Kurz nachdem er geheiratet hatte, bekam das Paar ein Kind. Als es nun größer wurde, wurde es krank. Die Krankheit wurde immer schlimmer, und dann starb es. Bald nachdem der kleine Sohn gestorben war, da wurde auch die Frau krank, und es dauerte nicht lange, und sie starb ebenfalls.

Nachdem nun sein kleiner Sohn und seine Frau gestorben waren, fastete der Mann im Winter und klagte dabei ständig. »Ich bin sicher, Manitou hat uns nicht gemacht!« rief er dabei.

Er ging fort und weinte, er rauchte. Er blies den Rauch über alle Dinge hin. Er sagte dabei: »Ich lasse euch diesen Tabakrauch zukommen, weil ich nicht weiß, wie es in meinem Leben weitergehen soll.«

Das sagte er zu dem Wasser, den Felsen und selbst dem kleinsten Ding. Dann brachte er ein Rauchopfer für die Bäume, und dabei klagte er weiter in einem fort. Bald hörte man ihn klagend durch die Abenddämmerung gehen. Und dies ist es, was er dabei sang:

»Weint mit mir,
weint alle mit mir.«

Es war offenbar das Lied, das er sang.

»Wo bitte, seid ihr Manitous?« rief er. »Warum macht ihr Menschen, wenn sie dann sterben?« Er stritt mit ihnen voller Unvernunft.

»Habt doch Mitleid mit mir«, sagte er dann zu ihnen. Über vier Winter hin fastete dieser Mann in einem fort.

Er, der den kleinen Büffel fand, war der erste Mensch, der gesegnet wurde. Es scheint, daß er irgendwann einmal von einem der Wesen so angesprochen wurde: »Hör jetzt auf zu klagen. Ich werde dich segnen. Wahrlich, ich werde mit dir leben; solange die Erde Erde bleibt, werde ich auf der Erde bleiben, dies ist das Ausmaß des Segens, den ich dir schenke. Denn ich weiß, wie elend du dich fühltest, als dein Sohn, den du geliebt hast, von dir ging.«

Die Geburt eines Kindes wird angekündigt

Omaha

Ho! Sonne, Mond und Sterne, ihr alle, die ihr im Himmel wandert:
Ich bitte euch, hört auf mich!
In eure Mitte ist ein neues Leben gekommen.
Stimmt zu, hört auf mich!
Ich flehe euch an!
Macht seinen Pfad glatt, damit es den Saum des ersten Hügels erreicht!
Ho! Ihr Winde, Wolken, Regen, Nebel, die ihr alle in den Lüften wandert:
Ich bitte euch, hört auf mich!
In eure Mitte ist ein neues Leben gekommen.
Stimmt zu, ich flehe euch an!
Macht seinen Pfad glatt, damit es den Saum des zweiten Hügels erreicht!
Ho! Ihr Hügel, Täler, Flüsse, Seen, Bäume, Gräser, ihr alle auf der Erde:

Ich bitte euch, hört auf mich!
In eure Mitte ist ein neues Leben gekommen.
Stimmt zu, ich flehe euch an!
Macht seinen Pfad glatt, damit es den Saum des dritten Hügels erreicht!
Ho! Ihr Vögel groß und klein, die ihr fliegt in der Luft,
Ho! Ihr Vierfüßler groß und klein, die ihr wohnt im Wald,
Ho! Du kleines Gewürm, das da kriecht im Gras und gräbt im Grund:
Ich bitte euch, hört auf mich.
In eure Mitte ist ein neues Leben gekommen.
Stimmt zu, ich flehe euch an!
Macht seinen Pfad glatt, damit es den Saum des vierten Hügels erreicht!
Ho! Ihr alle im Himmel, in der Luft und auf Erden:
Ich bitte euch alle, hört auf mich!
In eure Mitte ist ein neues Leben gekommen.
Stimmt zu, stimmt zu, ihr alle, ich flehe euch an!
Macht seinen Pfad glatt, damit es ungehindert wandern mag über die vier Hügel.

Traumgesang

OTTAWA

Ich bin es, der in den Winden wandert.
Ich bin es, der in der Binse flüstert.
Ich schüttle die Bäume,
ich schüttle die Erde.
Ich wühle allenthalben die Wasser auf.

Nachwort

Naturhaß und kosmisches Bewußtsein

Die beiden Bilder von Natur in Nordamerika

I.

»Der Indianer begreift das Universum als eine lebendige, einige Gemeinschaft. In ihr haben alle Lebewesen, Pflanzen, Tiere und Menschen, vom kleinsten und unscheinbarsten bis zum größten und bedeutendsten, ihren festen Ort, auch die Geistwesen, die Elemente und Mächte der Erde und des Himmels. Der Mensch als eine der vielen Formen des Lebens in der universalen Gemeinschaft steht in vitaler Wechselwirkung mit allen anderen.«

Melvin Randolph Gilmore

»Auch die Gräser sind wirkliche Wesen. Sie verhalten sich in bestimmter Weise, in grasgemäßer Weise, und ihre Weise ist lebensfördernd. Jedes Grasblättchen ist wirklich, und jedes ist eine Manifestation des Grasgeistes, jener Energieströmung, die es auf der Erde gibt und die sich durch die Energieform, die wir den Grasgeist nennen, so gegenüber der Schöpfung manifestiert.

Es ist eine Energieströmung, die große Kraft hat, denn in den Gräsern ist eine Kraft, die heilt, und eine Kraft, die Schönheit bringt. Die Gräser halten die Erde zusammen, und sie sind die Wesen, an die das Leben der Tiere gebunden ist. Es ist ihre Seinsweise, daß sie geistige Teilnehmer im Prozeß des Lebens in der Schöpfung sind.

So hängt das Leben, wie wir es kennen, vom Geist der Gräser ab; davon, daß sie stark und mächtig gehalten werden und daß sie Gleichgewicht auf der Erde halten können.«

Sotsosowah, Gaianerekowa

»Wenn ›zivilisiert‹ zu sein überhaupt etwas Interessantes bedeutet, dann doch die Bereitschaft, alle menschlichen Möglichkeiten, die innerhalb unseres intellektuellen Horizontes liegen, als lehrreich anzusehen – einschließlich derer, die herkömmliche Weisheit für hoffnungslos veraltet hält.«

Theodore Rsozak, 1979

Einer jener Witze, die in der politischen Protestbewegung der nordamerikanischen Indianer in den fünfziger und sechziger Jahren unseres Jahrhunderts kursierten, geht so: Kolumbus entdeckt die Neue Welt. Die Indianer kommen ihn begrüßen und sagen zueinander: »Here goes the neighbourhood!« Was in etwa zu übersetzen ist mit dem Satz: »Mit der angenehmen Nachbarschaft ist es nun ein für allemal vorbei.« Bei einem anderen Witz fragt ein Weißer einen Indianer: »Wie nanntet ihr eigentlich Amerika, ehe die Weißen kamen?« – »Ganz einfach«, bekommt er zur Antwort, »wir nannten es unser!«

Was sichtbar wird an diesen beiden Äußerungen, ist die tiefe, schwer überbrückbare Kluft zwischen den Ureinwohnern Nordamerikas und seinen Kolonisatoren. Was beide trennt, ist eine kaum miteinander vereinbare Vorstellung von der Natur, ihrem Sinn und Zweck.

Das eine, das weiße Bild von Natur in der Vergangenheit des nordamerikanischen Kontinents, hundertfach später in der Trivialliteratur, im Film und im Fernsehen vorgeführt, ist das der Mythe vom Wilden Westen, einer Mythe, in der sich sentimentale Naturschwärmerei mit Aggressivität, illusionäre Bilder vom einfachen Leben sich mit der Anpreisung eines Zustandes von Demokratie verbinden, in der »Oberst Colt alle Menschen gleich machte«, also der beste Revolverschütze die besten Chancen hatte, zu überleben und sich auf Kosten anderer durchzusetzen. Der Untergang, die Ausrottung der Urbevölkerung wurde dabei im 19. Jahrhundert nicht selten als unvermeidlicher Preis des Fortschritts zu legitimieren versucht.

In einem im 19. Jahrhundert von William Gilpin verfaßten, pseudopolitischen Text mit dem Titel »Die Mission des nordamerikanischen Volkes« läßt sich der ideologische Zweck, nämlich die Rechtfertigung eines rigorosen Imperialismus, abgeleitet von einem undifferenzierten Darwinismus, klar erkennen. Da heißt es unter anderem, es sei die »unerledigte Bestimmung« des amerikanischen Volkes, den ganzen Kontinent zu unterwerfen. Alte Nationen, liest man weiter in diesem Text, wolle man eine neue Zivilisation lehren, die Wissenschaft solle perfektioniert werden, um schließlich »to shed blessings round the world«, etwa »solche Segnungen über die ganze Welt auszubreiten«. Entscheidend ist schließlich, daß diese Aufgabe »eine gottgefällige, unsterbliche Mission« genannt, also mit der Ausübung religiöser Pflichten in Zusammenhang gebracht wird. Es gibt hinreichend viele Zeugnisse dafür, daß jene Überzeugung, die sich bei Gilpin so pompös-pathetisch ausdrückt, in fast allen Gruppen der westwärts ziehenden weißen Menschen (Entdecker, Trapper, Scouts, Siedler, Goldsucher, Rancher und Farmer) vorhanden gewesen ist.

Wie weit solche Vorstellungen bis in die Gegenwart ausstrahlten, wurde beispielsweise vor einigen Jahren an den Antworten des damaligen US-Außenministers Kissinger deutlich, die dieser in einem Interview mit der italienischen Publizistin Oriana Fallaci gab. Kissinger führte sein Ansehen in den USA darauf zurück, daß er im Stil eines Cowboys aufzutreten pflege und die Amerikaner die arrogant-selbstbewußte, auf die eigene Macht vertrauende Handlungsweise dieser Berufsgruppe immer noch ungemein bewundere.

Wer auf die negativen Auswirkungen solcher Überzeugungen (zum Infantilismus neigende Regressionen in Verbindung mit Mächtigkeitsphantasien) hinweist, darf freilich nicht übersehen, daß die Erfüllung der damals als Mission verstandenen Aufgabe ohne solche Überhöhung, Stilisierung und Mythologisierung nie gelungen wäre.

Die Verklärung dessen, was einen im Westen unterwegs und am Ende der Trails erwartete, die Illusion von dem fernen Land als einem, in dem Milch und Honig fließen, war nötig, damit sich Menschen trotz der Kunde über die schrecklichen Strapazen und Gefahren überhaupt auf den Weg machten.

Aus dieser Überhöhung und dem Konflikt zwischen Illusion und Realität entsteht unter anderem eine besondere Form der (weißen) amerikanischen Volkserzählung: die Tall-Tale, die »Übertreibungsgeschichte«. Freilich hat dieser Typ von Geschichte auch noch einen anderen psychologischen Antrieb, nämlich prahlerisch, auftrumpfend den Schrecken aus sich herauszustellen, den man angesichts übermächtiger Naturphänomene empfand, und ihn so zu überwinden.

Von Naturhaß war in der Überschrift die Rede. Womit läßt sich diese Behauptung belegen?

Zu keiner Zeit war der Glaube an die vom Menschen

geschaffene zweite Natur und deren Segnungen so groß wie im 19. Jahrhundert in jenen Nationen Europas, aus denen die Masse der nach Amerika Einwandernden kamen. Und gerade, weil sie in ihrer alten Heimat am sich ausbreitenden Wohlstand nicht partizipiert hatten, träumten sie davon, im Land der unbegrenzten Möglichkeiten rasch reich zu werden. Angesichts der Naturschätze der Neuen Welt wurden sie an Ort und Stelle nicht selten von grenzenloser Gier befallen. Aber sie sahen auch, daß nur der es zu etwas oder zu viel brachte, der Rücksichtslosigkeit und Härte nicht scheute. Positiv gedeutet hieß das dann »Durchsetzungsvermögen«; negativ, man mußte unter Umständen auch bereit sein, über Leichen zu gehen.

Die für die Indianer vielleicht folgenschwerste Tat der Kolonisatoren war in diesem Zusammenhang wahrscheinlich die systematische Tötung der Bison- bzw. Büffelherden, die der landwirtschaftlichen Nutzung der Prärien im Wege standen. Man schätzt, daß zwischen 1872 und 1874 von Berufsjägern und Siedlern 3 310 000 dieser Tiere erlegt wurden. »Diese Zahlen scheinen unglaubwürdig«, schreibt William T. Hornaday in seinem Buch »The Extermination of the American Bison«, »allein es besteht leider nicht der mindeste Grund, sie für hoch zu halten. Es leben noch genug Männer (1889), die behaupten, während dieses Riesengemetzels jeder für sich jährlich 25 000 bis 30 000 Büffel geschossen zu haben.«

Wer die näheren Umstände dieses gigantischen Tiermordes kennt, weiß, daß natürlich »wirtschaftliche Notwendigkeiten« entschuldigend ins Feld geführt wurden. Tatsächlich aber waltete Hand in Hand damit nackte Mordlust. Hornaday, der die große Büffeljagd wohl am genauesten untersucht hat, schreibt:

»Gern hätte ich die Geschichte ungeschrieben gelassen. Sie ist eine Schande für das amerikanische Volk, für die territoriale Verwaltung der Einzelstaaten und die Administratoren in Washington. Spätere Geschlechter werden uns für Wilde und Raubtiere halten, ebenso grausam wie habgierig. Sie werden uns vergleichen mit dem blutdurstigen Tiger des indischen Dschungels, der ein Dutzend Ochsen auf einmal zerreißt, obwohl er nur einen fressen kann.«

Fixieren wir hier das weiße Bild von Natur, um uns dann dem so anderen, dem indianischen, zuzuwenden.

Die weiße Vorstellung von Natur war während der Eroberung bzw. Inbesitznahme Nordamerikas durch die Europäer – im Osten Holländer, Engländer, Franzosen, im Süden Spanier, im Nordwesten Russen, die häufig übersehen werden – von einer fragwürdigen Auslegung des Bibelwortes bestimmt. »Gehet hin in alle Welt und machet euch die Erde untertan!« Oder anders ausgedrückt: Natur, belebte und unbelebte, stellte man sich als eine gottgegebene Schatzkammer vor, aus der sich der abendländische Mensch, als Träger des kulturellen und zivilisatorischen Fortschrittes, nach Belieben bedienen durfte, solange er nur für den Fortschritt der Menschheit tätig war. Was man freilich unter »Fortschritt« zu verstehen hatte, bestimmten die Herrschenden, die Eroberer, bestimmte der Geist des Imperialismus. Hier fand nun eine merkwürdige Umkehrung bzw. ein Rollentausch statt, der sich in einer Äußerung des Teton-Sioux »Standhafter Bär« abbildet. Der Indianer schreibt:

»Für uns sind die großen Ebenen, die herrlichen rollenden Prärien, die baumbekränzten Windungen der Flüsse nicht ›wild‹. Nur der Weiße hielt die Natur für eine Wildnis, nur für ihn wird das Land unheimlich durch wilde Tiere und barbarische Völker. Für uns ist die Natur sanft und vertraut. Die Erde ist schön, und wir sind umgeben von den Segnungen des Großen Geheimnisses. Erst als der behaarte Mann von Osten erschien und mit brutaler Nieder-

Naturverbundenheit von Indianern geprägt

tracht Ungerechtigkeiten über Ungerechtigkeiten auf uns und unsere Familien häufte, erst da wurde das Land für uns wild. Als sogar die Tiere des Waldes vor ihm die Flucht ergriffen, da begann für uns ›der Wilde Westen‹.«

II.

»Um die Psychologie der Pit-River-Indianer zu verstehen, ist es nötig, sich ein Bild zu machen von ihrem äußerst engen Kontakt mit den Bäumen, den Felsen, dem Wetter und den feinen Veränderungen der Atmosphäre, mit der Gestalt jedes natürlichen Gegenstandes und, natürlich, mit den Gewohnheiten nicht nur jeder Tierart, sondern fast aller Lebewesen. Für einen zivilisierten Menschen ist es praktisch unmöglich, sich eine Vorstellung von dieser Art intensiver Vertrautheit mit der Natur zu machen. Kein zivilisierter Mensch hätte je die Geduld und Energie, eine wilde Landschaft lange genug zu durchstreifen, um diesen feinen Rhythmus von Interaktionen mitzubekommen.«

Jaime de Angulo

Hier kommt ein anderes Bild von Natur in Amerika in Sicht, dasjenige des angeblichen Wilden, der sich selbst als ein Stück Natur begreift. Er unterliegt dem Ansturm des angeblich Zivilisierten, dem die enge Verbundenheit mit der Natur als angstbesetzt und unbequem erscheint.

Es sollte gleich angemerkt werden, daß es zwar auch Weiße und Europäer gegeben hat und gibt, die sich zu solcher Naturverbundenheit bekannten und bekennen. In ihren historischen Wurzeln jedoch ist sie in Amerika von der Urbevölkerung, den Indianern, geprägt worden. Den (weißen) Amerikanern, schreibt Melvin Randolph Gilmore[1], sei das Vorstellungsvermögen abgegangen, den Schmerz der Indianer zu verstehen, die unaufhaltsam ihre heimische Tier- und Pflanzenwelt dahinschwinden sahen. Es sei keineswegs allein das bittere Gefühl für den ökonomischen Verlust, für die Vernichtung wertvoller Nahrungsquellen wie Wildreisbeeten, Lotosfeldern und Büffelherden gewesen. Vielmehr habe den Indianer vor allem das Entsetzen über die Lücke bewegt, die das Verschwinden einer Spezies hinterlasse. Er habe darin eine Verschiebung des natürlichen Gleichgewichts, eine Störung der Weltsymmetrie gesehen. Das verweist auf sein anderes Bewußtsein, sein anderes Bild von Natur, das Tom Bahti[2], ein weißer Anthropologe, der als Händler und Sammler indianischer Kunst über zwanzig Jahre unter Stämmen im Südwesten der USA gelebt und gearbeitet hat, so definiert:

»Der augenfälligste Unterschied zwischen den Philosophien der Indianer und der Menschen der westlichen Welt sind die unterschiedlichen Blickwinkel, unter denen die Rolle der Menschen im Universum betrachtet wird. Die vorherrschende Sicht unter Nichtindianern ergibt sich daraus, daß der Mensch als allen anderen Formen des Lebens überlegen angesehen wird. Somit ist die Welt dazu da, von ihm benutzt zu werden, so wie es ihm beliebt. Der Wert, der jeder anderen Lebensform, also der der Tiere, Pflanzen und Mineralien beigemessen wird, ergibt sich aus der Nützlichkeit für den Menschen. Diese Einstellung wird häufig als Herrschaft des Menschen über die Natur zum Nutzen des Menschen zu rechtfertigen gesucht. Indianischer Vorstellung entspricht es hingegen, daß der Mensch Teil eines wohlausbalancierten Universums ist, in dem alle

1 Melvin Randolph Gilmore, Prairie Smoke, New York 1929.
2 Tom Bahti, Southwestern Ceremonials, Las Vegas 1970.

Bestandteile miteinander verbunden sind und interagieren und in dem jedes Teil nicht mehr und nicht weniger wichtig ist als jedes andere. Des weiteren sind Indianer der Ansicht, daß nur der Mensch in der Lage ist, diese Ausgewogenheit zu stören bzw. zu zerstören.«

Um das andere Bild von Natur in Amerika, das von den zivilisierten Amerikanern weitgehend verdrängt, ja verlacht worden war, ehe seit etwa 50 Jahren mehr und mehr sein Gehalt auch in der weißen Gesellschaft entdeckt wurde, noch näher und konkreter kennenzulernen, müssen wir hinter die Klischeebilder von Natur im Stil eines Marlboro Country, hinter das Bild des Wilden Westens, hinter das Bild vom Gelobten Land, ja selbst noch hinter das ursprünglich von den Spaniern geprägte Bild amerikanischer Natur als eines Eldorado zurückgehen. Wir müssen uns zurückversetzen in einen Kontinent, der höchstens an seinen Rändern von Weißen besetzt war, in dem Indianerstämme, die sich selbst nicht selten – wie beispielsweise die Navajo – »das Volk« nannten, noch in einer sich selbsterhaltenden, wohlausbalancierten, magischen Welt lebten.

Die Naturschönheit Nordamerikas konnte selbst im Schreiben und Beschreiben wenig geübte Menschen in wahre Rauschzustände versetzen. So Henry Rowe Schoolcraft[1], der 1822 als Indianeragent die Großen Seen kennenlernt und in sein Tagebuch über den Oberen See schreibt: *»Unermeßlichkeit ist der Ausdruck, der ihn mehr als andere charakterisiert. Oben schweben sonnenbeschienene Wolkentürme oder Wolkennebel – eine helle, reine, grenzenlose Wasserfläche – blaue Berge oder verschwimmende*

1 Henry Rowe Schoolcraft, Personal Memoirs of a Residence of Thirty Years with the Indian Tribes on the American Frontiers, Philadelphia 1851.

Inseln im Weiten – dort das grüne Laub der Küste – da die unendliche Seefläche.

Das sind die hervorragenden Gegenstände, auf denen das Auge ruht. Wir werden durch fliegende Vögel gefesselt wie auf dem Ozean. Ein winziges Segel in der Ferne verrät ein Indianerkanu. Manchmal wirbelt an der Küste Rauch empor. Mitunter begegnet uns ein Indianerhändler mit dem Verdienst seines winterlichen Handels. Manchmal wühlen die rauhen Vorboten eines Sturmes oder heftigen Windes den See auf. Plötzlich stimmen die Voyageurs eines ihres Bootslieder an, einfach und melodisch. Der in Weiten verlorene Blick kehrt zurück, und das Herz wird wieder fröhlich.«

Es ließen sich viele Beispiele solcher Hymnen auf die Landschaften Nordamerikas beibringen. Landschaften, die der weiße Mensch inzwischen »zum Abwasser seiner Großschlächtereien und Aschenhalden, zur Kloake schwarzer Eisenstädte, zur Gosse« gemacht hat. Schon 1959 schreibt der Schwede Anderson[1], die USA begännen sich mit einem schier lückenlosen Abfallteppich zu überziehen: Bierbüchsen auf den höchsten Gipfeln, verrostete Autos in den entlegensten Mooren, Flaschen und Pappschachteln an jedem Wegrand, selbst in den südwestlichen Wüsten.

Dagegen die Vorstellung der Indianer von der Natur als Person, als »allgemeine Mutter« in ihren Ritualen und Zeremonien:

»Die Erde liebt uns. Sie freut sich, wenn sie uns singen hört.«[2]
»Gras, Kräuter und Bäume sind ihre Haare, der Wind ist

1 In Nordamerika, Hamburg 1966.
2 Gesang der Blackfoot bei der Öffnung des Bibermedizinbündels.

ihr Atem, der wogende Ozean ihr schlagendes Herz. Wir stehen auf dem klagenden Haar der Mutter-der-ganzen-Erde. Der Tote muß ihren Anblick verlassen; er sieht nicht mehr, wie sie ihren Körper grün macht, weil er in seiner Mutter Leib zurückkehrt.«[1]

Oder nehmen wir jene Äußerung eines Omaha-Indianers, die auch schon etwas von einem Abgesang hat:

»In meinen jungen Jahren war das Land schön. In den Flußauen wuchs Wald: Baumwollbäume, Ahorn, Ulmen, Eichen, Hickorys, Walnüsse und viele Arten mehr. Da wuchsen im Unterholz Reben und Büsche, und noch eine Stufe tiefer gediehen viele gute Kräuter und Blumen. Wald und Prärie waren durchzogen von Wildpfaden, und überall sangen Vögel. Wo ich auch ging, erblickte ich die mannigfachsten Formen des Lebens, von Wakanda an ihren Ort gesetzt.«[2]

Die Natur als ein lebendiges Wesen, so begreift sie der auch in Deutschland bekannt gewordene indianische Schriftsteller N. Scott Momaday[3], ein Kiowa-Indianer von Herkommen, der 1969 den Pulitzerpreis gewann und in den letzten Jahren an der Stanford University einen Lehrstuhl für englische Sprache und Literatur innehatte. Er schreibt: *»Der amerikanische Eingeborene ist ein Mensch*

Walter McClintock, The Old North Trail or Life. Legends and Religion of the Blackfeet Indians, London 1910.

1 Totenliturgie der Fox und Medizinhüttenlehren der Prärie-Potawatomi, in: Werner Müller, Glauben und Denken der Sioux, Berlin 1970, S. 235.

2 Gilmore, Prairie Smoke, a.a.O., S. 36.

3 N. Scott Momaday, A First American Views His Land, National Geographic Magazine, Juli 1976.

mit einem ausgeprägten ästhetischen Wahrnehmungsvermögen, das sich in seiner Kunst, seinem Handwerk, in seinen religiösen Zeremonien, in seinen Geschichten und seinen Liedern, in seiner reichen mündlichen Überlieferung ausdrückt.«

Momaday weist nach, wie sich solches Vermögen vor allem aus der Naturverbundenheit und dem besonderen Verhältnis der Indianer zum Land und zur Landschaft speist. Er berichtet, wie schon die Generation seines Großvaters Mammedaty das alte Dasein des Herumschweifens auf der Prärie als Büffeljäger aufgeben mußte. Dennoch erhielt sich bis in die Generation der Enkel, also bis in unsere Gegenwart, eine Überlieferung, in der, wie Scott Momaday meint, sich Typisches für die Einstellung der amerikanischen Eingeborenen zur Natur abbildet:

»Im Osten des Hauses meiner Großmutter, südlich des Pecanwäldchens, liegt eine Frau in einem wunderbaren Kleid begraben. Mammedaty wußte einst, wo sie begraben lag, aber heute weiß es keiner mehr. Wenn man unter dem Vordach des Hauses steht und nach Osten in Richtung Carnegie schaut, weiß man, daß die Grabstätte der Frau irgendwo im Blickfeld sein muß. Aber ihr Grab ist nicht näher markiert. Sie wurde in einer Kiste beigesetzt, und sie trug ein schönes weißes Kleid. Wie schön sie doch war. Es war eines dieser feinen Wildledergewänder und geschmückt mit Elchzähnen und Perlen. Das Kleid liegt immer noch dort unter der Erde. Es scheint mir, daß diese Überlieferung vor allem eine Erklärung der Liebe zum Land, zur Landschaft mit ihren verschiedenen Elementen darstellt – die Frau, das Kleid und diese Ebene werden am Ende eine Wirklichkeit, Ausdruck des Schönen in der Natur. Es scheint mir eine spezifische Haltung der eingeborenen Amerikaner, die Dinge so auszudrücken.«

Momaday versucht dann zu erklären, welchen Wert diese Art von Naturverständnis für den einzelnen Menschen darstellt:

»Ich denke: Insofern ich das Land, die Landschaft bin, ist es angemessen, daß ich mich im Geist der Landschaft bestätigen lasse, mich in ihm meiner vergewissere. Ich werde mein Leben in der Welt feiern und in der Welt meinen Lebenssinn erkennen.«

Um dieses indianische Bild von Natur weiter zu vervollständigen, möchte ich an dieser Stelle jenen Vers zitieren, den ich bei meiner ersten Reise durch das Navajo-Land in den »Four Corners« 1968 als Notiz niedergeschrieben habe:

Noch heute glauben die Indianer hier,
daß alles brüderlich zusammenhängt
ob Stein, ob Blatt, ob Tier.
Und ferner sagen sie,
daß Geist von allen Menschen,
die mit uns gewacht,
stets bei uns ist,
an jedem Tag, in jeder Nacht.

Es war der viel zuwenig beachtete deutsche Völkerkundler Werner Müller, der für die Naturfrömmigkeit im indianischen Nordamerika den Begriff der »Verbundenheit mit der Weltfamilie« geprägt hat.

»Ohne Umschweife gilt hier das Kind, der Mensch als Bruder und Schwester von Sonne, Mond, Sternen, Winden, Wolken, Regen, Nebeln, Hügeln, Tälern, Flüssen, Seen, Bäumen, Gräsern, Vögeln, Vierfüßlern, Würmern – eine

unabsehbare Familie alles Laufenden, Kriechenden, Fliegenden, Atmenden und Wirkenden.«[1]

Müller stellt weiter fest:

»Wie immer in der Gedankenordnung natursichtiger Völker hat diese Vorstellung von der notwendigen Vollständigkeit des Kosmos auch eine praktische Seite. Hier wurzelt ein religiös begründeter Naturschutz, weil für die Indianer die Weltbrüderschaft unverletzlich bleibt. Schon bei der Kindererziehung beginnt das: ›Reiße die Blumen auf der Prärie und im Wald nicht sinnlos ab. Tust du es, dann bekommen die Blumen keine Kinder (d. h. keinen Samen), und bleiben die Blumenkinder aus, dann gibt es für eine Zeit keine Blumenstämme mehr. Und sterben die Blumenstämme aus, wird die Erde traurig. Die Blumenstämme und alle anderen Stämme lebender Wesen haben einen besonderen Platz in der Welt, und die Welt wäre unvollständig und unvollkommen ohne sie.«

1 Werner Müller, Geliebte Erde – Naturfrömmigkeit und Naturhaß im indianischen und europäischen Nordamerika, Bonn ^{3}1979.

III.

»let us make peace with
Gaia on her own terms,
and return to be peaceful
co-existence with our
fellow creatures.«[1]

James Lovelocke und Sidney Epton. 1975

»Als Hüter des Lebens beeinflussen wir das Gleichgewicht der Natur in einem Ausmaß, das durch unser eigenes Handeln bestimmt wird. Wir entscheiden darüber, ob die großen Zyklen der Natur Gedeihen oder Unheil bringen. Unsere gegenwärtige Welt ist die Entfaltung eines Planes, den wir *in Bewegung gesetzt habgen.«*

Die Hopi-Ältesten, Arizona 1978

Nicht zufällig waren es kulturkritisch-subversive Dichter (Amerikaner, Europäer, aber auch Indianer und, wie das vorangestellte Zitat beweist, auch moderne Naturwissenschaftler!), die für dieses Naturgefühl Verständnis und Anteilnahme aufbrachten, es dem modernen Menschen wieder nahezubringen versuchten. Da lesen wir bei dem in der akademischen Literaturbetrachtung der USA lange Zeit übergangenen, ja tabuisierten Walt Whitman: *»Ich glaube, ein Grashalm ist nicht geringer als das Tagwerk der Sterne. Und die Ameise ist ebenso vollkommen und wichtig wie ein Sandkorn und des Zaunkönigs Ei.«*

---

1 Etwa zu übersetzen mit: »Laßt uns Frieden machen / mit Gaya zu ihren eigenen Bedingungen / laßt uns zurückkehren zu friedlicher Koexistenz mit den Wesen, die außer uns auf diesem Planeten leben.«

Indianisches Naturbewußtsein durchdringt das gesamte Werk des 1930 geborenen Gary Snyder, der beispielsweise schreibt: *»... im Unterholz oder irgendwo sich hinstellen und regungslos verharren; dann fangen die Dinge an, lebendig zu werden, und man wird plötzlich die Eichhörnchen und Sperlinge, die Waschbären und die Kaninchen sehen, die die ganze Zeit schon da waren ... Meditation ist genauso. Sich hinsetzen und ruhig sein und sich nicht bewegen, und die Dinge im Kopf fangen an, aus ihren Löchern zu kriechen, fangen an herumzulaufen und zu singen ...«*

Und bei dem 1919 geborenen Lawrence Ferlinghetti, der heute zu den wichtigsten lebenden Lyrikern der USA zählt, heißt es:

»... und ich warte darauf,
daß Wälder und Tiere die Erde zurückfordern werden,
und ich warte,
daß ein Weg gefunden wird,
um allen Nationalismus auszurotten,
ohne irgendwen zu töten,
und ich warte,
daß es Hänflinge und Planeten regnet,
und ich warte,
daß Liebende und Leidende
noch einmal beieinander liegen
zu einer neuen Wiedergeburt des Wunders.

Geographisch und sprachlich näher steht uns Heinrich Böll, aber wer erinnert sich noch an jenen Abschnitt aus seiner Nobelpreisrede des Jahres 1973, aus dem viel Verständnis für das kosmische Bewußtsein der Indianer spricht und dieses den Zeitgenossen für Gegenwart und Zukunft als ethische Richtschnur anempfohlen wird.

Böll geht von der Frage aus, ob nicht die Vernunft

vielleicht nur eine Schattierung abendländischer Arroganz sei, »*die wir dann noch via Kolonialismus oder Mission oder in einer Mischung von beiden als Unterwerfungsinstrument in die ganze Welt exportiert haben*«.

Auf die Indianer und indianisches Bewußtsein eingehend, fährt er fort: »*Worin bestand das größte Verbrechen der Indianer, als sie mit der nach Amerika exportierten europäischen Vernunft konfrontiert wurden? Sie kannten den Wert des Goldes, des Geldes nicht. Sie kämpften gegen etwas, gegen die Zerstörung ihrer Welt und Umwelt, gegen die totale Unterwerfung der Erde unter den Profit, der ihnen fremder war als uns ihre Götter und Geister.*

Und was hätte ihnen daran wohl als christlich, als neue frohe Botschaft einleuchten sollen, an dieser wahnwitzigen, heuchlerischen Selbstgefälligkeit, mit der man sonntags Gott diente und ihn als Erlöser pries und am Montag die Banken wieder öffnete, wo die für einzig wahr gehaltene Vorstellung von Geld, Besitz und Profit verwaltet wurde.

Für die Poesie des Wassers und des Windes, des Büffels und des Grases, in der sich ihr Leben verkörperte, gab es nur Hohn – und nun beginnen wir westlich Zivilisierte in unseren Städten, den Endprodukten unserer totalen Vernunft –, denn gerechterweise muß man sagen, wir haben uns nicht geschont –, wir beginnen etwas davon zu spüren, wie wirklich die Poesie des Wassers und des Windes ist und was sich in ihr verkörpert.«

Lassen wir das letzte Wort zwei Indianern. Sun Bear, ein Chippeway aus Minnesota, sagte:

»*Nach Ansicht der Indianer gehört die Erde dem Großen Geist, und dem Menschen ist sie nur in Obhut gegeben. Das Land, das ich nutze, ist nicht mein, es ist mir vom Großen Geist nur zu meinem Nutzen und zum Nutzen für die Generation derer, die nach mir kommen, geliehen.*«

Ob es sich bei der Rede des Häuptlings Seattle aus dem Stamm der Duwamish aus dem Jahr 1855 nun um eine sehr freie Übersetzung oder gar um eine Nachempfindung handelt, darüber mag man streiten. Unbestreitbar spiegelt der Text kosmisches Bewußtsein, definiert es. Es heißt da:

»Es gibt keine Stille in den Städten der Weißen. Das Geklapper beleidigt unsere Ohren. Was lohnt das Leben noch, wenn man nicht mehr den einsamen Schrei des Ziegenmelkervogels hören kann oder das Gestreite der Frösche am Teich bei Nacht. Ich bin ein roter Mann und verstehe nicht, warum solcher Lärm sein muß in den Städten der Weißen. Der Indianer mag das sanfte Geräusch des Windes, der über eine Teichfläche streicht. Er mag den Geruch des Windes, gereinigt vom Mittagsregen oder schwer vom Duft der Kiefern.«

IV.

Abschließend noch einige Bemerkungen zum Aufbau und der Auswahl dieses Bandes. Die Auswahl ist orientiert an dem, was ich vorstehend versucht habe, als kosmisches Lebensgefühl oder indianisches Naturverständnis zu beschreiben. Mythen und Märchen sind zumeist noch vor dem Eintreffen der Weißen in der Neuen Welt entstanden. Sie vermitteln uns somit zumindest die Umrisse eines authentischen Bildes indianischer Kultur, die noch nicht durch die Begegnung mit den Europäern beeinträchtigt oder beschädigt war. Viele Klischees werden dabei beiläufig widerlegt. Indianer waren selbstverständlich weder bessere Menschen im Sinn der Mythe vom »edlen Wilden«, noch waren sie als »barbarische Wilde« der zivilisatorischen Missionierung bedürftig. Sie waren ein Naturvolk, dessen Unglück dort begann, wo die Voraussetzungen für das traditionelle Leben beschädigt wurden oder schließlich gar nicht mehr vorhanden waren. Ich persönlich glaube, nach meinen Erfahrungen in den Reservationen, nicht, daß im Nordamerika der Zukunft der alte Lebensstil der Indianer zu bewahren ist. Die Tatsache, daß bei der letzten Volkszählung im Jahr 1990 mehr Indianer in Städten als in Reservationen lebten, ist im Hinblick auf diese Vermutung von beträchtlicher Beweiskraft. Andrerseits gilt es, an kulturelle Errungenschaften und Erfahrungen zu erinnern, mit denen Indianer zum Erbe der Menschheit beigetragen haben. Die Menschen der Gegenwart und Zukunft werden solches Wissen abgewandelt übernehmen, oder sie werden erleben, wie sich das Lebewesen Gaia von ihnen als Aussatz befreit.

Bei der sprachlichen und kulturellen Vielfalt und dem Reichtum der Mythologie der indianischen Nationen und Stämme kann der Band nicht mehr als Kostproben und Beispiele geben. Wer eine vollständige und systematische Darstellung nordamerikanischer Mythologie sucht, sei auf den 1988 im Eugen Diederichs Verlag erschienenen Band von John Bierhorst *Die Mythologie der Indianer Nordamerikas* hingewiesen.

Ich habe bewußt auch Liedtexte und Gedichte in meine Auswahl mit einbezogen, weil mir schien, daß solche Texte bei Darstellungen der Kultur der nordamerikanischen Indianer meist zu kurz kommen.

Ich habe dann Texte aus vorangegangenen Büchern von mir übernommen, wenn diese vergriffen oder schwer zugänglich waren.

Dies ist also ein Buch für den Mythen- und Märchenliebhaber, für all jene, die über Originaltexte versuchen möchten, sich in die für uns weitgehend fremde Welt der Indianer »einzulesen«. Daher auch die relativ ausführlichen Erklärungen und Anmerkungen.

Als Verfasser eines Sachbuches über die Indianer Nordamerikas für Kinder, aus dem ich häufig an Schulen vorlese, bin ich immer wieder über deren Interesse an allem, was mit Indianern zusammenhängt, erstaunt.

Gewiß, vieles wird da zunächst durch eine Karl-May-Brille betrachtet, wird romantisch verklärt. Dennoch scheint mir diesem Interesse auch eine Aufgeschlossenheit und Neugierde für das Fremde und ganz andere innezuwohnen, die bei vielen Menschen, sobald sie erwachsen geworden sind, leider häufig verlorengehen. Diese Neugier zu stimulieren, die ja dann auch auf andere Völker und Volksgruppen angewendet werden könnte – auch dazu kann vielleicht ein solches Buch in einer Zeit grassierenden Fremdenhasses und neuer rassistischer Verblendung beitragen helfen.

Nomborn/Westerwald, Sommer 1994 *Frederik Hetmann*

Alphabetisches Verzeichnis der Stämme

Wo deutsche Bezeichnungen vertraut sind, wurden diese benutzt, sonst die englischen. Die Liste der Stämme erhebt keinen Anspruch auf Vollständigkeit.

Achumawi: Ein von den Anthropologen eingeführter Stammesname für eine Gruppe kleinerer Stämme im Nordosten Kaliforniens. Siehe auch unter *Pit-River-Indianer.*

Alabama: Ein Stamm der Muskogee-Sprachfamilie, früher im südlichen und zentralen Alabama. Mitglied der Creek-Föderation. Im 18. Jahrhundert bereits ausgestorben.

Alëuts: Stammesname aus dem Tschuktschischen bedeutet »Insel« oder »Inselbewohner«. Sie selbst nennen sich wie andere Stämme auch *Unung'un* (Leute). Die Alëuten sind ein Zweig der Inuit-Familie. Sie bewohnen die Inselkette zwischen Sibirien und Alaska. Sie fischen und jagen in Kajaks.

Algonkins: Die größte Gruppe sprachlich verwandter Stämme in Nordamerika, verstreut zwischen Atlantik und Rocky Mountains. Es gehören zu der Sprachfamilie: die Algonkins aus Ottawa, die Cheyenne, Arapaho, Ojibwa, Sac und Fox, Pottawatomi, Illinois, Miami, Kickpoo und Shawnee. Die Mythen und Märchen kommen meist von den Stämmen der Ostküste, nämlich den Pequod, Mohegan, Delaware, Abnaki oder Micmac.

Apachen: Name abgeleitet von dem Zuni-Wort *apachu* (Feind), kamen im 16. Jahrhundert aus Kanada ins heutige New Mexico und Arizona. Die Jicarilla-Apachen zählen heute zwischen 1500 und 2000 Personen und leben in einer Reservation im nördlichen New Mexico. Die White-Mountain-Apachen leben in Arizona und New Mexico.

Arapaho: Ein algonkinsprechender Stamm der Großen Ebenen, besteht aus zwei Abteilungen; den südlichen Arapaho, die in Oklahoma angesiedelt wurden, und den nördlichen Arapaho mit Reservationen im mittleren Wyoming. Der Ethnologe Mooney berichtet von ihnen, daß sie großes Vertrauen in die unsichtbaren Dinge der Geisterwelt besitzen.

Bilchula: Stamm an der Nordwestküste von Kanada. Nachbarn der Tsimschian.

Blood-Piegan: Algonkinischer Unterstamm der Blackfoot. Heute leben noch 2000 Blood in der Blackfoot Reservation bei Browning, Montana, und in der Agentur der Piegan in Alberta, Kanada.

Brûlé-Sioux: Gehören zu den sieben Ratsfeuern der Lakota oder Teton-wan, den sieben westlichen Sioux-Stämmen. Der Name kommt aus dem Französischen *brûlé*, d. h. verbrannt. Zahlreiche Brûlé praktizieren den Peyote-Kult als Mitglieder der Native American Church. Leben heute in der Rosebud Reservation im südwestlichen South Dakota.

Caddo: Gehören zur caddoanischen Sprachfamilie. Sie waren früher durch Oklahoma hin im Gebiet des Red River in Arkansas und im nördlichen Texas ansässig. An die 500 überlebende Caddos wurden in den Wichitas, Oklahoma, angesiedelt.

Cherokee: Wahrscheinlich abzuleiten von *chiluk-ki*, einem Choctaw-Wort, das »Höhlenleute« bedeutet. Die Cherokee sind einer der sogenannten fünf zivilisierten Stämme, eine Bezeichnung, die zum ersten Mal in den Berichten des Indian Office 1876 auftaucht. Diese Stämme hatten ihre eigenen konstitutionellen Regierungen. Die Cherokee erlangten eine traurige Berühmtheit durch ihre Abschiebung ins Indianerterritorium, der sogenannten »Spur der Tränen«, bei der ein Drittel des Stammes umkam. Die meisten Cherokee leben heute in Oklahoma, 7000 von ihnen allerdings noch auf der 56 000 acres großen Cherokee Reservation in North Carolina.

Cheyenne: Stamm der algonkinischen Sprachfamilie in den Großen Ebenen des Westens. Reservationsland im südlichen Montana. Stammesname leitet sich her von *chien* (Hund), wegen eines Rituals, bei dem Hunde gegessen wurden. Die Cheyenne bezeichnen sich selbst als Tis-Tsis-Tas, das Volk. Sie waren vor etwa zweihundert Jahren aus der Gegend der Großen Seen auf die Prärien gekommen. Sie lebten in Tipis und waren Büffeljäger in Montana.

Chilcotin: Stamm im Nordwesten (Pazifikküste), wanderte wahrscheinlich von Norden aus in die Gegend ein. Völlig ausgestorben.

Chinook: Name leitet sich ab von dem Wind, der vom Pazifik her landeinwärts weht. Der Stamm lebte an der Mündung des Columbia River. Die Entdecker Lewis und Clark waren 1805 die ersten Weißen, die in diese Gegend kamen. Seit 1864 teilen sich die Überreste des Stammes mit den Chehalis-Indianern der Salishan-Sprachfamilie eine Reservation nahe Oakville im Bundesstaat Washington. Aus ihrer Sprache leitete sich der Handelsjargon des Nordwestens her.

Chippeway: Auch Ojibwa. Ein algonkinisches Volk im Westen der Großen Seen. Heute auf Reservationen in Michigan, Wisconsin, Minnesota und North Dakota.

Comanchen: In den Großen Ebenen, wohin sie relativ spät einwanderten. Zur Sprachfamilie der Schoschonen gehörig.

Cree: Ein Algonkin-Stamm. Waldlandindianer. Hingegen waren die Plains-Cree Büffeljäger. 1640 Begegnung mit Jesuiten, 1777 große Pockenepidemie. Die meisten Angehörigen dieses Stammes leben heute in Kanada, einige teilen mit anderen Stämmen eine Reservation in North Dakota.

Crow: Zur Sioux-Nation gehörig, der Vogelname, mit dem sie selbst den Stamm bezeichneten, wurde fälschlich mit »Krähe« übersetzt.

Delaware: Hauptgruppe der Algonkin. Gerieten als Scouts für Trapper immer weiter nach Westen. Aufgerieben zwischen Ontario und Oklahoma.

Dieguenos: Auch *Yuma*. Auf beiden Seiten des Colorado River. Primitive, aber effektive Landwirtschaft (Mais, Melonen, Meskitebohnen und Kürbisse). Heute leben noch circa 60 Yuma auf der Cocopah Reservation im Yuma County, Arizona.

Fox: Südlich der Großen Seen, gehören zur zentralen algonkinischen Sprachfamilie. Siehe auch unter *Algonkins.*

Haida: Bevölkerungsreicher Stamm des Nordwestens, früh durch von den Weißen eingeschleppte Krankheiten stark dezimiert.

Hopi: Pueblo-Gruppe, deren Sprache näher den Stämmen des Großen Beckens verwandt ist als ihren Pueblo-Nachbarn.

Inuit: In der subarktischen Region, Ureinwohner Grönlands und des äußersten Nordens von Nordamerika. »Jene, die ihre Nahrung roh essen.« Hauptniederlassungen in Alaska, Grönland und Kanada. Einige überquerten die Beringstraße und leben in Sibirien.

Irokesen: Die Irokesen und ihre nahen Verwandten, die Huronen, bildeten eine um den Erie- und Ontariosee herum ansässige Sprachenfamilie, deren Urheimat aber wahrscheinlich der Süden (Golf von Mexico) gewesen ist.

Jicarilla-Apachen. Siehe *Apachen.*

Karibu-Eskimo: Zentraler Eskimostamm, westlich der Hudson Bay in seiner Ernährung mehr von Wild (Karibu) als von Fisch abhängig.

Kiowa: Lebten im 18. Jahrhundert im Umfeld der Black Hills und am oberen Yellowstone River, zur aztekisch-tanoaischen Sprachfamilie gehörig. Nachbarn der Apachen. Zählten traditionell zu den kriegerischen Plainsstämmen. 1805 zogen sie ins östliche Colorado und westliche Oklahoma. Bedeutsame piktographische Kalenderaufzeichnungen.

Kiowa-Apachen: Athapaskische Sprachfamilie, siehe *Apachen.*

Kwakiutl: Gehören zusammen mit den Nootka zur Wakashan-Sprachfamilie. Der Stammesname wird manchmal übersetzt mit »Strand auf der Nordseite des Flusses«, nach anderen Quellen aber auch mit »Rache auf dem Fluß«: Sie wohnten auf Vancouver Island und entlang der Küste von Britisch-Kolumbien. Sie haben Geheimgesellschaften, die ihre Kraft von dem Kannibalengeist des Nordens herleiten. Spektakulär, aber rein zeremoniell, sind ihre Kannibalen-*(hamatsa-)*Tänze. Heute betreiben sie Fischfang mit modernen Motorbooten und arbeiten in der Konservenindustrie und beim Holzfällen in Britisch-Kolumbien.

Luiseno: Dem Cahuila verwandte Sprache, die auch für den Namen des Stammes steht. Die Cahuila gehören zur aztektisch-tanoanischen Sprachfamilie. Der Stamm lebt in Wüsten und Gebirgsgegenden des Südwestens der USA.

Maidu: Stamm des nordöstlichen Kaliforniens. Lebte in dem Tal des Sacramento River und auf den umliegenden Hügeln. Reste wohnen heute an der San Francisco Bay.

Menomini: Zentrale Algonkin. Südlich des Oberen Sees, Gartenbau. Verwandtschaftssystem patrilinear.

Micmac: Das Wort ist abzuleiten von *migmak* oder *nigmak* und bedeutet »Verbündete«. Die Micmac sind ein großer Stamm der Algonkin-Familie in Nova Scotia, Cape Breton Island, Prince Edward Island und New Brunswick. Sie sind gute Bootsbauer und Fischer. Galten als wild und kriegslustig.

Mojave: Auf beiden Seiten des Colorado, Landwirtschaft, Fischerei, Körpertätowierung, Verbrennung der Toten, teilen mit den Chemehuedvis eine Reservation in Colorado, heute um die 2000 Stammesangehörige.

Navajo: Sie selbst nennen sich *Dineh* (das Volk), großer, heute auf einer Reservation in Arizona und New Mexico ansässiger Stamm, der aus dem Nordosten in diese Gegend einwanderte. Die Pueblos nannten sie *apachu* (feindliche Fremde). Über die Vermischung von Tewa und der spanischen Bezeichnung wurde daraus *»Apaches de Nabahu«* und daraus wiederum Navajo (Navaho). Übernahmen die Kulturpraktiken ihrer Pueblo-Nachbarn. Züchten Schafe und Rinder, traditionelle Wohnung ist der *hogan*, eine achteckige Hütte. Mit 130 000 Stammesangehörigen der größte Stamm in den USA.

Nootka: Eigentlich *Nuu-cha-nulth*, leben auf einer Insel vor der Westküste Kanadas, früh als Pelzhändler wichtig.

Ojibwa: Siehe *Chippeway.*

Okanagon: Zu den Salishan gehörender Stamm in Washington (USA) und Britisch-Kolumbien.

Omaha: Stamm der Plains-Sioux, heute auf einer Reservation im östlichen Nebraska.

Oneida: Stamm des Ostens, nach der Unabhängigkeit der USA von England aufgeteilt in Gruppen in New York, Wisconsin und Ontario.

Osage: Bauernstamm, der zur Sioux-Sprachfamilie gehört. Oft im Krieg mit seinen Nachbarn auf den Ebenen und im Waldland. Ihre Dörfer lagen ursprünglich in Kansas, Missouri und Illinois. Nach ihrer Überlieferung stammen sie aus dem Himmel und stiegen durch vier Lagen von Wolken herab. Später empfingen sie vier Arten von Mais und Kürbissaat, die von den Hinterbeinen vierer Büffel abfiel. Der Stamm ist in *gentes* unterteilt, die jeweils auf die Herstellung bestimmter Gegenstände spezialisiert waren. Die Osage kamen schließlich in das Indianerterritorium in Oklahoma, wo sie jetzt leben.

Pawnee: Hauptstamm der Caddo, lebten am Platte River im heutigen Nebraska. Talbauern und Büffeljäger mit komplexen Ritualen. Choleraepidemien zwischen 1840 und 1850 durch Kontakt mit den weißen Einwanderern auf der Platte River Trail dezimierten den Stamm von 25 000 auf einige hundert am Ende des Jahrhunderts. – Obwohl viele Pawnee der US-Armee treu als Scouts dienten, wurden sie 1876 ins Indianerterritorium abgeschoben.

Pit-River-Indianer: Stamm im Nordosten Kaliforniens. Sie lebten als Jäger, Fischer und Sammler von Wildfrüchten in kleinen Gruppen, in denen sie die Savanne, die Berge und Flußtäler durchzogen. Als in den zwanziger Jahren Jaime de Angulo unter ihnen Feldforschung betrieb, waren von der ursprünglich auf dreitausend Menschen geschätzten Stammesbevölkerung nur noch tausend am Leben. Die Pit River oder Achumavi prozessieren nun schon seit Jahrzehnten um ihr überkommenes Stammesland, das ihnen von den Weißen enteignet wurde.

Ponca: Nach mehreren Wanderungen ließen sie sich nahe Lake Andes in South Dakota nieder, später dann am Niobrara River in Nebraska (1804), gehören zur Sprachfamilie der Sioux, nennen sich selbst *Dhegiha.* Wurden 1870 ins Indianerterritorium in Oklahoma verschickt. Die Hälfte des Stammes starb damals an Hunger und Krankheiten, gegen die sie nicht immunisiert waren. Ein paar Ponca blieben in Nebraska und schlossen sich dort anderen Stämmen an.

Pueblo: Eine Gruppe von Stämmen in New Mexico, in der Nähe von Santa Fé. Bekannt für die Herstellung besonders formschöner Keramik. Kastenhäuser. Kachinas stellen bei ihnen Unholde dar, die den unartigen Kindern Schrecken einjagen sollen. Östliche Pueblo, am Rio Grande und Nebenflüssen. Westliche Pueblo (Hopi, Hopi-Tewa, Zuni, Acoma und Laguna). Bewässerungsfeldbau.

Salish: Indianergruppe in Kalifornien, benannt nach dem Salinas River, der durch das Gebiet um Monterrey/San Luis Obispo fließt. Der indianische Stammesname war Hokan. Der Stamm ist heute fast völlig ausgestorben.

Seminolen: Der Stamm in Südflorida entstand im 18. Jahrhundert, als Angehörige der Creek-Konföderation nach Florida vordrangen.

Die Seminolen-Kriege in den dreißiger und fünfziger Jahren des 19. Jahrhunderts führten zur Deportation der Mehrzahl des Stammes nach Oklahoma. Nur eine Minderheit überlebte in Südflorida.

Skidi-Pawnee: Wolfspawnee, verwandt mit den Raikra. Trennten sich von diesen erst im 18. Jahrhundert. Gehören zur Sprachfamilie der Caddo-Stämme. Waren seßhafte Ackerbauern mitten unter den Büffeljägern.

Seneca: Name bedeutet »Ort der Steine«, einer der Stämme, die die Sechs-Nationen-Liga der Irokesen bildeten. Leben heute im Nordosten in mehreren Reservationen im Staate New York. In den fünfziger Jahren wurde ihnen, trotz der schon mit George Washington 1794 geschlossenen Verträge, als man den Kinzua-Staudamm baute, viel Land weggenommen.

Shasta: Eine Gruppe kleinerer Stämme im nördlichen Kalifornien am Klamath River und im Mount-Shasta-Tal. Die Invasion von Goldgräbern in diese Gegend besiegelte zwischen 1855 und 1860 das Schicksal des Stammes. Heute nahezu ausgestorben.

Sioux: Die Nation der Sioux zerfällt in drei Gruppen: die Lakota oder Teton-Wan, die Dakota und die Nakota. Ursprünglich den Weißen freundlich gesinnt, waren die Lakota gezwungen, ihre traditionellen Jagdgründe zu verteidigen. Sie besiegten General Crook am Rosebud und Custer am Little Bighorn, das Massaker bei Wounded Knee 1890 symbolisiert den Endpunkt ihres freien Lebens.

Slavey: Die Nähe zum englischen Wort »slave« (Sklave) ist zufällig. Der Stamm lebt auf einer Insel in Britisch-Kolumbien, gehört aber von der Sprache her zu den südlichen Stämmen der Großen Ebenen. Die Stammesangehörigen leben heute als Jäger, Fischer und Trapper.

Takelma: Kleiner Stamm an der Nordwestküste (Pazifik), kulturell verwandt mit den Shasta.

Tewa: Eine Gruppe der Pueblo-Indianer. Leben heute in sechs Dörfern am Rio Grande. Ihre Dörfer sind in jeweils zwei Moities, die sogenannten Sommer- und die Winterleute, aufgeteilt.

Tlingit: Der nördlichste unter den großen Stämmen an der Nordwestküste, lebte in zahlreichen Dörfern vom Prince-William-Sund bis zum alaskischen Panhandle. Die Tlingit wurden von russischen

Pelzhändlern erbarmungslos ausgebeutet. Heute leben noch 250 Personen in Craig auf der Prince-of-Wales-Insel in Alaska. Hielten Sklaven, praktizierten den Potlatch (Geschenkvergabe als Zeichen von Prestige). Geschickte Schnitzer. Die Frauen webten die berühmten Chilkat-Decken und flochten mehrfarbige Körbe.

Tolteken: Begründeten die Hochkultur im Tal von Mexico mit den Städten Tula und Teotihuacán, dreißig Meilen südlich des heutigen Mexico City.

Tsimschian: Ursprünglich (bis 1884) am Skeena River an der Küste von Britisch-Kolumbien. Kulturell mit den Kwakiutl verwandt. 1000 Tshimshian leben heute auf der Annette-Insel im südöstlichen Alaska. Hauptnahrungsmittel Lachs, Heilbutt, Schellfisch, jagen auch Wale. Geschickte Holzschnitzer und Weber.

Ute: Gehören zur uto-aztekischen Sprachfamilie und sind ein Stamm im westlichen Colorado und östlichen Utah. 700 südliche Utes, die Vieh züchten, leben heute auf einer Reservation bei Ignacio, Colorado. Die nördlichen Weminuche-Utes zählen 1800 Stammesmitglieder und bewohnen die Ute Mountain Reservation in Colorado. Weitere 1200 befinden sich auf der Uintah and Ouray Reservation bei Fort Duchesne in Utah.

Winnebago: Sioux-Stamm, der an der Green Bay des Michigansees lebte. Der Name bedeutet »Leute des schmutzigen Wassers«.

Wintu: Von den Weißen wegen der Krankheiten, die sie übertrugen, »Giftleute« genannt. Ansässig heute im nördlichen Kalifornien.

Yakima: Leben im Hochgebirge des US-Bundesstaates Washington. Größte Reservation des Nordwestens mit einer eindrucksvollen intakten Kultur.

Yana: Hokan-verwandt, südwestliches Kalifornien, Fischer.

Yurok: Am Klamath River, Nachbarn der Karok, Kalifornien und Oregon.

Zuni: Pueblo-Stamm im westlichen New Mexico. Sprache, die mit keiner anderen indianischen Sprache verwandt ist. Siehe auch unter *Pueblo*.

Quellennachweis

Die Mutter aller Dinge: James A. Teit, Marian K. Gould, Livingstone Farrand und Herbert J. Sipinden: Folktales of Salishan and Sahaptin Tribes (Franz Boas, ed.), Memoirs of the American Folklore Society, vol. 11. Lancaster, Penn., 1917.

Das Zeitalter der Großen Leere: Constance G. Dubois, Mythology of the Mission Indians, Journal of American Folklore, vol. 19.

Der Flammende Fels: Alice C. Fletcher und Francis La Flesche, The Omaha Tribe, 27th Annual Report of the Bureau of American Ethnology, 1905–1906.

Das Auftauchen: Morris Edward Opler, Myth and Tales of the Jicarilla Apache. Memoirs of the American Folklore Society, vol. 31, New York.

Der Ausstieg aus der Unterwelt: Edmund Nequatewa, Truth of a Hopi, Flagstaff 1936.

Die Schöpfung des ersten Mannes und der ersten Frau: Washington Matthews, Navaho Legends. Memoirs of the American Folklore Society, vol. 5. Boston 1897.

Die Frau, die vom Himmel fiel: Harriet Maxwell Converse, Myth and Legends of the New York States Iroquois, New York State Museum Bulletin 125, edited by Arthur C. Parker, Albany 1908.

Die Weltordnung und die Ordnung der Welten: Frederik Hetmann, Die Göttin der Morgenröte, Schöpfungsmythen aus aller Welt, Frankfurt/Main 1986.

Das Lied vom himmlischen Webstuhl: Herbert Spinden, Songs of the Tewa, Exposition of Indian Tribal Arts, New York 1933.

Gebet an die Sonne: Clark Wissler, Ceremonial Bundles of the Blackfoot Indians, Anthropological Papers of the American Museum of Natural History, vol. 7, 1912.

Medizinspruch: E. Sapir, Takelma Texts, Washington, D.C., 1909.

Die Kinder der Sonne: Alice Fletcher and Francis LaFlesche, The Omaha Tribe. 27th Report of the Bureau of American Ethnology, Washington, D. C., 1911.

Der Rabe bringt das Licht: Franz Boas, Tsimshian Texts, Washington Reports to the Bureau of American Ethnology, XXXI, 1916.

Die Tochter der Sonne: James Mooney, Myth of the Cherokee, 7th Annual Report of the Bureau of American Ethnology, Washington, D. C., 1891.

Ursprung der Plejaden und der Pinie: James Mooney, Myth of the Cherokee, 19th Annual Report of the Bureau of American Ethnology, Washington, D. C., 1900.

Das Sternenmädchen: Lewis Spencer, The Myth of the North American Indians, London 1914.

Der-über-den-ganzen-Himmel-geht: Franz Boas, Tsimshian Mythology, Bureau of American Ethnology Annual Report no. 31, Washington, D. C., 1916.

Ein schwerer Sack voller Wärme: Robert Bell, Legends of the Slavey Indians of the Mackenzie River, Journals of American Folklore no. 14 (1901).

Die Reise der Zwillinge zu ihrem Vater, der Sonne: Washington Matthews, Navaho Legends, Boston/New York 1897.

Die Geschichte der ersten Mutter: Joseph Nicolas, The Life and Traditions of the Red Man, Bangor, Maine, 1893.

Der Junge aus dem Blutklumpen: Clark Wissler and D. C. Duvall, Mythology of the Blackfoot Indians. Anthropological Papers of the American Museum of Natural History, New York 1908.

Die Spinnenfrau: G. A. Dorsey, Traditions of the Skidi Pawnee, Boston/New York 1904.

Der Steinjunge: Lowell Brett, Sioux Tales, Whitewater Dale 1887.

Der Schäbige bringt das Licht: John Belfield, Myth and Folktales of the Nahua, Albuquerque 1899.

Die Büffelfrau: G.B. Grinnell, By the Cheyenne Campfire, Yale 1926.

Wie den Menschen der Büffel geschenkt wurde: G. A. Doresey, The Cheyenne, Chicago 1905.

Spruch, um Liebe anzuziehen: James Mooney, Sacred Formulas of the Cherokee, 7th Annual Report of the Bureau of American Ethnology, Washington, D. C., 1891.

Die Frau, die den Mondmann liebte: Franz Boas, Indianische Sagen von der Nord-Pazifischen Küste Amerikas, Verhandlungen der Gesellschaft für Anthropologie, Ethnographie und Urgeschichte, XXIII–XXVII, 1891–1895, Sonderdruck Berlin 1895.

Der verzauberte Baum: Livingstone Farrand, Traditions of the Chilcotin Indians, Publication of the Jesup North Pacific Expedition II, New York 1909.

Der Schmetterlingsmann: Roland B. Dixon, Maidu Myth, Bulletin of the American Museum of Natural History, vol. 17, New York 1902.

Liebeszauber: Edward Sapir, Yana Texts, University of California Publications in American Archeology and Ethnology, vol. 9, 1910, Text Nr. 10.

Liebeslied: Frances Densmore, Nootka and Quileute Music, Bureau of American Ethnology, Bulletin 124.

Die Winterfrau: Nach: Die Märchenzeitung, Nr. 6. November 1986, aufgezeichnet und mitgeteilt von Ariane Mc'Lean-Lee, Montreal.

Die Schwester, die ihren Bruder liebte: Shasta Myth, Journal of American Folklore, vol. 23, Dicon 1919, Text Nr. 4.

Umai: Robert Spott und A. L. Kroeber, Yurok Narratives, University of California Publications in American Archeology and Ethnology, vol. 35, 1942, Text Nr. 6.

Vier Lieder der Chippeway: Frances Densmore, Chippeway Music I, II. Bureau of American Ethnology, Bulletins 45, 53, Washington, D. C., 1910, 1913.

Bruder Schwarz und Bruder Rot: Arthur C. Parker, Seneca Myth and Folk Tales, Buffalo 1923. Dort unter dem Titel »A Youth' Double Abuses His Sister«.

Die treue Frau, die ein Krieger wurde: Elsie Clew Parson, The Pueblo of Isleta, Albuquerque o. J.

Magische Worte: Songs and Stories of the Netsilik Eskimos, translated by Edward Field from text collected by Knut Rasmussen, Newton, Mass. (Education Development Center) 1967.

Das Mädchen, das einen Bären heiratete: Catherine McClellan, The Girl who Married the Bear, Publications in Ethnology, No. 2, Ottawa National Museums of Canada, 1970.

Iktome und das törichte Mädchen: Frank North, Iktome goes around, Tales of the Brûlé Sioux, St. Louis 1902.

Die verlorene Frau: George Bird Grinnell, Blackfoot Lodge Tales, New York 1892.

Schwerer Kragen und die Geisterfrau: George Bird Grinnell, Blackfoot Lodge Tales, New York 1892.

Wie man dreimal stirbt: Franz Boas, Chinook Texts, Bulletins of Bureau of American Ethnology, Washington, D. C., 1894.

Der Besuch im Geisterland: George A. Dorsey, Traditions of the Skidi Pawnee, American Folklore Society, Boston/New York 1904.

Ein Indianer erzählt Sindbad, was Glück ist: Frederik Hetmann, Durch Amerika, Reinbek bei Hamburg 1974.

Was ist wakan?: J. R. Walker, The Sun Dance and Other Ceremonies of the Teton Dakota, Anthropological Papers of the American Museum of Natural History, New York 1917.

Was ist sicun?: J. R. Walker, The Sun Dance and Other Ceremonies of the Teton Dakota, Anthropological Papers of the American Museum of Natural History, New York 1917.

Ein Kachina-Lied: Ruth L. Bunzel, Zuni Katcina – An Analytical Study, 47th Annual Report of the Bureau of American Ethnology, Washington, D. C., 1932.

Der Mann, der Manitou Vorwürfe machte: Truman Michelson, On the Fox Indians, 40th Annual Report of the Bureau of American Ethnology, Bulletin 72, Washington, D. C., 1925.

Die Geburt eines Kindes wird angekündigt: Alice Cunningham Fletcher and Francis La Flesche, The Omaha Tribe, 27th Annual Report of the Bureau of American Ethnology 1905/06, Washington, D. C., 1911.

Traumgesang: George Copway, Recollections of a Forest Life, London 1850.